中公文庫

# 私の英国史

福田恆存



中央公論新社

目次

# 私の英国史

## イングランド王系図



## 地図

# 私の英国史

# 私の英国史

福田恆存

# 第一章　アングル人の国

近代史においてはアングロ・サクソンを敵とした国は必ず敗れる。そのアングロ・サクソンを敗り、イングランドを征服したノルマン人ウィリアム一世から英国史は始る。

しかしヨーロッパ大陸から一葦《いちゐ》の水を隔てたブリテン島は日本と中国大陸との関係とは異り、それは大陸の一部であり、大陸に所属するものであつた。ノルマン征服以前にもこの島は幾度か他民族の来襲を受けてゐる。北から来たアングロ・サクソンもその幾つかの他民族の一つに過ぎない。

〔ブリテン島原住民〕更に溯《さかのぼ》れば、この島には一括してイベリア人と言はれる民族が棲《す》んでゐたが、これもまた幾つかの異民族から成る。その多くは地中海人種と称すべきものに属してゐた。その遺跡は殆ど無い。尤《もつと》もその一部はドルイド教を奉じ、ソールズベリーの近くにあるストーンヘンジに代表される巨大な石柱群を遺してゐる。

〔ケルト族来襲〕紀元前七世紀から三世紀に掛けて、北西部ドイツ、オランダ地方を制圧してゐたケルト諸民族の大移動が始り、彼等はフランス、イタリア、スペイン、バルカンへ侵入した。ブリテン島もその例外ではなく、先住民達は北部、西部の山岳地帯に追ひやられた。ブリテン島へのケルト族来襲の第一波は前六世紀頃らしい。続いて間も無く第二波が来襲した。その時のケルト族の一派がブリトン人であり、ブリテンといふ島名もそれに由来する。それから八世紀後に海峡を渡つてフランスの北西部アルモック地方に移り住んだ彼等は、そこにも自らの名を与へた。今日ブルターニュと呼ばれてゐるのがそれであり、その「小さなブルターニュ」に対して「大きなブリテン」といふ呼び慣《ならは》しが、グレイト・ブリテンといふ国名の起りである。

〔ローマ治下三百年〕ケルト人の次にシーザーがこの島にまで征服の手を延した。前五五年の事である。が、ローマ人がこの島の住民を完全な隷属下に置き得たのは、それから約百年後のクラウディウス帝（在位四一―五四）の時である。かうしてブリテンはシーザー以来三百年間、ローマ文化圏の中にあつた。シェイクスピアの「シムベリーン」は史実に基づいた実在の人物であるが、シムベリーン王はローマの商人や技術者がブリテンに定住する事を喜び、周囲の指導層をローマの言語、文化に親しませた。しかし、ローマ化は飽くまで一時的なもの、表面的なものに過ぎず、民族性そのものに決定的な影響を与へなかつたと言はれてゐる。フランスやスペインと異り、言語もラテン化されなかつた。ドルイド教祭司の権力はローマの貴族の介入を拒否し得るほど強かつた。尤も、ローマ人が異国の神こに対して常に寛大であつた事も否定し得ない。

　ローマがこの島に残したものは、それは他の何処においても同じであつたらうが、軍用道路と城塞であつた。今日、残つてゐる地名でウィンチェスター、グロスター、ランカスターなどの語尾chester・cester・casterはラテン語のcastra（城塞）から来たもので、いづれも当時のローマ軍の城塞所在地であつた。今日、その城塞の残つてゐる所もある。ロンドンの発展もシムベリーン治世の時と考へられてゐる。

〔アングロ・サクソン人定住〕四世紀後半から五世紀初めに掛けて、即ち東西ローマ帝国分裂の前後、ローマは皇帝と軍団との抗争といふ内憂を抱へ、属州ブリテンにまでは次第に手が廻らなくなつた。西ローマ皇帝ホノリウスは四一〇年、ブリテンの諸都市に自主防衛を命じた。事実上、この島における「パックス・ロマーナ」（ローマの支配による平和）は終焉し、悲惨な無政府状態が始る。それまでローマ軍により北部、西部の山岳地帯、沼沢地帯に逐《お》ひ遣られてゐたケルト人が中央部に逆流し、町や村を焼き払ひ、荒廃させ、僅かに残つてゐたローマの支配力をますます弱体化、後退させた。しかし、それは恐らく三四十年間の事に過ぎない。彼等に代つて野蛮なアングロ・サクソンの侵略が始つたからである。ケルト人は再び北西部に押返された。中でもローマ治下にあつて平和を享受してゐたブリトン人達は、伝説的な英雄アーサー王に率ゐられて戦つたが、馬も武装も無きに等しい蛮族、といふよりは暴漢の気力と腕力の前にあへなく潰滅《くわいめつ》した。ローマが遺してくれた城塞も軍用道路も彼等よりは敵に役立つた。といふのは、ローマ軍の庇護のもとにあり、平和を享受しながら、それを守る為の軍事的組織も訓練も受けてはゐなかつたからである。

アングロ・サクソンと一口に言ふが、サクソン人は現在のドイツ北部海岸に、アングル人はデンマークの南部に棲んでゐたものであり、更にデンマーク北部にはジュート人が棲んでゐて、ブリテン侵略開始頃には既に同一民族と称し得るほど混淆《こんかう》してをり、フランス人達はこれらゲルマン系北欧民族は勿論、ブリテン島のブリトン人をも含めて、一様にサクソン人と呼んでゐた。また侵略、移住以後、アングル人、サクソン人も互ひに相手方の名を自ら名乗り、両者の差別意識は次第に失はれていつた。イングランドといふ地名が「アングル人の国」の意である事は改めて言ふまでもあるまい。

サクソン人達によつて、言語は全く一変した。ケルト系の語彙《ごゐ》は殆どすべて払拭《ふつしよく》された。ローマ文化はその支持者と共に潰滅した。抵抗するケルト人は西方ウェイルズに逐ひ払はれ、閉ぢ籠められた。しかも、サクソン人達は互ひに団結する事も無く、主としてイングランド南東部のウェセックス、サセックス、エセックスなどをそれぞれ根拠地として、骨肉相食《あひは》む残酷な戦ひを繰返し、政治的、国家的統一などといふ事に一向に関心を持たなかつた。それに反して、宗教的にはクリスト教が次第に浸透し、七世紀にはローマ法王グレゴリウス一世（在位五九〇—六〇四）の派遣した伝道者達がこの野蛮人達の改宗に最終的な総仕上げを果したと言つてよい。尤も、ローマ人はケルトのクリスト教化に余り関心を持たなかつたとは言ふものの、ローマ軍撤退後にもウェイルズにはクリスト教の痕跡が認められた。それは、ブリトン人がアングロ・サクソンの暴虐に堪へ、苦境に陥《おちい》つてゐた時に、最後まで彼等を見捨てなかつたクリスト教伝道者のお蔭であらう。しかし、このクリスト教は多分にドルイド教的色彩を残したものであり、グレゴリウス一世の正統的なクリスト教に対して、謂《い》はば「隠れ切支丹的」性格を持つてゐた。

〔ヴァイキング撃退〕八世紀に入ると、アングロ・サクソンは叙事詩「ベイオウルフ」を生んでゐる。政治的混乱状態は依然として続いてゐたが、一つの優れた叙事詩を持ち得たといふ事は、同族相争ひながらも、その間に共通の民族的道徳観が確立され、英雄讃歌に託して民族統一への道が開かれようとしてゐた事を示すものと言へよう。その時、再び北欧から自分達と同族のデイン人の侵攻が始つたのである。八世紀末から十世紀末に至るまでの凡《およ》そ二百年間、サクソン人はこの自らヴァイキングと名乗り、デンマークを拠点とするスカンディナヴィア人の絶え間無き来襲に悩まされ続けた。ヴァイキングといふ言葉の語源は古期スカンディナヴィア語の「入江から来た人〻」の意と解せられるが、アングロ・サクソン語自体にも早くからこれに似た言葉があり、それは「陣営」を意味するとも言はれてゐる。

サクソンの諸王は一致団結して敵襲に備へる事をせず、次〻に薙《な》ぎ倒されて行つた。それを最後に食ひ止めた英雄がウェセックスのアルフレッド大王（在位八七一―八九九）であつた。彼はデイン王グットルムの大軍を敗つて、八七八年、ウェドモアにおいて和を結び、デイン人の居住を北東部デインロー地方にのみ限り、ロンドンを含む南部をサクソン治下として確保し得たのである。グットルムは彼によりクリスト教に改宗し、その後のデイン人来襲には大王を助けてイングランドの安泰を守った。アルフレッドは人物、識見、学殖、勇気、いづれの面においても、大王の名に値する古代的名君と言へよう。英語で書かれた最古の歴史的記録「アングロ・サクソン年代記」は彼の命により、この時代に起草された。彼はまた最初のパブリック・スクールを創設し、諸外国より優れた学者を招き、法律や制度を確立強化し、同時に陸海軍の組織化を計った。

大王の息、エドワード長兄王（在位八九九―九二四）とその子アセルスタン（在位九二四―九四〇）はデインロー地域在住のデイン人の反乱に際し、逆にこれを制圧して、この民族はここに初めて名実共にイングランド王と称するにふさはしきものを持つたと言へる。が、この平和は僅かに半世紀しか続かなかつた。

〔デイン人来襲〕九八八年、デンマーク王スヴェン一世（在位九八六―一〇一四）はデインロー地域を避けて、専らウェセックスに攻撃目標を限つて来襲した。デインロー地域の住民達はアルフレッド大王時代と異り、今度はイングランドに何の手助けもせず、ヴァイキングの為すがままに放置した。エセルレッド無計画《リードレス》王（在位九七九―一〇一六）は綽名《あだな》通りの無能な王であり、ロンドン市民の果敢な抵抗も空しかつたが、一〇一四年に敵王スヴェンが歿し、続いて二年後にエセルレッド王が死ぬと、その息エドマンド勇猛《アイアンサイズ》王（在位一〇一六）にとつてロンドンの市民と城壁は強力な役割を果し始めた。が、不幸にも半年後にエドマンドが病死した為、サクソンの長老会議《ウィタン》は北部イングランドを制圧してゐたスヴェンの息クヌード（英名カヌート）をイングランド王に推した。彼はイングランド王カヌート一世（在位一〇一六—三五）となり、彼等の期待に応ずるに充分な資質の持主である事を示した。二年後には父の後を継いでデンマーク王クヌード二世となり、十年後にはノルウェイ王のデンマーク侵略を撃退し、ノルウェイ王をも兼ね、北欧海岸民族の上に皇帝として君臨した。クリスト教会を支持し、異教を徹底的に弾圧した。またサクソン人とデイン人とを平等に扱ひ、後には王の親衛隊《ハウスカールズ》のうちにも多くのサクソン人を採用した。

〔サクソン王位恢復〕しかし、一〇三五年、カヌートが歿すると、その庶子ハロルド一世（在位一〇三五—四〇）、次いで嫡出の長兄ハルデクヌード、カヌート二世（在位一〇四〇—四二）が後を継いだが、いづれも凡庸であり、サクソン人、デイン人達は一緒になつて反乱を起した。長老会議はエセルレッド無計画王の息エドワードを推して王となし、ここにイングランドの王位はデインから再びサクソンに移つたのである。エドワード三世（在位一〇四二—六六）は極度に敬虔なクリスト教信者で懺悔《ざんげ》王と呼ばれ、後に聖者に列せられたが、王としては意思薄弱で無能に近かつた。王位に即いたのは一〇四二年であるが、それまでのカヌート一世時代、フランスのノルマンディーに逃れ、その領主ギョーム公の庇護のもとにあり、イングランド王になつた後も王宮をノルマン風に改築したり、ノルマン人をキャンタベリーの大司教に任じたりした。そればかりか、ギョームに王位継承の約束までしたらしい。尤も彼はその他にも、自分の妃の弟ハロルドやデンマーク王スヴェンにも同じ約束をしたと言はれてゐる。生涯、貞潔を守り通す事を誓つたが、ウェセックスの豪族ゴドウィン伯にその娘エディスを押附けられ、表向きは妃を持つたが、夫婦関係は無かつたらしい。実際、懺悔王に子は無かつた。ノルマンディーに逃れ、フランス化してゐた事と後継者を持たなかつた事と、この二つの事実がイングランドにノルマン王家を成立させる偶然の、或は必然の要因となつた。

エドワードが一〇六六年に死ぬと、勇猛果敢で国民の信頼を得てゐた義弟のハロルドが長老会議によつて王位に推された。ところが、ギヨーム（英名ウィリアム）がこれに反対し、イングランドの王位継承権は自分にあると主張した。懺悔王の約束はその根拠として薄弱であるとしても、ハロルドの誓ひは無視し得ぬものがある。といふのは、懺悔王生前、ハロルドがドーヴァーで舟遊びをしてゐた時、濃霧に襲はれ、ノルマンディーに漂著し、ギヨームの手中に陥り、臣下の礼を取る事を誓はせられた事実があるからである。しかも、ギヨームはその誓ひの際、ひそかに聖書の下に聖者の遺骨を匿《かく》して置いた。聖骨にかけての誓ひは法王といへどもこれを守らねばならぬものであつた。ギヨームの右腕と言はれた大司教ランフランクはローマ法王に訴へ、その支持を捷《か》ち得た。この大義名分のもとにギヨームはハロルドの破約、偽誓を責め、イングランド征服の軍を起したのである。

ノルマンディーはフランスの一部であり、ノルマンディー公はフランス王の臣下である

系図1

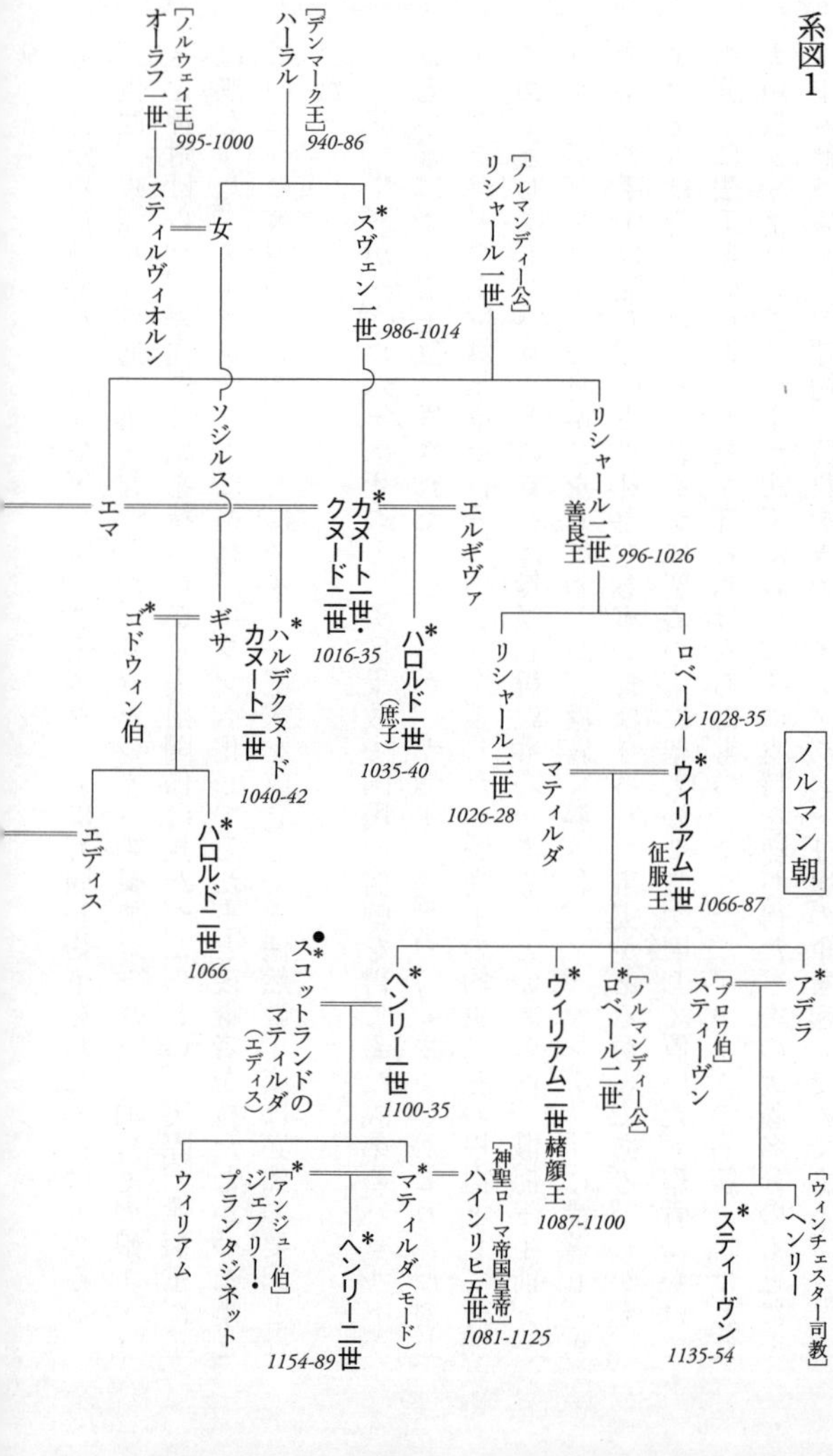

ノルマン朝
[デンマーク王]ハーラル 940-86
[ノルウェイ王]オーラフ一世 995-1000
[ノルマンディー公]リシャール一世
*スヴェン一世 986-1014
女
スティルヴィオルン
ソジルス
リシャール二世 善良王 996-1026
エルギヴァ
*カヌート一世・クヌード二世 1016-35
エマ
*ハロルド一世(庶子) 1035-40
*ハルデクヌード カヌート二世 1040-42
ギサ
*ゴドウィン伯
ロベール 1028-35
リシャール三世 1026-28
*ウィリアム一世 征服王 1066-87
マティルダ
*ハロルド二世 1066
エディス
*アデラ
[ブロワ伯]スティーヴン
*ロベール二世[ノルマンディー公]
*ウィリアム二世 赭顔王 1087-1100
*ヘンリー一世 1100-35
●*スコットランドのマティルダ(エディス)
[ウィンチェスター司教]ヘンリー
*スティーヴン 1135-54
[神聖ローマ帝国皇帝]ハインリヒ五世 1081-1125
*マティルダ(モード)
*ヘンリー二世 1154-89
*[アンジュー伯]ジェフリー・プランタジネット
ウィリアム

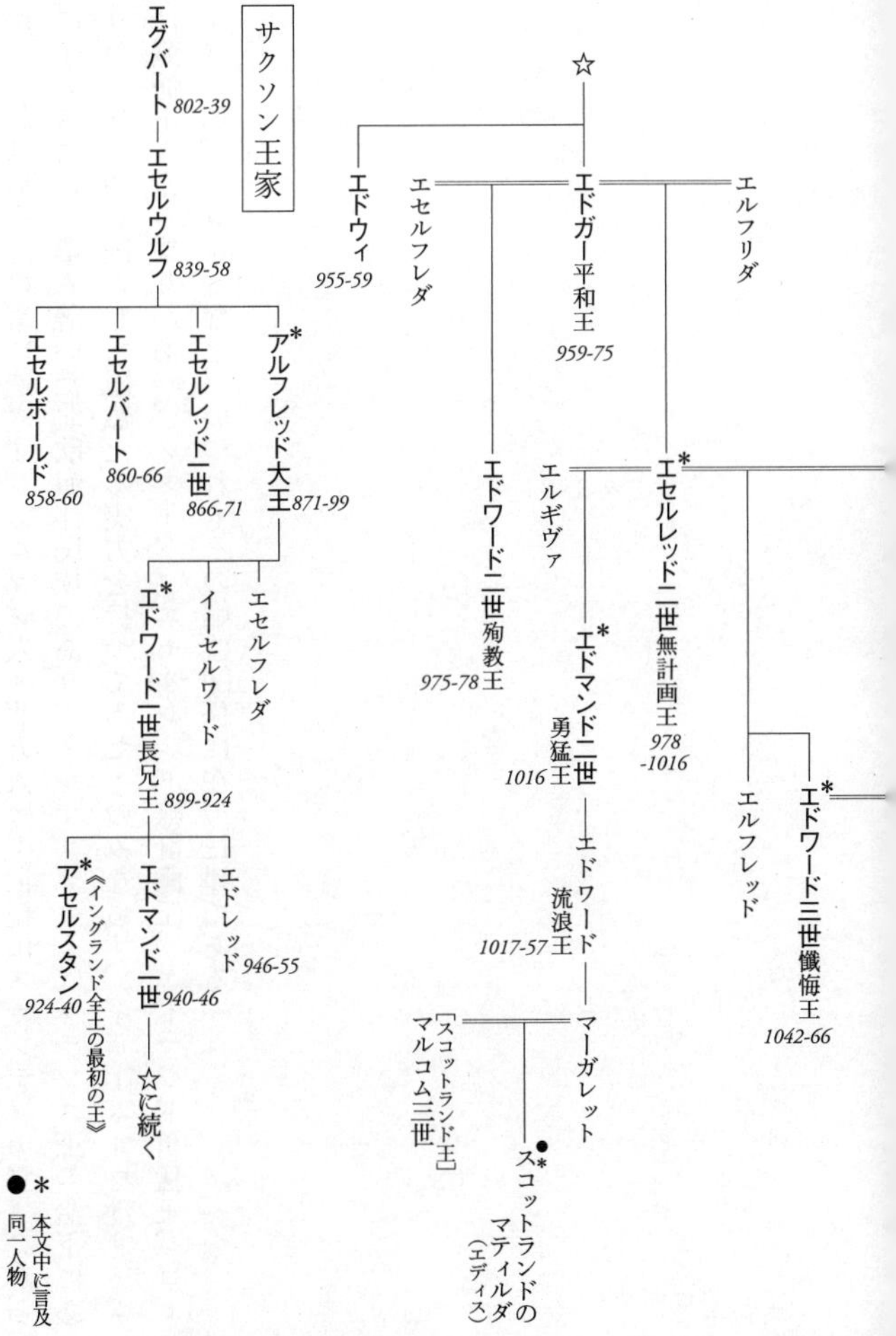
サクソン王家
エグバート 802-39
エセルウルフ 839-58
アルフレッド大王* 871-99
エセルレッド一世 866-71
エセルバート 860-66
エセルボールド 858-60
エセルフレダ
イーセルワード
エドワード一世長兄王* 899-924
エドレッド 946-55
エドマンド一世 940-46
☆に続く
アセルスタン* 924-40
《イングランド全土の最初の王》
☆
エルフリダ
エドガー平和王 959-75
エセルフレダ
エドウィ 955-59
エセルレッド二世無計画王* 978-1016
エルギヴァ
エドワード二世殉教王 975-78
エドマンド二世勇猛王* 1016
エドワード流浪王 1017-57
マーガレット
［スコットランド王］マルコム三世
スコットランドのマティルダ（エディス）●*
エドワード三世懺悔王* 1042-66
エルフレッド
*本文中に言及
●同一人物

が、それは形式上の事に過ぎず、ノルマン人＝北方人《ノース・マン》は十世紀にスカンディナヴィアからフランスに移り棲み著いた北欧海洋民族であり、ノルマンディーはフランス王の治下にありながら、独立国として隠然たる実力を持つてゐた。のみならず、ギョーム＝ウィリアムは懺悔王と血の繋りがあり、クヌード、エセルレッド無計画王、エドマンド勇猛王、ゴドウィン伯、ハロルドなど、いづれもその姻戚関係に在つたのである。

# 第二章　ノルマン朝

一〇六六年八月、ギョームが出撃の準備を完了した時、北風が吹き始め、艦隊は六週間も港に釘づけされたままだつた。が、それは僥倖《げうかう》の神風であつた。といふのは、その間にノルウェイ王ハロルドハルドラーダがこの北風を利用してイングランド東部に上陸、エドウィン伯、モーカー伯の率ゐる地方徴募軍をヨークの近くで撃破したからである。イングランド王ハロルドはギョーム邀撃《えうげき》に備へて南部海岸に集結してゐた大軍を急遽北上せしめた。当時ヨーロッパにおける最強の騎乗兵とハロルド自らが誇つてゐた親衛隊《ハウスカールズ》はスタンフォード・ブリッジでヴァイキングの歩兵大軍と白兵戦を演じ、これを全滅させた。その時、風向きが変つた。ギョームがそれに乗じてペヴンジーに上陸したのはスタンフォード・ブリッジ会戦の三日後十月一日であつた。

ハロルドはその知らせを受け、直ちにロンドンに引揚げた。親衛隊は数の上で既に弱体化してゐた。ハロルドは新たに戦備を整へ、サセックスでギョームを邀《むか》へ撃つ事にした。十月十四日、ヘイスティングズの北西六マイルの丘陵地帯センラックにおいて両軍は対峙《たいぢ》し、直ちに戦闘を開始した。武器、戦術、いづれの面においても、侵略者の方が優れてゐたにも拘らず、ハロルドは激しく抵抗した。が、一日の戦闘の後、イングランド軍は潰滅し、ハロルドは戦死した。

いづれにしてもイングランド軍の敗北は避けられなかつたかも知れぬが、エドウィン伯、モーカー伯がヨークでハロルド王に援《たす》けられながら、ヘイスティングズの会戦において王の死後、漸《やうや》く南部に到著したといふ事実は注目すべき事である。それは信義の問題ではなく、制度の問題である。当時のイングランド王は厳密な意味における封建君主ではなかつた。極端な言ひ方をすれば、それはウェセックスの領主であり、長老会議によつて何人かの候補者の中から選出された一人に過ぎない。他の領主達との主従関係は甚だ緩いものであり、戦局如何《いかん》によつては、彼等は一人一人敵方と和を結ぶ事が出来る。エドウィンやモーカーがハロルドの戦死を知つて、直ちに北部の自領に引返したのも、それは南部ウェセックス地方でギョームが王冠を捷ち得た事を意味するだけで、それなら、今度はハロルドの代りにギョームと同様の附合ひを続ければいいと考へたからに他ならない。

そこに彼等の大きな計算違ひがあつた。ギョームは一〇六六年のクリスマスにウェストミンスターで戴冠式を行ひ、エドワード、ハロルドの後を継いでウィリアム一世（在位一〇六六—八七）となつたが、彼はその後も数年の間、全イングランドを武力によつて征服し、残虐な破壊行為も敢へて辞せず、サクソン人の領地は悉《ことごと》く没収された。このウィリアム征服王の目ざしてゐた事は王権の確立であり、封建制下における国家的統一であつた。それにしても、彼はたつた五千人のノルマン人を以てして百五十万人の先住民を支配したのである。

ドゥームスディ・ブック（土地台帳）作製の目的もそこにあつた。それは徴税を確実にする財政上の目的の為であると同時に、いや、それ以上に各地の封建諸侯、家臣の資産について王に正確な知識を与へる材料でもあつた。

国家的統一といふ視点から見逃し得ぬもう一つの重要な事績は聖・俗裁判所の機能分化である。教会が法王に服従するのはよい。が、その代り、世俗の権力を代表する王権は、法王権と対等のもの、即ち対立し得るものとした。ウィリアムはさういふ考へから、国内の聖職者を統制し得る様に、出来る限りの改革を行ひ、グレゴリウス七世の弾劾を受けた。しかし、この改革が因となり、後にテューダー朝において、法王から全く独立した王権が確立し、英国をして近代国家の先駆者たらしめたと言へよう。

これらは或る意味で「良き事」（二三七頁参照）であつた。それまで南東部の海は外敵侵入の為の通路としてのみ役立つて来たが、ウィリアム一世、及びその後のノルマン諸王の政治制度改革による国家的統一により、海は今や外敵から身を守り、外敵を卻《しりぞ》けるのに都合の好い城壁として、その性格を一変した。

ウィリアムは長男ロバート（仏名ロベール）には仏領ノルマンディーを、次男ウィリアムにはイングランドを、三男ヘンリーには五千ポンドを与へた。次男ウィリアムが王位に即き、ウィリアム二世（在位一〇八七―一一〇〇）を名乗るや、貴族達は挙《こぞ》つてこれに反撥を示し、気の弱い、随《したが》つて自分達の御し易い兄のロバートを擁立しようとした。が、ウィリアム二世赭顔王《ルーファス》は農民達を租税の軽減といふ餌《えさ》で釣つて国民軍を作り、敵対者と戦はせ、反抗を抑へた。勿論、免税も減税も実行しなかつた。嘗《かつ》て「約束をすべて守り得る人間が何処にゐる！」と怒鳴つた男である。粗暴で、吃りで、終始、罵詈雑言《ばりざふごん》を撒きちらし、武士だけしか認めず、病気の時以外は、教会や神父を毛嫌ひし、わざと瀆神《とくしん》の言葉を吐いて、人が眉をひそめるのを快とした。

彼は兄に王位を譲るどころか、兄の領地ノルマンディーを手に入れようとしてゐた。領地そのものが目的ではない。イングランドの諸侯はノルマンディーにも領地を持つてゐたので、ノルマンディー公ロベールの臣下でもあつた。詰り彼等は二人の君主を戴いてゐたのである。赭顔王《ルーファス》はこの複雑、危険な事態に片を附けようとした。彼はロバートを第一回十字軍に参加させ、その所領ノルマンディーを担保に軍費一万マークの金を貸し附けたのである。

教会に対する態度も父ウィリアム一世とは違ひ、病気の時以外には全く信仰心は無く、ランフランク大司教の死後、キャンタベリーの寺領を取上げ、後任者も置かず、同様の方法で多くの寺領を私有化した。

その後を継いで王位に即いたのは征服王の三男、ヘンリー一世（在位一一〇〇―一一三五）であるが、彼についてはウィリアム・オヴ・マムズベリの「英国史」とヘンリー・オヴ・ハンティントンの「英国史」の記述（二四三頁参照）とを表裏に貼り合せて透し見たところに、その実像が窺《うかが》はれる様に思ふ。兄王が狩りの最中に死んだ時、ヘンリーはそれに見向きもせず、ウィンチェスターに帰り、王宮と金庫を抑へ、そこの大司教が不在の為、ロンドン司教に戴冠式を行はせて王位に即き、その後、兄ロバート（ノルマンディー公）から王位請求があつたが、国民の支持を得てその地位を保つた。かういふ遣り方は随分非法にも見えようが、兄王ウィリアム二世の乱脈な時代においては、法だの道だのと言つてゐる余裕は無かつたのである。ヘンリーは戴冠式当日、次の憲章を認め、実行した。

㈠ 兄王の「悪習」を廃止する。

㈡ 聖職を空位にしない。

㈢ 不法な税を徴収しない。

またヘンリーはエセルレッド王の血を引くマティルダ（エディス）と結婚した。これはノルマン貴族の嘲笑の的となつたが、アングロ・サクソン系の民衆は、侵略者の王がつひに自分達の王になつた事に感激した。

一一〇六年にはノルマンディー公の長兄ロベールに挑み、その領土征服に乗出して、タンシュブレーの戦ひにおける勝利の結果、既に兄王ウィリアム二世の時に担保として取つておいたノルマンディーをイングランド領として愈こ《いよいよ》確実なものとした。これもアングロ・サクソン人達にはヘイスティングズの戦ひの復讐戦として喜び迎へられた。

またヘンリーは聖職者叙任権の問題で法王と妥協、和解が成立した。国王は自ら司教に笏杖《しやくぢやう》や指輪を授ける権利を拋棄《はうき》し、その代り司教達はイングランド国王に臣従の誓約をなす義務を背負はされた。しかも、司教となるべき人物の選択権は、国王にある事が暗黙のうちに認められた。

ヘンリー一世の死後、正統な後継者たる王子ウィリアムは既に死んでゐた。しかし、彼は長兄のノルマンディー公ロベールの息子に王位を譲る事を欲せず、生前、自分の娘で神聖ローマ帝国皇帝ハインリヒ五世の未亡人であるマティルダ（モード）を後継者とし、ノルマンディーを挟撃、牽制する為に、それに隣接するアンジューの領主ジェフリー・プランタジネットと再婚させておいた。

これに対して妹アデラの息スティーヴンが王位継承戦争を起した。この時期を普通スティーヴンの治世（在位一一三五―五四）と認めてゐるが、この十九年間は到底治世などと称し得るものではなく、スティーヴンとマティルダの共同統治といふ名の王位争奪戦がイングランドを空前絶後と言つてよい程の無政府状態に陥《おとし》れたのである。エセックスは国王任命の悪代官ジェフリー・ド・マンデヴィルの思ひのままになり、彼はその後も忠誠の代償として次こに自分の権力を拡大して行つた。彼は更にスティーヴンに迫り、エセックスのみならず、ハーフォードシャー、ミドルセックス、そしてロンドンにおける王の諸権利を行使する事を認めさせた。ありとあらゆる略奪、破壊、拷問が行はれたといふ。

一一五三年、最後にキャンタベリー大司教シーオボルトの仲介により、二人の王位請求者の間に調停が行はれ、スティーヴンは死ぬまで王冠を戴く事、その死後はマティルダの息がヘンリー二世として王位に即く事、この二つの条件のもとに漸く和解が成立した。そして幸ひにもスティーヴンはその翌年死去し、悲惨な過去のすべてを償ふ様に、「偉大な名君」ヘンリー二世が即位し、ここにプランタジネット家が初めてイングランドに君臨する。

# 第三章　プランタジネット朝

## 第一節　ヘンリー二世

ヘンリー二世（在位一一五四―八九）は即位前既に母マティルダから仏領ノルマンディーとそれに南接するメイヌを継承する権利を受けてをり、父のアンジュー伯もやはり即位三年前に死去したので、仏領アンジューを譲り受けてゐた。それぱかりではない、これも即位二年前、十九歳の彼はパリとボルドーを結ぶ街道で行きずりに遭つた三十歳の女性と直ちに結婚したが、この女はアキテーヌのエレオノール（英名エレノア）、或はギュイエンヌのエレオノールと呼ばれ、父アキテーヌ公ギョーム十世の後を継いでアキテーヌ女公となり（一一三七年）、同年アキテーヌ領を持参金としてフランス王ルイ七世の后《きさき》となつて十五年の結婚生活の後、離婚されて故郷に戻る途次であり、迂闊《うくわつ》にもフランス王が離婚と共に持参金を返してくれたお蔭で、ヘンリーは三十歳の新妻を通じてポワトゥー、ギュイエンヌ、ガスコーニュから成るアキテーヌ地方の支配権を手に入れてゐた。かうして北は英国海峡に臨むノルマンディー、ブルターニュから南はピレネー山脈に接するガスコーニュに至るまで、フランスの西半部は実質上、ヘンリー二世の治下にあつた訳だが、といつて東半部は完全にカペー王家の支配下にあつたとは言へない。今日のフランスの極東部ローラン、アルザス、サヴォイ、ドーファン、プロヴァンスなど、ムーズ河、ローヌ河以東は当時神聖ローマ帝国の所領であり、ナンシー、リヨン、マルセイユもその領域に属してゐた。それらの地方の西部に隣接するフランドル（今日のベルギー）、シャンパーニュ、ブルゴーニュ、南部のトゥールーズは表向きフランス王の治下にあつたとは言ふものの、封建諸侯の権力は強く、カペー王家は実質上パリとブールジュを結ぶ線凡《およ》そ二百キロメートル、東西二万平方キロメートルの小地域（関東地方の半分強）に閉ぢ籠められてしまつたと言つてよい。

この時以来、英仏両国の争ひは、ヘンリー二世の二子リチャード一世、ジョン王、及びジョン王の子ヘンリー三世と、他方ルイ七世、フィリップ二世、ルイ八世、九世との間に延ことと続けられ、ヘンリー三世とルイ九世との間に結ばれたパリ条約（一二五八—五九年）においていちわう平和が訪れる。これを第一次百年戦争と呼ぶ史家もあるが、確かにこの疑似平和こそ、一世紀後にエドワード三世とフィリップ六世との間に始つた第二次百年戦争の遠因をなすものであり、その意味において、両者は一連のものとして捉へるべきものであらう。それは国家と国家との戦争ではなく、王家と王家との争ひであり、その争ひを通じてそれぞれの国家が形成されて行つたのである。またそれは争ひであると同時に「文化の交流」でもあつた。殊に英国についてはさう言へる。

ヘンリー二世にしてみれば、イングランドは自分の勢力下にある諸地域のうち最大のものではあつたが、飽くまでその一部に過ぎない。彼の父はフランス人であり、彼もまたフランス人であり、完全にイギリス人に成り切れず、死後はアンジューのフォントヴローに埋葬された。彼はフランス語を喋《しゃべ》り、貴族や上流階級、或はさうありたい、さう見せたいと思ふ俗物達は英語の他にフランス語を学び喋つた。その為、階級間に上下の亀裂を生じたが、これは必ずしも弊害とのみは断じ切れない。やがてフランス語は英語のうちに同化され、英語の語彙は豊富になり、フランス民謡のリズムが英国の作詩法を多様化し、二世紀後にはチョーサーを、四世紀後にはスペンサーを、そしてつひにはシェイクスピアを生むに至つたからである。

生涯フランス人で通したヘンリー二世にとつてイングランドはその広大な領土の一部に過ぎなかつたが、それは最大のものであり、また最後の拠点であつた。彼が心情的に如何にフランス的であらうと、政治的にはイングランド王である。フランス西半部の諸地域はイングランドの支配下に在るとはいへ、今は胡桃《くるみ》の殻の中に閉ぢ籠められてゐるカペー王家に対しても、潜在的にはやはりその支配下に在る。その事を自覚してゐたヘンリーは、今やフランスの手の及ばないウェイルズ、スコットランド、アイルランドに手を伸し、一一六三年、六五年、二度に亙《わた》つてウェイルズを征服し、一一七一年にはアイルランドを攻略し、スコットランドの辺疆《へんきやう》を度〻犯し、境界線の防備を怠らず、ますます強固にした。更に、イングランドの諸侯がフランスの封建的領主の様に王に対立したり、相互間の対立や勢力争ひに備へたりする事を防ぐ為に、彼等に対して強力な主権を主張した。その点、彼はノルマン朝初代の征服王に似てゐる。ウィリアムが征服といふ栄誉によつて領主達を威圧し得た様に、ヘンリーはイングランド最初の広大な版図の君主といふ栄誉によつて諸侯を圧服し得た。一一七三年には、后エレノアが息子達を唆し、王に謀反を起させたのに乗じて反乱を起した諸侯をヘンリーは徹底的に粉砕し、エレノアを幽閉した。

英仏関係図（12世紀後半～13世紀前半）

なほ彼はスティーヴン時代の無政府状態によつて激化した封建諸侯間の抗争を禁じ、相互の交戦権を否認した。この事は重大な良き効果を齎《もたら》した。といふのはヘンリーの時代から騎士達は徐こに封建制の枠から脱し始め、対外的な戦争にも従軍させられずに済む様になつて行つた。高位聖職者や貴族は、その領地内の騎士に兵役免除税を納入させる事によつて、従軍の義務を解除する事が出来たのである。これは勿論、王がそれを要求した場合に限られてゐたが、この場合、王はその税金によつて外国人や、イングランド人の傭兵《ようへい》を募り、彼等を率ゐて戦場に臨んだ。

その結果、騎士の生活は一変した。農業への関心、土地への執著を通じ、後代のジェントルマンの、或は近代市民の萌芽を示し始めたからである。この変化は城郭から館へのもう一つの変化を齎した。その傾向を促進したのも国王自身である。ヘンリーは無許可の城郭の取毀《とりこは》しを命じ、また城郭を新たに造る事を容易に許可しなかつた。勿論、王権に対する反逆の力を弱化する事も考慮に入れての事であらう。かうして謂はゆるマナー・ハウスなるものが各地に出現した。マナーとは荘園を意味し、マナー・ハウスは謂はば領主屋敷である。壁に囲まれた中庭があり、周囲は大抵濠《ほり》によつて衛《まも》られてゐて、暴徒や騎馬兵の襲撃位は防禦出来る様に造られてゐたが、城郭の様に包囲戦に堪へ得るものではなかつた。彼等が望んでゐたのは戦争ではなく、農作の管理や職人的技術の養成、改善であつた。といつて、彼等騎士達は全く戦争を忘れてゐたのではない。時にはイングランド王、或は他国の王の傭兵となり、スコットランドやフランスの戦場に出掛けて行つた。しかし、最後は平和なマナー・ハウスに生きて戻つて来る事を何よりも望んだ。多くは実戦よりも馬上試合に熱中し、フランス伝来の新しい馬衣や騎士物語に心を奪はれてゐたのである。

　しかし、彼等封建騎士達のジェントルマン化、市民化は封建諸侯の力を削ぐ事になり、ヘンリーの目標は恐らくそこにあつたと思はれる。彼は常備軍を置かず、人民自ら武装する事を奨め、一一八一年には武器保有法を発令し、最下層の百姓、職人に至るまで非常事態に備へて武器を保有する事を命じたのも同じ主旨から出たものであらう。その人民に対する信頼感は疑ひ得ぬにしても、この非常事態なるものが王自身の判断によるものであるとすれば、それこそ真に賢明な軍事的中央集権化と言へよう。同時に忘れてはならぬ事は、さういふ王の目的に即応して騎士達の市民化、或は人民総武装化が容易に行はれたのは、彼等がそれを歓び迎へる素地があつたといふ事実である。といふのは、戯書「一〇六六年及びその後」のスティーヴン治世の項（二三八頁参照）に「神も天使もまどろみ給ふ間」とあり、これは「アングロ・サクソン年代記」の言葉をそのまま引用したものであるが、スティーヴンとマティルダとの権力争ひ、及びそれに乗じて起つた諸侯の反乱やマンデヴィルの如き悪代官の専横による人民の犠牲が、果して神や天使も目を背けざるを得ぬ暗黒時代と称し得る程のものであつたかどうかといふと、必ずしもさうは言へない様である。「内乱」は王と強大な諸侯との間に行はれたものであり、マンデヴィルの支配下に属してゐたのは全イングランドの一部に過ぎず、王の権力の及ぶ地域、或は強力な優れた領主の属地においては、ヘンリー一世時代の法制と税制は引続き維持されてゐたらしい。その点、「アングロ・サクソン年代記」におけるこの時代に関する記述を誇張と見做《みな》す史家もゐる。確かに、人民は無政府状態のもとで塗炭《とたん》の苦しみに喘《あへ》いでゐたと言ふより、その恐しい足音が身近に迫つてゐるといふ心理的危機感から、強い支配権力の確立を待望してゐたといふ見方も成り立つ。事実、スティーヴン治下の暗黒時代と言つても、大陸の無政府状態に較べれば、当時のイングランドは近代中央集権国家への整備といふ点では遥かに先進国としての安定を享受してゐたと言へよう。

その意味でもヘンリー二世は恵まれた王であつた。スティーヴン治下の心理的混乱から脱出したいといふ人民の要求に応じて、彼が最も力を注いだのは王の裁判の強化であつた。中世国家において王に対抗する権力は封建諸侯と、もう一つはローマ法王を後楯《うしろだて》に持つ高位聖職者である。教会は一種の城郭であつた。前者は既に王の直轄支配を望む人民から浮上つた存在になりつつあり、その虚に乗じ、ヘンリーは国王裁判所強化を計り、その為の手段として、またその派生的分権として、巡廻裁判制の徹底を期し、相当の成果を収めた。その結果、州裁判所の権限やその他の様々な私的裁判権は殆ど抑制され、ここに英国は他の諸国に先んじて全国共通のコモン・ローの概念を持ち得たのである。それは勿論不文法であり、各種の慣習や判例の雑然たる集積ではあつたが、それを運営する国王裁判所の裁判官達は中央の大学で学んだ法律家であり、彼等は国王裁判所では勿論、巡廻裁判官として国中何処へでも出掛けて行つたのである。更にヘンリーは陪審制を初めて採用した。

陪審制と言つても、それは今日の様に論告、弁論、証言などを聴いて合議判決する制度とは違ひ、事件、或は事実に対する証人を裁判に立会はせるといふ程度のものであつた。それにしても裁判所が証人の言葉に耳を藉《か》すといふ事は過去において滅多に無かつた。ヘンリーは、これを制度化して大巡廻裁判《グランド・アサイズ》と呼ばれる組織を作り、譬《たと》へば土地の所有権などが侵害された場合、従来の様に決闘や殴り合ひで解決する様な事をせず、その地方の騎士四名が事件の経緯を知つてゐる近隣者十二名を選んで十六名の陪審員を構成し、国王派遣の裁判官の前で証言せしめる様にしたのである。

## 第二節　トマス・ベケットの殉教

右に述べた法制上の改革はヘンリー二世が後世に残した最大の遺産と言へよう。しかし、これら法制改革の総仕上げとしてヘンリーが最後の、且つ最強の「敵」として対決せねばならなかつた相手は教会の権力であり、その代表者がキャンタベリー大司教のトマス・ベケット（一一一七〜一一七〇）であつた。彼はロンドンに生れ、一一五四年にキャンタベリー司教座助祭となり、その翌年には大法官《ロード・チャンスラー》に任ぜられた。大法官といふのは差詰め最高裁判所長官と検事総長とを兼ねたものだが、法によつて王権の確立を目ざしてゐた時代において、その地位は実質上、王の片腕として行政の最高責任者でもあつた。彼は王の親しき友であり、王の信頼を得、僅か三十八歳にしてその地位に就き、以後七年間、王を支持し、王と共に強権を以て臨み、中央集権の強化に力を尽した。王は彼の強い性格と敏腕な政治力にますます期待を懐く様になり、ローマ法王の宗権を抑へる為、彼が大法官と同時にキャンタベリー大司教の地位を兼ねる事が望ましいと考へ、一一六二年、キャンタベリー大司教シーオボルトが死ぬと、直ちにその事をベケットに命じた。が、ベケットはヘンリーの期待に反し、国権と宗権との兼任は不可能であると主張し、自ら大法官の地位を抛《なげう》ちキャンタベリー大司教に就任した。しかも、彼は大法官時代の態度とは打つて変つて掌を反す様に、剛毅な法王アレキサンデル三世（在位一一五九―八一）を後楯とし、聖職者代表として事毎に国権、王権に対立し、最後には王の腹立ちを察し過ぎた四人の騎士の手に掛り、寺院の祭壇の前で殉教するに至る。が、この変貌は全く謎と言ふ他は無く、それだけに後世の詩人、劇作家にとつて関心の的となり、テニソン、T・S・エリオット、ジャン・アヌイなどの作品の主人公として今日に至るまで人気を保つてゐる。しかし、多くの史家は寧《むし》ろヘンリーの身方であり、ベケットの変貌を少しも神秘的な謎とは見做してゐない。すべては彼の権力慾、貪婪《どんらん》、頑固な性格のせゐだといふ見解が定説の様である。

いづれにせよ、ヘンリー王は一一六四年、部下の聖俗高位者を引連れ、クラレンドンにおいてベケット、及びヨーク大司教ロージャ、その他十二名の司教達と相会し、十六条の妥協案を提示して、漸くその承認を得た。そのうち重要なものは次の三条に尽きる。

第三条　聖職者と雖《いへど》も世俗的な重罪を犯した以上、世俗の、即ち国王の裁判所によつて、告発され、次いで教会裁判所において審議の上、有罪と見做され、聖職を剝奪された場合、再び国王の裁判所に移されて、その裁判官の手により判決を下され処罰されねばならない。

第四条　聖職者と雖も国王の許可無くして任地を離れる事を禁止する。

第八条　世俗裁判所により告発され、副監督《アーキディーコン》の教会裁判において有罪宣告を受け、なほそれに不服な聖職者は上位の司教の手による教会裁判所に上告出来る。が、更にその有罪宣告に不服な場合、法王の裁判を求める権利は認められてはゐるものの、それは特に国王の認可があつた時にのみ限られる。

その他は、聖職者の負債や、聖職授与権に関する訴訟を教会裁判所の権限外のものとする事、王直属の官民は聖職者を含み、王の同意を得ずに破門しない事、空位になつた大司教管区、司教管区と王立の僧院は王の管理下にあり、空位を埋める手続において教会の権限を縮小する事、教会裁判に掛けられてゐる世俗の人民に不利な資料の秘密化を排除する事、世俗財産によつて維持されてゐる土地に関する訴訟を教会裁判の権限外とする事などであつた。いづれも国家的秩序の維持、その為のコモン・ローの確立にとつて欠くべからざる条件と言へよう。これらはヘンリーの勝利と言つてよい。しかし、問題の三箇条、殊に第三条、第八条は国権側として譲歩し過ぎてゐる様に思へようが、当時としては精一杯の主張であり、譲歩、妥協といふ点では宗権側についても同様の事が言へよう。過去百年、殊にスティーヴン時代に王権が極度に弱化してゐた隙に乗じてイングランド全土に強固な力を持つに至つた教会にとつて、これは好もしからざる妥協であつた。

ベケットはクラレンドン法に不服であつた。が、それを黙認した。といふより、後で反対する為に黙認したと言つた方が当つてゐるかも知れない。彼はキャンタベリー寺院においてミサ以外に大司教としての任務も責任も果さず、聖職者としての厳しい宗教的義務さへ殆ど抛棄して顧みなかつたといふ。しかも、キャンタベリーを見捨て、イングランドを後にし、数年間ローマ、パリを往き来しながら、法王とルイ七世を後楯にヘンリー二世と激しい抗争を続けた。最後には、ルイ七世の仲介で、ヘンリーと和解し、キャンタベリーに戻つて来たものの、怒気を含んだ王の叫びを聞いた四人の騎士がキャンタベリーに乗り込み、一一七〇年に、ベケットを殺すに至つたが、七年後、法王アレキサンデルにより聖者に叙せられた。

その当否は別として、ベケットをキャンタベリー大司教に任じたのは、政治的な観点からすれば、明らかにヘンリーの読み誤りであつたと言へる。ヘンリーが犯したもう一つの過失は、クラレンドン法によつて、伝統と慣習に支へられてゐる王に快く随はうとしてゐたイングランドの階層社会を裏切つた事である。或る皮肉な史家は伝統を身方にしてゐる限り、それを言葉に置換へる事によつてそれを歪めてしまふのは常に間違ひの因になると言つてゐる。確かにベケットはクラレンドン法を黙認し、後でその成文法を逆用した。最後の和解についても、それはいづれにとつても宗教的な和解ではなく、宗教と政治との妥協とさへ言ひかねるものであつた。なぜなら、ルイ七世がベケットを支持し、仲介役を買つて出たのは、フランスの失地恢復といふ純然たる政治目的の為だつたからである。一方、ヘンリーはエレノアとの間に三女五男を恵まれたが、長男が夭折した後、未だ自ら在位中にも拘らず、次男のヘンリーに戴冠式を行はせ、アンリ・ル・ジューン（青年王）と呼ばせてをり、二十八年間、二回の結婚を通じて一人の男子も得られなかつたルイ七世の王女マルグリットとル・ジューンを結婚させ、やがてプランタジネット家によるフランス王位継承の時期到来を待つてゐた。ところが、一一六五年、ルイ七世は三回目の結婚により、男子出生、フィリップと名附け、ヘンリーの野望の裏を掻く事が出来た。しかし、ヘンリーはなほ希望を捨てず、フランス王親子を巧みに操り得ると信じ込んでをり、その為にルイ七世の仲介を受入れ、ベケットの帰国を許したのである。勿論、ベケットがその間の取引を知らなかつたなどとは決して考へられない。

付記　後出「空しき王冠」に暗示されてゐるが、ヘンリーが女好きであつた事を否定する材料は何も無い。またエレノアが自分より十一歳年下の夫の浮気を絶えず苦にし、嫉妬に悩まされてゐた事も恐らく本当であらう。この二人の男女がパリ、ボルドー間の街道で出遭ひ、忽ち結婚するに至つたのは、俚謡「后エレノアの懺悔」（二五二—二五五頁参照）によつて窺へる様に、エレノアも浮気性だつたのかも知れず、或はヘンリーの政治的策謀に騙《だま》されたのかも知れない。但し、ロザムンド（二五五頁参照）は実在の人物であり、ヘンリーはエレノア幽閉まで二人の関係を秘密にしてゐた事も事実であるが、この女の為に迷宮の如き宮殿を建ててやつたといふのも、エレノアがこの女を殺したといふのも、何の根拠も無いお話に過ぎない。

## 第三節　放浪する騎士王リチャード一世

プランタジネット、カペー両家の抗争はヘンリー二世、ルイ七世の歿後、続いてリチャード一世（在位一一八九—九九）とフィリップ二世（在位一一八〇—一二二三）との間に持ち越された。ヘンリー二世は長男の死後、次男のヘンリーに戴冠式を行はせ、ル・ジューン（青年王）と呼ばせてをり、ルイ七世の王女マルグリットと娶《めは》せる事によつてフランス王位の継承をもくろんでゐたが、一一八三年、ル・ジューンの死去により、その野望は頓挫した。次いで四男のブルターニュ伯ジェフリーの死によつて、フランスに対する彼の勢力は更に弱化した。しかも、三男のリチャードと五男のジョンとは母エレノアの唆しとフランス王の奸策に乗ぜられ、父ヘンリー二世を絶えず苦しめた。ルイ七世の死後、カペー王家を継いで立つた十五歳のフィリップ二世にとつても、八歳年長のリチャードは真に組し易い相手であつた。

なぜならヘンリー二世の後を襲つたリチャード一世は決して暗愚な国王とは言へないにしても、クール・ド・リオン（獅子心王《ライオン・ハート》）の異名で知られてゐる通り、武勇の誉れは高かつたが、「国王業」には殆ど関心も熱意も持たず、武者修業に憧れる一介の中世的遍歴騎士に過ぎなかつたからである。その在位十年のうち六箇月間、イングランドに「滞在」しただけで、その他は国外で戦に明け暮れしてゐたのである。

イングランドは第一次（一〇九六―九九年）、第二次（一一四七―四九年）、いづれの十字軍にも参加しなかつたが、リチャードが王位に即いた月に始つた第三次十字軍（一一八九―九二年）において初めてこれに参加した。正確に言へば、イングランドが参加したのではなく、国王の名を持つた「中世騎士」リチャードが同好の貴族、騎士と共に参加しただけの話に過ぎない。その証拠に、十字軍は第八次（一二七〇年）まで続くが、その間、第三次のリチャード以外、イングランドが国家として十字軍に参加した事は一度も無い。リチャードは治世中は勿論、その後も永く民族的英雄として名声を保つてゐるが、イングランドを遠征、冒険の為の銀行としか考へてをらず、戦費調達の為には政府を競売に附して顧みなかつた。「もし買手がゐさへしたら、ロンドンを売つてもいい」、彼はそんな冗談を口にしたと伝へられてゐる。が、それは必ずしも冗談ではなかつたかも知れない。彼は父王ヘンリー二世と同様、或はそれ以上にフランス人であり、つひにイギリス人に成り切れなかつたのであらう。父はアンジュー伯であり、母はアキテーヌ女公であつた。

それだけに、十字軍のキュプロス島占領において辛苦を共にしたフランス王フィリップの裏切りは彼にとつて許し難い事であつた。尤も十字軍はイスラム教徒の支配下にあつた聖地イェルサレムの解放といふ純粋な動機に基づく宗教的聖戦であつた事は否定し得ないにしても、他のあらゆる純粋な動機と同様、その裏には、或はその結果として、残虐、非道、裏切り、内紛、陰謀などの悪徳を不可避的に伴つてゐたといふ事態もまた否定し得ない。第一次十字軍においても既に内紛、分裂はあつた。第二次十字軍においては敵方のシチリア王国とビザンティン帝国とが対立抗争し、シチリア王はフランス王の支援を求めて拒絶されはしたものの、十字軍側の相次ぐ敗戦の隙を縫つてビザンティン帝国所領を荒し廻つたので、それに対してビザンティン帝は神聖ローマ帝国皇帝コンラート三世と同盟を結び、オーストリア公バーベンベルク家のハインリヒ二世と婚姻関係を交して自衛策を採つた。このオーストリア公国を楯にしたシュタウフェン朝ドイツ＝神聖ローマ帝国の東進政策はフランス、ハンガリーに脅威を与へ、両国共にシチリアと同盟を結ぶに至り、十字軍の結束は崩れ去つたばかりでなく、却《かへ》つてヨーロッパ各国間に緊張の増大を招いた。

騎士道の花形リチャードは第三次十字軍参加によつて無邪気にも似た様な紛争に巻き込まれてしまつたと言へよう。一一九〇年、彼はフランス王フィリップ二世とシチリアで越冬したが、その間、単独でシチリアと同盟を結んだ。これはシチリアにとつては神聖ローマ帝国に対する防衛策として有利なものであつた。当然、リチャードとフィリップの間に不和が生じ、それが溶けぬまま二人はなほ進軍を続けたが、その翌年の秋、つひにフィリップは聖地から引揚げてしまひ、その帰途、神聖ローマ帝国皇帝ハインリヒ六世と相会して、カペー、シュタウフェン両家の友好関係を樹立し、リチャードを捕へる策謀を提案した。これはシチリア、イングランド、及び法王の連携に対する独仏の対抗策であり、それがハインリヒに思ひ設けぬ幸運を齎した。といふのは、ドイツ内部には、ビザンティン帝国とオーストリア公国を懐き込むハインリヒの政策に反対し、反シュタウフェン聯合《れんがふ》に迎合する反皇帝分子がをり、帰国したハインリヒはその対応策に日夜腐心せざるを得なかつたが、一年後の一一九二年末、フランスの海港閉鎖策により止むを得ず陸路帰国の途に就いたリチャードがオーストリア公レオポルド五世によつて捕へられるに及び、局面は一変した。反シュタウフェン聯合は殆ど有名無実の存在と化し、シュタウフェン家もハインリヒ六世も昔日の権威を取戻したばかりでなく、シチリア王の死によつて、その王冠まで手に入れる事が出来た。

しかし、この十字軍の内紛において何より見逃し得ぬ事実は、ヘンリー二世によつて胡桃の殻の中に閉ぢ籠められたルイ七世のカペー家が、その息子のフィリップ二世によつて反攻に転ずる切掛けを摑んだ事である。しかもその相手は親の敵ヘンリー二世の息子リチャードであつた。確かにこの争ひは国家と国家、民族と民族とのそれではなく、プランタジネット家とカペー家との争ひであつたと言へる。リチャードはその後ハインリヒ六世に引渡され、一一九四年、故国から身代金を払つて漸く釈放された。しかし、イングランドに戻つた彼は再び故国から金を搾り取り、自領アンジュー家の財産を守る為、直ちにフランスに渡り、その後二度とイングランドに戻らなかつた。彼はノルマンディー領有をめぐり死に至るまでフィリップと戦ひ続けたが、或る城壁のもとで一家臣と争ひ、重傷を負つて死んだ。争ひの理由は今なほ判然としない。中世騎士の花形としては頗《すこぶ》る芳しからぬ最期であつたが、彼が終生国王としての自覚を持たず、飽くまで個人としての行動に終始したといふ観点からすれば、その死に様も甚だ首尾一貫したものと言へよう。

それにしても、事実上国王不在の十年間、イングランドの内政、外政に殆ど破綻が生じなかつたばかりでなく、寧ろその国王不在が卻つて好結果を齎したのは不思議と言へば不思議である。尤も外政に関する限り、十字軍遠征は全ヨーロッパの君主、及びローマ法王の視界からイングランドの存在を消去してくれるのに役立つた。リチャード自身にその気は無かつたにしても、彼は十字軍の「人質」として全世界の目をイングランドから逸《そ》らさせ牽制する役割を演じたと言へる。問題はヨーロッパよりもブリテン島内部に、即ちウェイルズ、スコットランド、アイルランドなどのケルト地域にあつた。これらの地方はノルマン朝時代からフランスが対イングランド政策において背後攪乱《かくらん》に利用して来たものである。が、一方、イングランドもフランスの背後を脅《おびや》かす為に今日のオランダ、ベルギー、ルクセンブルグなど低地帯諸国やドイツを利用して来た。ヘンリー一世は娘を神聖ローマ帝国皇帝ハインリヒ五世に娶はせ、ヘンリー二世はフランスの北部、東部の、或は時にイタリアの反仏分子と手を握り、更に機先を制してウェイルズ、スコットランド、アイルランド攻略に乗出し、対仏戦の禍根を絶たうと試みた。リチャード一世、ジョン王も北海に面したフランドルやライン河畔の公国と反仏同盟を結ぶ事に懸命であつた。しかし、十字軍内部の紛争は、少くともリチャード在位中に関する限り、これらの伝統的な対立やその戦略を曖昧なものにしてしまひ、イングランド本土は外患をよそに比較的安穏な日こを送り得た。フランスの目がヨーロッパの東に向いてゐる限り、ケルト地域も左程危険な存在とはなりえなかつた。リチャードの要求する戦費が如何に厖大《ばうだい》なものであつたにせよ、それで平和が買へるなら、廉《やす》い保険料だと言へなくもない。

内政面では、しつかりした貴族達が事に当つてをり、結束して秩序の維持に専念した。リチャードは十字軍参加の為、イングランドを立ち去る前「陰謀家の前歴」を持つた弟のジョンにわざわざ反乱を起させる様な措置を講じて行つたと評する見方もあるが、果してさう言へるかどうか。その措置といふのはイングランド諸州のうち六州をジョンの直轄地とした事であり、その為、これら六州は国庫に一文も納めず、国王裁判官もそこへは足を踏入れなかつた。詰り、リチャードはジョンに治外法権の国家内国家を許容した事になり、事実、これを根拠地としてジョンは反逆を企てたのである。しかし、一方、リチャードはヒューバート・ウォルターといふ賢明な人物をキャンタベリー大司教に任じ、国王代理《ジヤステイシヤー》を

| | | | |
|---|---|---|---|
| 1352-62 | インノケンティウス六世 | | |
| 1362-70 | ウルバヌス五世 | | |
| 1370-78 | グレゴリウス十一世 | | リチャード二世(1377-99) |
| 1378-89 | ウルバヌス六世 | | |
| 1389-1404 | ボニファティウス九世 | ランカスター家 | ヘンリー四世(1399-1413) |
| 1404-06 | インノケンティウス七世 | | |
| 1406-15 | グレゴリウス十二世 | | ヘンリー五世(1413-22) |
| 1417-31 | マルティヌス五世 | | ヘンリー六世(1422-61) |
| 1431-47 | エウゲニウス四世 | | |
| 1447-55 | ニコラウス五世 | | |
| 1455-58 | カリストゥス三世 | | |
| 1458-64 | ピウス二世 | ヨーク家 | エドワード四世(1461-83) |
| 1464-71 | パウルス二世 | | |
| 1471-84 | シクストゥス四世 | | エドワード五世(1483) |
| 1484-92 | インノケンティウス八世 | | リチャード三世(1483-85) |
| 1492-1503 | アレキサンデル六世 | テューダー朝 | ヘンリー七世(1485-1509) |
| 1503 | ピウス三世 | | |
| 1503-13 | ユリウス二世 | | ヘンリー八世(1509-47) |
| 1513-21 | レオ十世 …………………… | | (マルティン・ルター破門) |
| 1522-23 | ハドリアヌス六世 | | |
| 1523-34 | クレメンス七世 …………………… | | ヘンリー八世破門。 |
| 1534-49 | パウルス三世 | | エドワード六世(1547-53) |
| 1550-55 | ユリウス三世 | | メアリー一世(1553-58) |
| 1555 | マルケルス二世 | | |
| 1555-59 | パウルス四世 | | エリザベス一世(1558-1603) |
| 1559-65 | ピウス四世 | | |
| 1566-72 | ピウス五世 …………………… | | エリザベス一世破門。 |
| 1572-85 | グレゴリウス十三世 | | |
| 1585-90 | シクストゥス五世 | | |
| 1590 | ウルバヌス七世 | | |
| 1590-91 | グレゴリウス十四世 | | |
| 1591 | インノケンティウス九世 | | |
| 1592-1605 | クレメンス八世 | ステュアート朝 | ジェイムズ一世(1603-25) |
| 1605 | レオ十一世 | | |
| 1605-21 | パウルス五世 | | |
| 1621-23 | グレゴリウス十五世 | | |
| 1623-44 | ウルバヌス八世 | | チャールズ一世(1625-49) |
| 1644-55 | インノケンティウス十世 | | |
| 1655-67 | アレキサンデル七世 | | チャールズ二世(1660-85) |
| 1667-69 | クレメンス九世 | | |
| 1670-76 | クレメンス十世 | | |
| 1676-89 | インノケンティウス十一世 | | ジェイムズ二世(1685-88) |
| 1689-91 | アレキサンデル八世 | | (メアリー二世(1689-94) |
| 1691-1700 | インノケンティウス十二世 | | ウィリアム三世(1689-1702) |
| 1700-21 | クレメンス十一世 | | アン(1702-14) |

# ローマ法王・イングランド王対照系図

| | | | |
|---|---|---|---|
| 1061-73 | アレキサンデル二世 | ノルマン王家 | ウィリアム一世(1066-87) |
| 1073-85 | グレゴリウス七世 | | ……(神聖ローマ帝国ハインリヒ四世破門) |
| 1086-87 | ヴィクトル三世 | | |
| 1088-99 | ウルバヌス二世 | | ウィリアム二世(1087-1100) |
| 1099-1118 | パスカリス二世 | | ヘンリー一世(1100-35) |
| 1118-19 | ゲラシウス二世 | | |
| 1119-24 | カリストゥス二世 | | |
| 1124-30 | ホノリウス二世 | | |
| 1130-43 | インノケンティウス二世 | | スティーヴン(1135-54) |
| 1143-44 | ケレスティヌス二世 | | |
| 1144-45 | ルキウス二世 | | |
| 1145-53 | エウゲニウス三世 | | |
| 1153-54 | アナスタシウス四世 | プランタジネット朝 | |
| 1154-59 | ハドリアヌス四世 | | ヘンリー二世(1154-89) |
| 1159-81 | アレキサンデル三世 | | ……ベケットの後楯となりヘンリー二世と抗争、法王優位を主張。 |
| 1181-85 | ルキウス三世 | | |
| 1185-87 | ウルバヌス三世 | | |
| 1187 | グレゴリウス八世 | | |
| 1187-91 | クレメンス三世 | | リチャード一世(1189-99) |
| 1191-98 | ケレスティヌス三世 | | ジョン(1199-1216) |
| 1198-1216 | インノケンティウス三世 | | ……ジョン王破門。 |
| 1216-27 | ホノリウス三世 | | ヘンリー三世(1216-72) |
| 1227-41 | グレゴリウス九世 | | ……(神聖ローマ帝国皇帝フリードリヒ二世破門) |
| 1241 | ケレスティヌス四世 | | |
| 1243-54 | インノケンティウス四世 | | |
| 1254-61 | アレキサンデル四世 | | |
| 1261-64 | ウルバヌス四世 | | |
| 1265-68 | クレメンス四世 | | |
| 1271-76 | グレゴリウス十世 | | エドワード一世(1272-1307) |
| 1276 | インノケンティウス五世 | | |
| 1276 | ハドリアヌス五世 | | |
| 1276-77 | ヨハネス二十一世 | | |
| 1277-80 | ニコラウス三世 | | |
| 1281-85 | マルティヌス四世 | | |
| 1285-87 | ホノリウス四世 | | |
| 1288-92 | ニコラウス四世 | | |
| 1294 | ケレスティヌス五世 | | |
| 1294-1303 | ボニファティウス八世 | | |
| 1303-04 | ベネディクトゥス十一世 | | |
| 1305-14 | クレメンス五世 | | エドワード二世(1307-27) |
| 1316-34 | ヨハネス二十二世 | | エドワード三世(1327-77) |
| 1334-42 | ベネディクトゥス十二世 | | |
| 1342-52 | クレメンス六世 | | |

(対立法王はすべて省く)

兼務させて置いた。リチャードがオーストリア公に囚《とらは》れた時、身代金を以て救出したのもウォルターであり、ジョンの反逆を貴族、ロンドン市長、及びその市民の力を借りて鎮圧したのもこのウォルターであつた。しかし、ジョンを「陰謀家の前歴」の持主と断定するのは少こ片手落ちの様に思へる。リチャードもジョンと共に父王ヘンリー二世に陰謀を企てた前歴の持主である。両者は程度の差、陰陽の差こそあれ、同じ時代の人間であり、同じ血を分けた兄弟である。兄は弟の人柄を充分に知つてゐた筈であり、治外法権の六州を与へたのは反乱を起させる様な措置と言ふより、それを未然に防ぐ為の措置であつたかも知れず、どうしようとジョンが反乱を起すであらう事をリチャードは予想してゐたに相違無い。それに備へてヒューバート・ウォルターを国王代理に任じて置いたのであらう。また、父王が礎を築いた国王による中央集権的統治政体に対する信頼感もあつたに違ひ無い。さもなければ、如何にフランス人の血筋であらうと、如何に夢想的な中世騎士であらうと、イングランド国王でありながら十年の在位中、僅か六箇月を除いて戦争ごつこに興じてゐられる筈が無い。

いづれにせよ、国王不在という好ましからぬ実情は、ヒューバート・ウォルターの政治力をして、却つてリチャードの期待した以上の、或はリチャードもそこまでは望まなかつたであらう程の意外な効果をイングランドの政治制度の上に齎《もたら》しめた。それは一口に言へば、地方自治であり、都市の自立である。近代的な国家権力の形成にとつて、封建諸侯の特権は障碍《しやうがい》以外の何物でも無いが、上流中産階級《ジエントリー》による都市や州の自治は大いに寄与する。ウォルターがその事を自覚してゐたかどうかは別として、結果から見れば、イングランドの歴史は事実その様に動いて行つた。ロンドン市民がその富と人口と地理的位置により享受してゐた特殊な力をウォルター自身は虞《おそ》れてゐたらしい。が、ジョンの反乱の際、彼はそれを利用して勝つた。その為、勢ひに乗じた彼等が自分達の市長を自分達で選出する権利を確保するに至つたのであるが、ウォルターが自治の効用に想ひ到つたのは、或はその時だつたかも知れぬ。しかし、それは何も賢明なウォルターに限らぬ。「陰謀家の前歴」の持主であり、「碌《ろく》でなし」の暴君と見做されてゐるジョンでさへ、王位に即くや、多くの都市に独立自治を売る政策を引続き適用して行つたのである。

# 第四章　英国史の基調音

## 第一節　大憲章の成立——ジョン王の失政

ジョン王（在位一一九九―一二一六）は今日に至るまで一般には勿論、史家の間でも最も不人気な王の一人である。父王も彼を疎《うと》んじてゐたらしく、彼だけは遺産も領地も与へられず、ラックランド（無領地王）の綽名《あだな》で呼ばれてゐる。しかし、その軍事上の失敗を除けば、前王リチャードに較べてジョンはまだしも良心的な国王だつたと評する史家もゐる。軍事上の失敗といふ事になると、英国史上一人ジョンのみを生贄《いけにへ》に供するのは酷である。或はその残虐性、譬へば兄ジェフリーの子アーサーを密《ひそ》かに惨殺したと伝へられるが、それにも確たる証拠は無い。たとへそれが事実であつたとしても、事の起りはアーサーにある。アーサーの父ジェフリーは父王ヘンリー二世からブルターニュを譲られてをり、ジェフリーは早世してアーサーがその跡を継ぎブルターニュ公になつてゐたばかりでなく、リチャード一世歿後は最もイングランド王位継承権を主張し得る立場にあつた。叔父のジョンがエレノアの後楯で王位についた事に彼が不満を懐いたのも当然であらう。それに附込んだのがフランス王フィリップである。彼はアーサーを唆して、ジョン王に対抗せしめた。フランス王治下のブルターニュ公アーサーが自分の援助によりイングランド王になれたなら、イングランドは事実上フランスの属国に等しきものとなるからである。この争ひが一時休止期に入つた時、ジョン王はポワトゥーの領主ユーグ・ド・リュシニャンの許婚者《いひなづけ》イサベラ・ダングレームを奪つて后に迎へた。恐らくリュシニャンの提訴によるものであらうが、フィリップ二世はジョンに対してフランス王の法廷に出頭する事を命じた。父王ヘンリー二世以来、ノルマンディーその他、フランス領土の西半部を領有するジョンは形式上フランス王に臣従する貴族であるが、実質的にはフランスの西半部を属国とするイングランド王である。ジョンは勿論フィリップの召喚に応じなかつた。フィリップはこれを反逆と見做し、アーサーに命じてフランス領土の奪還を企てた。ジョンは直ちに出兵、ミルボーの戦ひに勝ち、アーサーを捕虜にしてファレーズ、ルーアンまで連行したが、一二〇三年四月三日を最後に誰もアーサーの姿を見た者はゐない。ジョンは殺害の疑ひにより告発されたが、再び出頭を拒否した。

フィリップは自ら陣頭に立ち、ガヤール、ファレーズ、カーンの城を包囲し占領した。このガヤール城はヘンリー二世が巨費を投じて築いた名城として、大陸に臨むイングランドの象徴であつた。ジョンはイングランドに逃げ帰り、一二〇四年、ノルマンディーは完全にフランスに奪還された。ジョンはすつかり意気銷沈《せうちん》してしまつた。が、ノルマンディーを失つたのはジョンだけではない。イングランドもまたそれを失つたのである。その貴族や領主達もフランス領内に所有する土地を失つた。彼等は個人としても、またイングランドの名誉に賭《か》けても、それを奪ひ還したいと思つた。が、ジョン王が最高指揮者としてその任に堪へ得る人物とは思へず、誰もこの大事業に協力する姿勢を示さなかつた。しかし、それは大事業ではあつても、必ずしも難事業ではなかつた筈である。彼等がその気になりさへしたら、ジョン王はフランスを完全に征服し、英国史に後のヘンリー五世を凌《しの》ぐ名声を残し得たであらう。フランスの背後には神聖ローマ帝国やフランドルがあり、いつでもイングランドと結んでフランスを挟撃する態勢は整つてゐる。その事をジョンは充分知つてゐた。自分の面子《めんつ》に賭けてもフランスの領土を蹂躙《じうりん》し、フィリップに城下の盟《ちか》ひをなさしめたいといふ復讐の情念に取り憑かれてゐたジョンは、つひに一二一三年、北海に海軍を派遣、ツヴィンでフランス艦隊を壊滅させた。その準備は充分出来てゐたのである。甥に当る神聖ローマ帝国皇帝のオットー四世に年間千マルク、ブーローニュ公に千ポンドの年金を支払ひ、リンブルグ公、ブラバンド公を初め、フランドルの貴族、騎士にも多額の金が与へられた。それればかりではない、過去十年近くの間にジョンは軍備強化に金を惜しまなかつた。一般国民もこれを支持した。同盟国を金で買ふ事にも協力した。十二歳以上の男子は敵の侵攻に際しては進んで起ち上る事を宣誓した。そこまではいい。だがイングランド人をフランス領内で自分の指揮のもとに戦はせようといふジョンの強制的な姿勢に接すると、殆ど誰もが顔を背けた。ただ王の土地を拝領してゐる家臣だけが頼りだつた。

一二一四年、ジョンは再びオットー、フランドル伯、ブーローニュ公にフランスを攻撃させ、自らもそれに呼応してラ・ロシュに上陸、南からフランス軍を攻めた。が、一緒に戦つてゐたポワトゥーの同盟軍に見捨てられ、ドイツの傭兵達はブーヴィーヌにおいて徹底的な敗北を喫し、ジョンは這《は》ふ這ふの態《てい》でイングランドに逃げ帰つた。まだそこまではよかつた。敗軍の将に不名誉と不人気は附物である以上、おとなしくそれに附合つてゐればいい。が、ジョンはそれをごまかす為に先制攻撃の挙に出で、従軍しなかつた国内の貴族達から騎士一人当り三マルクの兵役免除税を徴収しようとしたのである。お前達が俺に附いて来ないから敗けたのだといふ気持があつたからであらう。これがマグナ・カルタ（大憲章）認証、即ち貴族の反乱を惹き起した最大の原因である。

マグナ・カルタは立憲政治、議会政治の起点であり、英国の誇りと見做され、全世界もこれに深い敬意を払つてゐるが、マグナ・カルタそのものには何等誇るに足るものも無ければ、尊敬するに足るものも無い。もしこれに関して尊敬すべきものがあるとすれば、それは参加者の利己心のごつた煮としか言ひ様の無い、これほど出たらめで矛盾に満ちた雑文集を、時には自分の利己心を正当化し主張する為に、時には他人の利己心を否定し抑圧する為に、適当に利用し整理して来た英国人の節度ある狡智《かうち》、或は叡智《えいち》である。マグナ・

カルタそのものに関する限り、国王の方が前進的であり、貴族達は嘗ての封建的特権を再び自分達の手に取戻さうといふ反動的姿勢を示したと言へよう。ジョン王に限らず、イングランド王は代ゝ戴冠に際して人民の権利を尊重する事を約束する為の勅許状を出す慣習があり、その最も代表的なものはヘンリー一世の憲章である。マグナ・カルタにおけるジョン王の姿勢も基本的にはそれと同じであり、それを引継いで更に前進せしめようとしたものである。強ひてその違ひを言へば、同じ憲章であつても、どちらが先にそれを持出したかといふ主導権の違ひに過ぎない。といつて、君主ではなく、臣下の貴族が主導権を握つたからと言つて、それが封建貴族である以上、近代的中央集権国家の形成にとつて不利な条項が入つて来るのは当然である。そればかりではない、マグナ・カルタ認証の経緯には更に複雑な要素が加つてをり、決して貴族に主導権があつたとは言へない。先に持出しただけでは主導権は取れぬ。

　ジョン王にとつても、相手が貴族だけだつたなら、事は単純であつたらう。が、背後にフィリップ二世の牽制を受けながら、正面では貴族以上に強力な法王との対立があつた。しかも、その法王が唯の法王ではない、大胆不敵の権力者インノケンティウス三世（在位一一九八―一二一六）である。しかも、彼は偶ゝ《たまたま》ジョンと在位期間を同じくし、ジョンの死んだ年に死んでゐる。一二〇五年、偶ゝキャンタベリー大司教座が空位になつた。ヘンリー二世とベケットとの間の妥協的産物たるクラレンドン法によれば、空位になつた大司教管区、司教管区は国王の管理下に置かれ、その空位を埋める手続として教会の権限は縮小された筈である。それにも拘《かかは》らず、教会側は国王の許可無くしてキャンタベリー大司教を選び、王の怒りに触れ、止むを得ず王の任命した大司教を受容れた。ところが、法王はその両者共に認めず、一二〇七年、イングランド出身の枢機卿スティーヴン・ラントンを任命した。これは明らかに王権侵害である。ジョンはそれを拒否した。その為、ラントンは一二一三年までイングランドの土を踏む事が出来なかつたのである。ジョンのラントン拒否に対して、一二〇九年、法王はジョンの破門といふ強硬手段を以て酬《むく》いた。しかし、ジョンは冷静であり、聖職者をよく保護した。それにも拘らず、司教達は破門された国王を軽んじ、次第に反抗的態度を示す様になつたので、ジョンもつひに我慢出来なくなり、教会の財産を差押へ、その収入を国庫へ没収した。そこまではよかつた。かうしたジョンの宗権に対する抗争は国内の支持を得たのである。が、この時、フィリップ二世は恰《あたか》も「待つてゐました」とばかりに、ローマ法王と敵対する王国は十字軍にとつては敵であるといふ錦の御旗を振り翳《かざ》し、神の名によりイングランド王位の譲渡を要求して来たのである。ジョン王は急に人が変つた様に昨日の敵インノケンティウス三世と結び、一二一三年、事もあらうにイングランドをローマ支配下に奉還し、自分はその家臣、受封者として忠誠を誓つた。敗軍の将としてフランスから逃げ帰つたのがその翌年である。

これで教会はジョン王の身方になつた。しかし力のある高位聖職者は国家的見地からジョンの無法に愛想を尽かした。貴族達の多くは対仏戦の敗北と、その上兵役免除税の要求に引続き、重ね重ねの失政に呆《あき》れ返り、完全に国王から離反した。一二一四年の十一月から翌年の六月まで王と貴族達はあちこちで何度も会見し、その間、法王は一方では貴族達に手を引く様に指示し、他方ジョン王には貴族側の要求を入れてやる様にと説き、比較的国王に同情的な貴族は仲介役を買つて出たりして、漸く翌一二一五年の五月、国王の方から憲章の草案を提出し、法王に調停を依頼したが、貴族達は聴入れず、ロンドンを占拠するに至り、最後に六月十五日、テムズ河畔のラニミードにおいて会見、それから五日掛りで両者は「合意」に達し、相互に署名、国璽《こくじ》捺印を終つた。

ラントンについては、彼こそ時の動きと人心を洞察し得た人物で、貴族の利己心が封建制への逆行を促すのを抑へ得た真の指導者であると高く評価する史家もあるが、他方、政治については何も解らぬ無能な男だつたと酷評する史家もある。無能といふのは言ひ過ぎかも知れぬが、既に述べた様に、マグナ・カルタは何等かの理想や方向の自覚による所産ではなく、随つて指導的役割を演じる集団は固《もと》より、その様な個人も存在しなかつたと見た方がよい。先にそれを、参加者の利己心のごつた煮と言つたが、寧ろそれぞれが気に入らぬ相手の言ひ分を投げ捨てた屑籠と評すべきものであらう。それを拾ひ出して羅列して見れば、自分の要求が容れられた条項も見出せるが、それと相容れない気に入らぬ条項にも目を塞《ふさ》ぐ訳には行かず、大別して国王、貴族、教会、市民のいづれにとつても不満なものであつた。それぞれの要求に同程度の割引をした妥協の産物ではない以上、或る点では国王と市民とが要求の一致を見、或る点では貴族と市民とが、或る点では国王と教会とが、また或る点では国王と貴族とが利害を同じくするといふ結果になる。詰り、マグナ・カルタは誰をも満足させなかつた。誰もがもう一度屑籠の中に投げ戻したくなる様なものであつた。事実、ラニミードにおける認証の翌七月には貴族達の不満が爆発し、ジョンは慌てて法王にマグナ・カルタ廃棄を要求する手紙を書き、法王は直ちにその請ひを入れ、廃棄を宣したところ、その翌八月に再び貴族達が国王に反抗し、それに対して法王は貴族達を破門し、一時は内乱同様の混乱状態に陥つた。

一度廃棄されたマグナ・カルタが再び発布されたのは一二一六年、次王ヘンリー三世の時であり、翌一七年に改訂され、二五年に漸く決定的な形を整へるに至つたが、その後も含めて一二九七年まで三十数回、改訂追認が行はれた。マグナ・カルタが一貫性と合意点とを全く欠いた代物であり、国王、貴族、教会、市民、それぞれの利己心のごつた煮であるが為、その四者いづれをも満足させず、その場その場で組み手を変へる一時的な攻守同盟の口実としてしか役立たぬ代物であるにも拘らず、その紙屑にも等しい雑文集を立憲政治、議会制民主主義の出発点に転用したのは「英国人の節度ある狡智、或は叡智」であると言つたが、これは単なる独断でも逆説でもない。問題はその「狡智、或は叡智」の根柢を成すものは何かといふ事に在る。確かに支配者の、統治する技術、またそれに抗議する民主主義的指導者の人心収攬術《しうらんじゆつ》を無視する事は出来ないにしても、英国統治の最も重要な「秘密」は、意外な事かも知れぬが、何よりも「秩序と安定」を求める人民の側の統治される技術、即ち自分達の望み通りに統治させる技術に在る。が、それを技術と称し得るものに成熟せしめる為には、その前提として、何よりも「秩序と安定」を求める強い願望と、その願望を満してくれる強力な支配者を的確に嗅ぎ分ける嗅覚とが必要である。大陸との間の海峡は度重なる外来者の侵入を容易にしたが、一度《ひとたび》強力な中央集権的権力が出来上つた後では、それが逆にイングランドを難攻不落の城砦たらしめる大自然の外濠と化した。しかし、この大自然の外濠は、一度内部の結束が緩んだら最後、忽《たちま》ち従来通り外敵導入の為の運河と化する裏切りの可能性を孕んでゐる。それは海峡ではあるが、狭い海峡であり、モンスーン地帯と違つて常に神風が吹くとは限らない。

　随つて、サクソン・イングランドの住民達は自分達を護つてくれる能力の乏しい国王の支配に反撥したのであつて、国王の支配そのものに反撥したのではない。寧ろ彼等は有能強力な国王、或はそれを代行する中央集権政府の出現を常に待望してゐた。その心情は今日の英国民の中にも根強く残つてゐる。それを一概に外国人嫌ひ《ゼノフォービア》、或は国家主義《ナショナリズム》と断定してしまふ訳には行かない。確かに、英国民のうちには排外的な優越感、冷たさ、良く言つて人見知りの性向がある。が、それはコスモポリタニズムに転落する歯止めにはなつても、インタナショナリズムを許容せぬほど独善的な唯我主義には決してならない。またそれは常に過激な革命に対する徹底的な阻止力、乃至《ないし》は破壊力として働いて来ながら、しかも一方では世界で最も早く、最も効率の良い民主主義を物にし得た。この中央集権の強化と民主主義といふ一見相反する概念の両立は如何にして達成し得たのか。それは第一に、狭い海峡の為に遠くて近いフランスとの抗争＝妥協といふ、これまた一見相反する宿命的な関り合ひ、第二に、物理的には遥かに遠隔の地であるローマの直接的な支配から、フランスやドイツに較べて遥かに自由を享受してをり、その為にフランス王やイタリア出身の聖職者を通じて圧力を加へて来る事には強い反撥を示す半面、その法王が物理的距離を超越する神意の代行者であるといふ意識を捨て切れぬといふ、さういふローマとの複雑な関り合ひ、第三には、嘗《かつ》て自分達が逐ひ遣つたスコットランドとウェイルズのケルト族が言語や文化を異にしながらも、血の上ではかなり混淆《こんかう》し、且つその両地方とイングランドとに領地を有し、利害を共通にする貴族、地主を抱へ込んでゐる以上、いづれも自分達の従属国にすべきだといふ優越的義務感と裏腹に、それにも拘らず両地方が絶えずフランス王の指嗾《しそう》に応じて辺疆《へんきやう》を荒しはせぬかといふ脅威感から免れ得ぬといふ複雑な関り合ひ、以上三つの解きほごし難い二重三重の愛憎関係に基づくものと考へられる。

しかし、それらの関係がマグナ・カルタの成立と同様、如何に相反矛盾した曖昧複雑なものであらうと、現実の問題として表面化した時には、マグナ・カルタの様な一片の「声明書」と異り、勝敗といふ決定的な形を採つて現れる。既に見て来た様に、内政問題としての中央集権と民主主義との対立融合と因果を成すフランス、ローマ、ケルトとの複雑な絡み合ひといふ英国史を貫く基調音に、歴代のイングランド王は無意識にもせよ、常に踊らされ続けてきた。マグナ・カルタ成立の経緯を通じて、国王、貴族、市民はそれぞれにおぼろげながらその事実についての自覚を強ひられたのである。それがマグナ・カルタの唯一の、少くとも最大の効用であつたと言つても言ひ過ぎにはなるまい。そしてヘンリー三世（在位一二一六―七二）、エドワード一世（在位一二七二―一三〇七）、エドワード二世（在位一三〇七―二七）、エドワード三世（在位一三二七―七七）の四人の国王の治世中、即ち十三世紀中頃から一世紀間に、英国史の基調音は最も明瞭な形を採つて現れて来た。なるほどフランスとの決定的な破局としての百年戦争といふのはエドワード三世治世の一三三七年に始り、ヘンリー五世のアザンクールにおける決定的な勝利（一四一五年）とそのフランス王位継承で一休止を見、続いてヘンリー六世時代にジャンヌ・ダルクの出現によるシャルル七世のフランス王国恢復（一四三六年）までの戦争を意味するが、更にその余燼《よじん》に過ぎぬシャルルとヘンリーとの間のノルマンディー、アキテーヌ争奪戦をも含め、最後は、フランスの勝利を以て終止符が打たれた一四五三年までの戦争と見做してもよい。しかし、それが英仏両国の間で雌雄を決する大戦争といふ顕在的なるが故に至極明快単純な形を採る事によつて、英国史固有の曖昧複雑な基調音は卻つて不明瞭になり、その結果は何も産み得ないといふ事になつてしまふとさへ言へよう。

## 第二節　後退するイングランド――ヘンリー三世

ジョン王がローマ法王の力を借りてマグナ・カルタを否認した事は、貴族達にとつては明らかな裏切り行為であり、彼等は当然激怒し、直ちに手を携へ反乱の挙に出た。市民もこれを支持した。彼等はフランス王フィリップ二世の支援を求め、その嫡男にしてジョンの姪を妃としてゐたルイ(後のルイ八世)にイングランド王位を提供した。ルイはこれを受容れ、イングランドに軍を進め、ロンドンを占拠し、ジョン王は逃亡中に戦死した。後に残されたのは九歳の幼児ヘンリーである。が、イングランド東部大半はなほ王位請求者ルイ王子の掌握下にあつた。ところが、かういふ事態を招いた権力ある貴族達は急に態度を一変し、一二一六年、グロスターにおいてヘンリーの戴冠式を行ひ、ルイを放逐しようと謀つた。といふのは、フランス王フィリップ二世はイングランド王位に対して強い執着を持ちながら、いざとなると常に慎重であり、親征の軍など起しはすまいと見抜いてゐたからであり、また九歳の幼王なら自分達の意のままに操り得ると看取したからでもある。高位聖職者達も彼等に同調した。故ジョン王はヘンリーをしてホーリー・シー(ローマ法王の地位)の擁護者、代行者の任を全うせしめる事を誓つてをり、随つて法王派遣の「大使」がイングランドの行政に関与する事を認めてゐたからである。

事は彼等の思惑通りに運んだ。ルイの作戦は陸海共に失敗し、父王フィリップはそれを援けようとしなかつた為に、ヘンリー即位の翌年、一二一七年末には完全にイングランド王権の確立を見た。幸ひに老熟の忠臣ペンブルク伯マーシャル、その死後は国王代理《ジャスティシャー》ヒューバート・ド・バーグが幼王を補佐し、無法頑迷の貴族の反意や外敵の脅威を能く抑へ、マグナ・カルタを再認し、その後二度の改訂により、殆どこれに決定的な形を与へた。一二二三年、法王ホノリウス三世（在位一二一六―一二二七）は国王即位の年齢制限を改め、ヘンリー三世にイングランド国王としての資格を与へ、その正当化を計つた。それも内乱により或は荒廃し、或は私有化された城や国王直轄領の恢復を考へたからで、ホノリウス三世自身には何の政治的野心も無かつた。それどころか、彼は前法王インノケンティウス三世と殆ど正反対の性格の持主で、政治的関心は全く無く、いづれ後に触れるが、真に敬虔な信仰心から、地味ではあるが後に大きな実を結ぶ純粋に精神的な仕事に専念した。随つて国王即位年齢を低める事によつてヘンリーを助けようとしても、それは単に形式的な措置に終り、現実政治の上には何の効果も齎《もたら》さなかつた。

それだから良かつたのである。いや、それでも良くはなかつたと言ふべきであらう。ヘンリーは一二二七年、成年に達するや、自ら親政を主張した。その後、数年間はなほヒューバートの抑へが利いたが、父王ジョンがフランスで失つた領土を奪還しようといふ執念に凝り固つてゐたヘンリーはヒューバートの制止を卻《しりぞ》け、一二三〇年、つひにフランス西部に侵略を企てた。ルイ八世（在位一二二三―二六）が早世し、その後を襲つた聖ルイ九世（在位一二二六―七〇）が自分より七歳年下の少年である事が、彼の野心を揺さぶつたとも言はれてゐる。しかし、結果は失敗に帰した。すると、彼は責めをヒューバートに帰し、公金を以て私腹を肥し、イングランド教会が生活を保護してゐた法王派遣の外国人聖職者達に対する民衆の反乱暴動を唆したと言ひ掛りを附け、ヒューバートを糾弾した。ヘンリーはグレゴリウス九世（在位一二二七―四一）の強い不興を買つた。この事自体は大した事ではないが、後にそれがローマの圧力導入とそれに対する国民感情の反撥を招く糸口となり、百姓一揆がウィクリフの穏健な宗教改革を挫折させるといふ三つ巴の皮肉な混戦状態到来の動因ともなつた。

しかも、法王の譴責《けんせき》はヘンリーの野望を牽制するのに殆ど何の役にも立たず、一二四二年、彼はガスコーニュ地方に侵略を企て、タイユブールで惨憺《さんたん》たる敗北を喫したが、なほその後も十七年に亙り、両国間に屡〻《しばしば》戦闘が繰返され、漸く一二五九年のパリ条約により休戦が成立する。その結果ヘンリー三世の得たものは祖父王ヘンリー二世の保持してゐた仏領内の殆ど全領土の喪失といふ事実である。彼はルイ九世の前にノルマンディー、アンジューの二大公領の抛棄を誓ひ、僅かにアキテーヌ領主の資格を許されたものの、それはフランス王に封建的臣下の礼を採るといふ条件附きのものであり、しかもその領内にはルイ九世自らが征服した土地が含まれてゐるので、実質的には殆どすべてを失ひ、父王ジョンの試みて失敗した事をそのまま繰返しただけの事であつた。

パリ条約によつて訪れた三十五年間に亙る平和は、フィリップ・ル・ベル（美男王。在位一二八五―一三一四）が一二九四年にアキテーヌ領の完全奪取を計つて、スコットランドと交戦中のイングランド王エドワード一世（鉄槌王《てつついわう》）に攻撃をしかけたのを切掛けにして再び破られた。しかし、エドワード一世はヘンリー三世の如き優柔不断の国王ではなく、美男王は鉄槌王の敵ではなかつた。幸ひにしてエドワードは内政に全力を尽し、ブリテン島国家の統一に心を用ゐ、海峡の外に手を伸さうといふ気が無かつたので、大きな禍《わざは》ひを招かずに済んだが、それにしてもフィリップが余計な手出しをした為に、アキテーヌ領におけるイングランドの支配力は却《かへ》つて強化する結果を招いたと言へよう。しかし、パリ条約がカペー、プランタジネット両家を微妙な封建的主従関係に置き直した事が、後の百年戦争の因となつたといふ史家の言を信ずるなら、美男王の無謀も鉄槌王の慎重も長い歴史の流れの中では是非正邪の判断を下すに足りる程の事件とは言へまい。ヘンリー三世としては、その長い治世の大部分を占める対仏戦争よりも、またその結果としてカペー王家のルイ九世に封建的臣下の礼を取るに至つた事よりも、法王のグレゴリウス九世支配下に唯こ諾こと随つた事の方が、善かれ悪しかれ、イングランドの歴史に重大な結果を及したのである。

第一章に述べて置いた様に、イングランドのクリスト教化はその民族の発祥地たるスカンディナヴィアより四百年も早く実現してゐた。地理的関係から、それは当然の事である。アングロ・サクソンは南からは偉大なる法王、聖グレゴリウス一世が派遣した修道士により、北からはその前に既にクリスト教化されてゐたスコットランドのケルト族修道士により、大体七世紀末までには完全に正統クリスト教に改宗し、その種族神ウォウドゥンはすつかり見捨てられてしまつた。が、この宗権からの最初の独立、国権とまでは言ひ得なくとも、少くとも王権の確立が必要である事に気附き、その第一歩を踏み出したのは、ウィリアム征服王であつた。その子のウィリアム二世赭顔王《しやがんわう》は全く宗教心が無く、キャンタベリー、その他の寺領を私有化して顧みなかつたが、その弟のヘンリー一世はローマと妥協しながら、国王の司教選択権、国王に対する司教の臣従義務を実質上、手に入れる事が出来た。次の無政府時代に近いスティーヴンの治下にその王権の弱体化に乗じてローマは意のままに権力を拡大した。この最悪の状態の下で、トマス・ベケットとの抗争に引きずり込まれたプランタジネット朝最初の国王ヘンリー二世こそ、真正面から真剣にローマとの対立抗争に取組まねばならなかつた英国史上最初の国王であつた。しかし、忘れてはならぬ事は、彼は両親と妻とから仏領の大半を受継いでをり、それを背景に対内的にも対外的にも強い姿勢を保ち得たといふ事実である。その彼にしても、ベケットが死後七年にして聖者の列に叙せられた事により、立場は稍《やや》不利になつた。

次王リチャード一世は中世騎士として好んで十字軍に参加し、自らは意識せずしてフランスは固《もと》より、ローマの人質の役割を果し、晩年はノルマンディー領有問題をめぐつてフランス王と争つたが、ローマとの間に直接紛争の種を蒔《ま》く様な事はしなかつた。その弟のジョン王はその点に関する限り、不運な国王であつた。ヘンリー二世の如く強大な力を持たず、フランスの攻勢に対しては自衛の為にどうしてもローマに頼らねばならず、ローマに頼れば、国内の教会、殊にその高位聖職者はローマを笠に宗権の拡大を主張し、折角ヘンリー二世の確保した王権に圧力を掛ける。キャンタベリー大司教の任命に際して生じた国王と教会との争ひに乗じて、法王インノケンティウス三世は、その両者の主張を郤け、自らラントンを選び、イングランド教会の心臓キャンタベリーを自己の権力下に置かうとした。ジョンはこれを拒否し、それに対して法王は破門を以て応じた。国内教会は先に法王を無視して自らキャンタベリー大司教を選んで置きながら、ジョンが破門されたとなると、これを軽視し、その命に随はない者が多くなつた。ジョンは教会の財産を没収した。それには下級聖職者、貴族、一般人民も進んで王を支持した。それにも拘らず、フランス王が法王に背く国王は十字軍の敵であるといふ口実を以てイングランド王位の譲渡を強硬に申出て来ると、ジョンは掌を反した様にローマに屈服し、その臣下としてイングランドを法王の手に引渡したのである。これには高位聖職者も呆れ返つた。貴族達、人民は勿論ジョンを見捨てた。その結果としての産物がマグナ・カルタであつた。その後を継いだのがヘンリー三世であつて見れば、法王に対する彼の立場がイングランド国王中如何に弱体化したものになつてゐたかは容易に理解出来よう。しかも、一二五九年のパリ条約により、クリスト教の正統の代表者を以て自ら任じてゐたフランスに対して、一旦、臣従の礼を採つてしまつた以上、対ローマ策においても、ヘンリーはジョンの行動を再演して見せるしか何の方途も見出せなかつた。いや、その点では、寧ろジョン以下だつたと言へる。なぜならグレゴリウス九世はインノケンティウス三世の甥に当り、実行力の面ではヘンリー二世の敵対者アレキサンデル三世、ジョン王の敵対者インノケンティウス三世に、信仰の面においては前法王ホノリウス三世に比肩する人物で、アッシジの聖フランチェスコと親交があり、ドミニコ会士の庇護者だつたが、同時にヘンリー自身もノルマン朝のエドワード懺悔王の生き方に深い尊敬の念を懐き、懺悔王を祀《まつ》つた堂を中心として現在も残つてゐるウェストミンスター・アベイを建立した程の敬虔な心の持主だつたからである。イングランドは法王に対して完全にその門戸を開放してゐたと言つてよい。国王は法王の単なる傀儡《くわいらい》に過ぎなかつた。

これはイングランドの教会、聖職者にとつても裏切り行為以外の何物でもなかつた。なぜなら、イングランド内において空位になつた教区の聖職者任命権《プロヴィジョン》が法王の手に帰し、さうして任命されたイタリアやその他の国の司教達が大抵は悪質な連中で、しかも不在地主の如く任地のイングランドを留守にしてゐる状態では、イングランド人の魂の救済、宗教的諸要求に応へられないからである。その数は大変なもので、数へ切れぬほど多くの聖職禄（寺禄）が彼等外国人の手に落ち、最もひどい例としては、近く空位になる筈の聖職禄を法王は一度に三百人のローマ人に与へる事によりその忠誠に報いた事がある。更に法王は神聖ローマ帝国皇帝フリードリヒ二世が十字軍の約を延期したのを切掛けに、彼を二度に亙り破門した峻厳な人物で、その反ドイツ計画の為、イングランドの聖職者に重い税を課したりした。これは明らかに当時の中世的慣例に背くものである。法王は権威ある者ではあつても、権力あるものではない。国王にとつて法王は王権の庇護者として「有用な」存在であり、封建貴族、人民の利己心を抑へ強力な中央集権国家を形成する為の後楯として利用出来るものだつた。またそれが宗教的中央集権を目ざす法王にとつても好都合な在り方でもあつた。具体的に言へば、国王は法王の名において初めて聖職者に課税する事が出来た訳だが、その一割は法王庁に納入されたのである。

　しかし、ヘンリー三世が法王グレゴリウス九世の世界政策の片棒を担ぐまで肩入れするとなると、イングランドは国を挙げて急激にナショナリズム、アイソレイショニズムへの傾斜を示す。事もあらうに、ヘンリーは法王の意を迎へ、一二五五年には次男エドマンドをシチリア国王にする事を約し、その王位継承戦の為の戦費を引受けざるを得なくなり、次いで一二五七年には自分の弟のリチャードに神聖ローマ帝国皇帝の冠を戴かせるべく選挙権買収の為の費用を調達しなければならなくなつてしまつたのである。貴族も聖職者も挙《こぞ》つて国王に反逆し、一二五八年、彼等はヘンリーに譲歩を求め、㈠二十四人から成る委員会を作り、国政の最高機関たる「国王評議府《キングズ・カウンシル》」はこの委員会の手によつて選出される事、㈡この「国王評議府」と高級聖職者、大貴族とが「話をする」（フランス語ではパルレ）場としての議会

（英語化してパーラメント）を年に三回召集する事、㈢国王の行動を監視し掣肘《せいちう》する為の十二人委員会の存在を恒久化する事を要求した。これが所謂オックスフォード条令である。マグナ・カルタの二の舞であり、その小型版である。そしてヘンリーもジョンと同様、これに屈した。

しかし、今度はロンドン市民が加つてゐない。その謂はば烏合《うがふ》の衆の代りに、王直属の行政専門職とも言ふべき市民化された騎士が積極的に動き、オックスフォード条令の中に貴族や聖職者に有りがちな利己心の発露を嗅ぎ附け、その悪用を妨げようとして、同条令に提示された特権を王の親衛隊の彼等にも認めて貰ひたいと要求し、王はこれを許した。王はこの「敵」側の分裂を自分にとつて有利だと認めたからである。譬へば、彼等は国王裁判権と封建貴族の領主裁判権との対立において、国王裁判権を支持してゐる。

この改革運動の指導者はレスター伯シモン・ド・モンフォール（英語読みではモントフォート）である。彼の母はイギリス人であるが父はフランス人で、法王インノケンティウス三世が南仏の異端アルビジョワ派を抑へる為に起したアルビジョワ十字軍（一二〇九年）の組織者として歴とした正統クリスト教徒であり、自分はヘンリーの妹エレノアを妻としてゐた。その点で最もヘンリーの側近たるべき彼が、一時はステュアート朝のクロムウェルの先駆者と称し得る程の力を得、イングランドの東部、南部を完全に制圧するに至つたのである。事の起りはヘンリー王が王軍を集めて指導者シモンを追放し、一二六二年、またも、ジョン王に倣《なら》つて、オックスフォード条令を廃棄した事に在る。が、その結果はジョン王のマグナ・カルタ廃棄の際とは比較にならぬ大規模な内乱、内戦にまで事態は悪化した。帰国したシモンは貴族達の支持を得、各地で勝利を収め、六四年には南部ルーウィスの戦ひでヘンリーとその嫡男の王子エドワードを捕虜にし、所謂ルーウィス協定を結んだが、それはオックスフォード条令より遥かに厳しく王権を制限したものである。法王はシモンを破門したが、ローマの走狗に等しい国王に反感を懐いてゐた聖職者、修道士、オックスフォード大学の学生、そしてロンドン市民までシモンを強く支持した。その後一年間、王位はなほヘンリー三世のものであつたが、彼は君臨すれども統治せず、実質上の支配権はシモン・ド・モンフォールにあつた。この内政的危機を救つたのが勇敢なる王子エドワードである。一二六五年、彼は敵の目を眩して脱出に成功し、ウェイルズ辺疆の貴族を率ゐてイーヴシャム（ロンドンの北西約百四十キロ、ストラトフォード・アポン・エイヴォンの近く）に進撃、シモンの軍を徹底的に撃破してシモンを敗死せしめ、父の王位を恢復した。

## 第三節　ブリテン島国家の完成――エドワード一世

エドワード一世（在位一二七二―一三〇七）は英国史上ヘンリー二世に匹敵する偉大な王であり、時代や生れ、運といふ事を度外視すれば、賢明といふ点ではヘンリー二世を遥かに上廻る。ヘンリー二世はフランス領土の大半を背負つて生れて来た。が、エドワード一世は父王へンリー三世から彼が尊敬してゐたエドワード懺悔王に因んで同じ洗礼名を貰つただけで、レスター伯爵領、フランスのガスコーニュ、それにウェイルズ内の父王所有地を譲り受けたが、いづれも名目だけの実質を伴はぬものであつた。その上、祖父ジョン王、父ヘンリー三世の失政とシモンの反乱により、エドワードの君臨したイングランドは殆ど最悪の状態にあつた。それが彼に幸ひしたと言へる。常にとは言へないにしても、大体において、失政と反乱の後で「名君」が出て来るのが英国史の常道である。勿論、「苦難に満ちた乱世」の後では、人民は多くを望まず、それほど傑出した人物でなくとも、一片の善意によつて誰しも能く統治し得る。これは古今東西に通じる普遍的事実である。が、英国の場合、それとは大分事情を異にする。といふのは、一口に失政、反乱と言つても、さういふ簡単な言葉では片附けられぬ何物かがサクソン・イングランド時代から英国史を支配してゐるからである。失政者を悪玉扱ひにし、それに対する反乱者を善玉扱ひにしたり、また前者を保守的、後者を進歩的と断定したりする事は出来ない。中央集権と民主主義とが両立し、相俟《あひま》つて発達する国柄なのである。

随《したが》つて「苦難に満ちた乱世」と言ふ表現は英国史には不適切である。なぜなら、国王の利己的な権力慾は必然的に中央集権を指向するとしても、それが人民に「苦難」を強ひる処《ところ》まで強大になると、必ずそれに抗議する貴族や聖職者の利己的な権力慾が擡頭《たいとう》し、それが民主主義の基盤になるからである。が、この場合、決して見逃してはならぬ事は、いづれの側も利己心によつて動いてゐるのであつて、中央集権や民主主義は聖なる目的ではなく、単なるその結果でしかない。随つて、それは唯「指向」であり、「基盤」であるに過ぎず、芽のうちに潰《つぶ》してしまはうと思へば、いつでも潰せるものである。それを、ヘンリー二世や、殊にエドワード一世の様な「名君」は巧みに利用して一歩「前進」させただけの事であるが、この場合にも「前進」といふ自覚は殆ど無く、同じく利己心の慾求に随つて行動した結果、それが今日の目から見て「前進」と名附ける他に適切な言葉の見出せない結果を生んだとしか言ひ様が無い。

もう一つ見逃してはならぬ事は、この治者、被治者の利己心が島国であるといふ条件によつて直ちに愛国心に転化するといふ事実である。各階層、各個人の利己心が如何に相互に鬩合《せめぎあ》つてゐようとも、自国に対する外圧には頗《すこぶ》る敏感で、それに対してはそれぞれの利己心を抑圧し、国民的統一を急ぐ。この場合にも、ナショナリズムの美名の蔭で利己心は決して消滅しないし、それが生き続けてゐる事を彼等は明確に自覚してゐる。のみならず、愛国心もまた利己心である事も明確に自覚してゐる。英国の殖民政策の成功も、第二次大戦後の殖民地抛棄の際に示された諦《あきら》めのよさも、言換れば、その世界政策と孤立主義とはいづれもナショナリズムとインタナショナリズムとの同時存在によつて説明し得る。その意味で、英国の民族性として偽善を挙げるのは浅はかである。彼等は常に自分の利己主義を自覚してゐる。愛国心や国際的協調を口にする時でも、それを自覚してゐる。偽善を演

## 系図2 プランタジネット朝

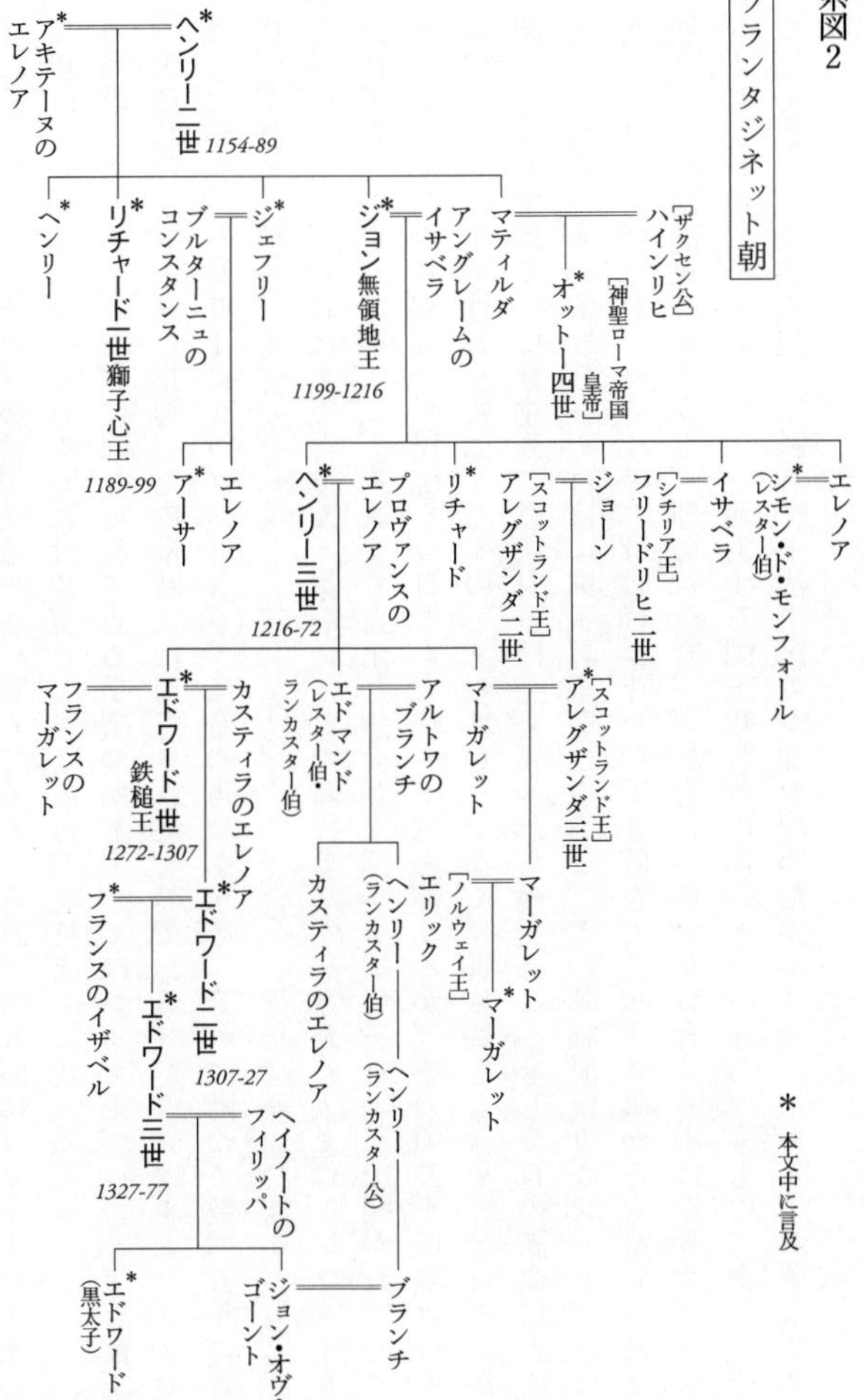


* 本文中に言及

じてゐる時にも、それが偽善である事を自覚してゐる。それが平和時にはヒューマーとして現れ、背に腹はかへられぬ時には勇気として、或は残虐性として現れる。

「名君」エドワード一世に帰せられてゐる功績の殆どすべてはジョン王、ヘンリー三世王の失政時代とシモンの指導した内乱時代に用意されたものである。シモンはルーウィスの戦ひで勝ち、ヘンリーにオックスフォード条令の再認を求め、それに随つて翌六五年に貴族、聖職者、騎士、市民を参加させた議会を召集したので、俗に「平民院《ハウス・オヴ・コモンズ》の創始者」と呼ばれるが、それは事実と違ふ。第一に、この時に参加を許された人〻はモンフォール派に限られてをり、第二に、それより自由な議会が数回ヘンリー三世の下で開かれてをり、第三に、当時の貴族院、平民院を今日でも上院、下院と称するが、その頃の平民院は今の英国下院とは全く性質を異にするものであるばかりでなく、貴族院をも含めて今日吾〻が議会と呼んでゐる三権分立後の立法府とは全く異つたものである。もし今日の議会に近いものを当時に求めるなら、それは「国王評議府」である。この評議府はカウンシル、或はキューリアと呼ばれ、キューリアは古代ローマの元老院をも意味する事からも察せられる通り、それは国王直属の家臣、即ち行政官、司法官と貴族とが談合する場に過ぎず、ヘンリー二世時代のコモン・ローを運営する国王裁判所の延長と考へらるべきものである。その箍《たが》を緩め、貴族の他に聖職者や上流市民の参加を認めたのがオックスフォード条令である。

しかし、それより重要な事はキューリア、或はパーラメントが国王の臨席無しでは存在し得ないといふ事実である。さうする事によつて、一面では王の独裁を制限し得たと同時に、他面では王の承認と許可無くしては何も議決出来なくなつてゐるのである。或る史家の言ふ通り、英国民は有史以来、常に強力な政府を求めてゐるのであり、国王と議会とは対立し相反するものではなく、国王も議会の一員、或は最も強力な一員と考へられて来たと言へよう。王はその責任から逃れる事は許されないのである。エドワード一世は議会の箍を緩めたシモンに倣ひ、しかし、人選の点ではその偏向を卻《しりぞ》け、父王時代に戻して、貴族の他に各地方の騎士、各都市の自由市民を参加させたパーラメントを定期的に開く事にし、一二九五年に第一回目のそれを召集してゐる。これを史上モデル・パーラメントと呼ぶ。しかも九七年の議会で初めて課税審議権を与へ、今日の議会への第一歩を記してゐる。

それ以前にも、それ以後にも、彼は毎年の様に重要な法を制定し、古代ローマ法を成文化した皇帝ユスティニアヌス一世（在位五二七―五六五）になぞへられ「イングランドのユスティニアヌス」と呼ばれてゐるが、その大部分は特に彼の発明に掛る新しいものといふ訳ではない。エドワードの最大の功績は寧ろ法意識、法概念の確立といふ事に在つた。具体的に言へば、法そのものを変更する場合にも法が必要であるといふ事の確認とその為の諸法令の制定である。その当然の結果として、議会における正式な手続を経ずには、国王も貴族領主も勝手に法を作つたり、それを適用したりする事は出来なくなつた。これはパーラメントがキューリアから独立する、或は分離する切掛けであり、エドワードこそ「議会の創始者」であると言へよう。かうして彼が最も力を注いだのは、封建貴族の特権剝奪と法王の王権侵害阻止と、この両者の為の制定法であつた。

その意図はまた彼の対仏外交とブリテン島内の対ケルト族征服戦にも窺へる。一口に言へば、彼は慎重にもフランスとの摩擦を避け、従弟のフィリップ三世との関係を平和裡に保ち、フィリップの死後は次王のフィリップ美男王にも礼を尽して、ガスコーニュの行政改善に努め、唯その支配を維持するだけに留めた。彼の最大関心事はブリテン島国家の完成にあつたからである。その自覚を持ち、しかもそれを実現し得たのはノルマン朝、プランタジネット朝を通じて、独りエドワード一世だけであつた。この一事を以てしても、彼を偉大なる国王と呼ぶに値しよう。

エドワード一世の志したブリテン島国家の完成とはスコットランド、ウェイルズ、アイルランドにおけるケルト族征服を意味するが、最後のアイルランドに対しては、彼も左程の熱意を示さなかつた。彼のみならず、今日に至るまで歴代の英国王、英国政府がアイルランド統治の問題に真剣に取組んで来たかどうか、頗る疑問である。ここ数年来顕在化して来たアイルランドの「内乱」も住民間の単なる宗教上の対立として片附けられぬ性質を持つてゐる。この島は英国民にとつて他国といふよりは軽蔑すべき蛮族に過ぎず、彼等はそれに遠い殖民地程度の関心しか持たない。それでゐて手を焼きながらもこの島を抛棄出来ないのは、インド、カナダ、アフリカと異り、地理的に余りに近いからである。またスコットランド、ウェイルズと同じケルト族でありながら、そのイングランド化、或はサクソン化が容易に行はれなかつたのは、アイルランドが一つの島として独立してをり、その上スコットランド、ウェイルズのイングランド化が行はれるに随つて、それがこの中世期の島国に反作用を起し、善かれ悪しかれケルトの民族性の醇化《じゆんくわ》と結晶を促したからである。彼等はイングランドの流儀には何でも反対する。当時はそれが強力な中央政府を求めるサクソン・イングランドの現実主義と正反対の反抗、自由、独立の精神、或は秩序、平和、落著きと相反する野蛮で空想的、閉鎖的な無政府主義的傾向となつて現れた。

しかし、別の観点からすれば、自ら内政の諸制度を整へる熱意と能力を欠いたからいふ彼等の傾向は何等かの民族感情、国家意識と結び附くものではなく、それだけに外国人支配には卻つて屈し易く、イングランドにとつては寧ろ好都合であつたと言へる。が、ヘンリー二世は大陸の問題に没入し、アイルランドには全く無関心であつた。無関心でゐられなかつたのはこの島に最も近いウェイルズの辺疆貴族達であつた。彼等は歴代のイングランドの王にとつて関心の外に在り、時には手に負へぬ邪魔者、部外者としか考へられてをらず、イングランドの中央政府からは半独立の小さな「王国」を形造つてゐた。随つて、彼等のうちにはヘンリー二世の意図や関心とは無縁に、アイルランド征服の意慾が燻《くすぶ》り続けてゐたのである。先づ「強弓」と綽名されたペンブルク伯リチャード・ドゥ・クレアがウェイルズ人、フランドル人を率ゐて海を渡つた。が、その結果は決して征服と呼び得るものにはならなかつた。彼等の血液はアイルランドのケルト族と同系であり、ヘンリー二世の中央政府はその征服の結果をイングランド化＝制度化し得る余裕を持たなかつたからである。随つて、この征服はケルト族への同化に終つてしまつたのである。

尤もイングランドはこの島に僅かながらもその爪痕を残した。第一はダブリンを中心とするイングランド支配地区「ペイル」（原意は「境界」）であり、第二は辺疆貴族の城砦を中心とする所領の点在であり、その他の西部の大部分はケルトの族長によつて旧態依然たる部族制が保持されてゐた。ブリテン島国家完成に最も熱意を注いだエドワード一世も、他の諸国よりはアイルランドに関心を懐きはしたが、それは辺疆貴族の残した爪痕の維持と改善といふ程度に留り、決してこの島に征服の手を伸さうとまではしなかつた。それどころか、彼がスコットランドに手厳しく加へた鉄槌が彼の跡継のエドワード二世の頭上に跳ね返つて来たのである。一三一五年から一八年に掛けて、スコットランド軍はアイルランド北部から侵入し、全島の平和と繁栄を徹底的に破壊し、僅かに残つたイングランド支配の痕跡を払拭してしまつたからである。しかし、アイルランド喪失の責めをエドワード二世の暗愚にのみ帰する事は公平ではない。ウェイルズ辺疆貴族がケルト化し、その族長と殆ど変らぬものとなり、イングランド封建制度の枠組からますます離脱してしまつた結果、自己の所領の拡大にのみ熱中し、中央政府の期待したイングランド王国の橋頭堡といふ機能など疾《と》くに失つてゐた事実を見逃してはならない。

ウェイルズではエドワード一世の征服以前、辺疆貴族の侵入によつて、山岳地帯以外の平地は殆ど彼等の支配下にあつた。勿論、それは中央集権的なイングランド国王の領有を意味するものではなく、その反対に国家権力を排除し、時にはそれに抵抗する封建的性格のものに過ぎず、スノードンの天険に拠《よ》り、北部山岳地帯のケルト族を統括するルウェリン一族に対抗するだけの力は到底持ち得なかつた。ジョン王の時代、大ルウェリンはウェイルズの国民的統一を呼び掛け、山を降りてポウィス地方の辺疆貴族の所領を征服した。一方、イングランド王に忠誠を誓ひながら、マグナ・カルタをめぐる内紛を巧みに利用し、イングランドの諸貴族と同格にウェイルズの権利を主張して、その要求を認める条項を承認させる程の外交的手腕を発揮してゐる。その孫のルウェリン・アプ・グリフィスも祖父に倣ひ、シモンと結んでヘンリー三世を悩ませ、辺疆貴族を攻めて、その所領を手中に収めた。エドワード一世がその王子時代に父王を援けるべく、辺疆貴族の力を借りてシモンを敗死せしめたのは、謂はばその逆手に出たものと言へよう。

彼の志は即位後、更に徹底的な形を採つて現れた。彼の度重なるウェイルズ攻略中、特に激しかつたのは一二七七年のそれと、一二八二年から八四年に及ぶ長期戦とである。前者においては、スノードンの天険を海陸から包囲し、ルウェリン一族と山岳地帯の住民を飢餓に陥《おとしい》れ、完全な勝利を収めたが、ケルト族の生活感情や慣習を無視した性急な支配力行使が再び彼等の反乱を招き、それが一二八二年から八四年に及ぶ戦争の因となつた。今度もエドワードの勝利に帰したが、彼は慎重に事を運び、法と制度のイングランド化にのみ意を注ぎ、ウェイルズ人の生活感情や慣習にまで立入る様な事をせず、両民族の融和が徐こに行はれる事を期待した。その期待は緩やかではあるが、彼の治世中、次第に実現の道を辿《たど》りつつあつた。が、彼の死後、ウェイルズは圧政と内乱と無政府状態との渦に巻き込まれるに至る。エドワード三世時代に始つたフランスとの百年戦争と、それに引続き三十年の長きに亙る間、全イングランドを巻き込んだ内乱薔薇《ばら》戦争とは、ウェイルズを決定的にイングランド治下から脱落せしめたばかりでなく、殊に薔薇戦争においては、互ひに敵対するヨーク、ランカスター両家の主要人物中には、ウェイルズや辺疆に密接な利害を有する者があり、その封建的毒素が折角整備されつつあつたイングランドの近代的中央集権国家への道を著しく阻害したのである。エドワード一世程の強力な君主でも、辺疆貴族の封建性を完全に打砕き得る程の国王支配を確立し得なかつた訳だが、それは彼の力の限界と言ふより、その時代の限界と言ふべきであらう。しかも、皮肉な事に世嗣の王子に初めてプリンス・オヴ・ウェイルズの称号を与へたのはエドワード一世であり、イングランド王のうち最も無能で最も悲惨な最期を遂げた王の一人、エドワード二世がその最初のプリンス・オヴ・ウェイルズを名乗る事になつたのである。

ブリテン島国家完成を目ざすエドワード一世の意思は相手がスコットランドとなると、

アイルランドやウェイルズに対する場合とは比較にならぬほど決定的な強い形となつて現れた。彼、及び歴代のイングランド王がアイルランド、ウェイルズ征服に余り熱意を示さなかつたのは、その両地域がスコットランドと同じケルト族のものでありながら、そこでは言語、制度、生活感情のすべてにおいてケルト的性格が純粋な姿で残つてをり、その意味では容易にイングランド化出来ぬ半面、下手に刺戟さへしなければ、或は多少甘やかして置きさへすれば、安んじてイングランドの傘の下に留る様に仕向けられたからである。両地域共、中央集権国家は愚か、封建的体制すら受附けない部族制下にあり、無政府状態のまま、事実上はイングランドの支配下にあつたと言へる。時に激しい抵抗の姿勢を示したにしても、それは寝業の抵抗でしかなかつた。しかし、スコットランドとなると、事情は全く異る。それは頗る曖昧な形でイングランドに隷属《れいぞく》してゐながら、その傘の下から脱し、独立しようとする意図を持つてゐたばかりでなく、その為に必要な方策を整へ、エドワード一世の時代に至つて、漸くその力を身に附けるに至つたのである。その方策とは、一口に言へば、イングランド化である。具体的には、ケルトの部族制を廃し、イングランド的封建制を採入れ、王権の確立を目ざし、英語、ローマ教会制度の強化を計る事であつた。デイヴィッド一世（在位一一二四—五三）の頃からは国王裁判制度、分県制度、大都市の自治制まで移入されるに至つたのである。

スコットランドの古名はカレドニアであり、それがスコットランドと呼ばれる様になつたのは十一世紀であるが、それはマルコム二世（在位一〇〇五―三四）、ダンカン一世（在位一〇三四―四〇）、マクベス（在位一〇四〇―五七）の頃に当る。それまではケルト系のピクツ、スコッツ、スカンディナヴィア系のノースの三族が鼎立《ていりつ》し、それにアングロ・サクソン族のノーサンブリア王国が南部に蟠踞《ばんきよ》してをり、互ひに覇権を握らうとして絶え間無き葛藤が繰拡げられてゐたのである。スコッツ王マルコム二世がカラムの戦闘（一〇一六年、或は一〇一八年）で、ノーサンブリアに徹底的打撃を与へて後、漸くスコットランドといふ国名が用ゐられ始め、それが真に定著したのはデイヴィッド一世以後、十二三世紀になつてから、即ちイングランドのヘンリー二世からヘンリー三世、エドワード一世父子の時代に掛けてである。エドワード一世がスコットランドの頭上に鉄槌を下さねばならぬ時期が来てゐた。既に述べた様に、ケルト族は度〻フランスの指嗾に応じ、イングランドの背後を脅して来た。そのうちでも最強のスコットランドがケルト的部族制から脱し、国家的統一への道を歩み出したとすれば、イングランドとの安全保障といふ確実な前提が無い限り、それこそイングランドをこの上無い危険に曝《さら》す事になる。エドワード一世は油断せず機会を狙つてゐた。

しかし、当時のスコットランド王アレグザンダ三世（在位一二四九―八六）はエドワード一世にとつて従弟であり義弟であつた。彼は出来るだけスコットランドとの友好関係を保持しようと努めた。が、不幸にもアレグザンダは乗馬中、断崖から落ちて不慮の死を遂げ、その跡を継いだのは孫に当るノルウェイ王家の幼女マーガレットであつた。アレグザンダ三世には男嗣子《しし》が無く、兄弟も甥もゐなかつたからである。が、デイヴィッド一世の第三子でイングランドのハンティントン公の曽孫ベイリオルと、同じく公の孫のロバート・ブルースとの間に王位継承争ひが生じた。当時のスコットランドには王位継承法が確立してゐなかつた為、一二八六年、国王評議府は紛争廻避の手段として幼女のマーガレットを選んだのである。が、その様な姑息《こそく》な手段で紛争が廻避出来るものではない。ブルース一派は直ちに反逆の火の手を挙げようとした。そこへマーガレットの大伯父に当るエドワード一世が調停役を買つて出た。スコットランドの貴族、上層部はこれを喜んで受容れた。それを機として、エドワード一世はスコットランドの後見役たる事を要求し、一二九〇年、トゥウィード河畔のバーガムにおける協定により息子のエドワードとマーガレット女王との婚約を整へ、実質上、自分の頭上に二つの王冠の合一をもくろんだ。が、更に不幸な事に、マーガレットはバーガム協定の直後、本国のノルウェイからスコットランドに向ふ途中病死してしまつた。

ベイリオルとブルースとの争ひはもはや不可避のものとなつた。両派ともイングランドの後楯を競つて求めた。ベイリオルもブルースもイングランド領内に土地を所有してゐたが、殊にブルースはイングランド宮廷内に高い席次を占め、先のシモンの反乱時にはエドワードの側に立つて戦つた。この時、ブルースは自分の王位継承権支持をエドワードに求め、その代償としてイングランドに臣従するといふ密約が交されたらしいが、事態は既に一転してをり、エドワード一世は、この機を逃してはスコットランド併合の好機は訪れまいと考へた。彼は一二九一年トゥウィード河畔のノーラムにスコットランドの貴族を招集し、イングランド王の主権承認を迫つた。封建的慣習から脱け切れぬ貴族達は大した反撥も示さず、それを受容れたものの、ベイリオルは心中甚だ不満であつた。それを察知したエドワード一世が翌年彼にスコットランドの王位継承を認めたので、内心屈辱感を覚えながらも、彼はなほ甘んじてそれに堪へた。しかし、一二九五年、エドワードは正式な書翰を以て、スコットランドの国家的独立を否認し、ベイリオルが一封建領主としてイングランド王に臣従すべき事を明示するに及び、彼は怒り心頭に発し、フランスと通じて反乱を起さうとした。その知らせを聞いて、エドワードは「阿呆がそんな阿呆な真似をするのか」と言つたといふ。事実、ベイリオルは臣下の支持を得られず、翌一二九六年、エドワードによつて廃位された。イングランド王は勝利のうちに軍を進めた。ローマ軍さへ堰《せ》き止められたトゥウィード河以北に横たはるチェヴィオット丘陵を乗り越え、スコットランドの懐ろ深く侵入し、スクーンにあつた戴冠式の石を奪つてウェストミンスターに持帰り、自らスコットランド王を名乗つた。スコットランドの貴族達は大抵がエドワードに忠誠を誓つた。が、エドワードが不用意に残したスコットランド統治の責任者達は被征服者の心理を理解しなかつた。ケルトの民族性についてはなほの事である。その時、彼等の怠惰と利己心との隙に乗じ、民衆の無力な屈辱感を転じて強力な反抗心に燃え上らせる様な人物が忽然として現れた。騎士ウィリアム・ウォレスがそれであるが、一二九七年、彼はスターリングでイングランド兵を破り、チェヴィオット丘陵に拠つてゲリラ戦を展開しながら、更にイングランドの北部に侵入し、略奪と破壊とを恣《ほしいまま》にした。槍を手にし、肩と肩とを接する一塊の集団戦法をシルトロンと称するが、これは古代英語から出たもので、今日のシールド（楯）に相当する。この戦法は確かにイングランド兵を悩ませ、アイルランドやウェイルズにおける如く簡単に処理し得ぬものではあつたが、エドワード一世は対ウェイルズ戦において敵から教はつた長弓兵を巧みに利用し、シルトロンを切り崩して、その間隙に騎兵、歩兵を送り込み、フォルカークの戦ひで逆転の端緒を摑んだ。民族的英雄ウォレスは一時フランスに亡命したが、一三〇五年、帰国し、絞首刑の上、車裂きにされた。

　現代の目から見れば、エドワード一世は専制君主であり、ウィリアム・ウォレスは民衆の身方、革新的愛国者と呼ばれるに違ひ無い。が、事実は寧ろ逆である。王こそ革新的であつた。イングランドとスコットランドとは、後に実現する様に、一つの国家として一つの王冠を戴く事により、外敵に備へるに越した事は無く、それがステュアート朝まで待たずに、この時代に実現した方が遥かに有利であつた。事実、百年戦争において、スコットランドはまたもフランスの策謀に乗せられ、イングランドを窮地に陥れた。もしエドワード一世の初志が貫徹され、イングランドがフランスにおける公領を抛棄し、スコットランド、ウェイルズ、アイルランドがブリテン島国家として固い結束を見たなら、百年戦争も薔薇戦争も起らなかつたであらう。尤も、その代償として、英国民はまた別の犠牲を強ひられねばならなかつたかも知れない。少くとも英国史はもつと退屈なものになつてゐたに相違無く、シェイクスピアの数この優れた史劇は生れなかつたであらう。

# 第五章　百年戦争

## 第一節　その開幕——エドワード二世・三世

しかし、幸か不幸か、一時は同じ抵抗運動の指導者であつたジョン・クミンを殺してお尋ね者になつてゐたブルースが一三〇六年、ロバート一世としてスコットランドの王位を継承し、翌一三〇七年にエドワード一世が死ぬと同時に、彼は逆襲の準備に移り、一三一四年、バンノックバーンの戦ひでエドワード二世を破つて、スコットランドの独立を恢復した。不毛の独立と言ひたいところだが、事実はそれよりも更に悪かつた。独立のお蔭で、スコットランドは犯罪と反乱の横行する無政府状態の暗黒に突き落されたからである。その独立はエドワード二世にも悪しき結果しか齎《もたら》さなかつた。彼はフランス王フィリップ五世（在位一三一六―二二）に臣従を拒否しながらも、その代りにフィリップの妹に当る王妃イザベルと息子のエドワード（後の三世）をフランスに送つた。ところが、イザベルはフランスに亡命してゐた愛人モーティマーと謀り、フランス王から軍資金と軍隊を与へられ、一三二六年秋イングランドに来襲、翌二七年一月にはエドワードを廃位、幽閉、そして惨殺した。内憂は外患を招き、外患は内憂を激化するのである。

一三二八年、次王エドワード三世はノーサンプトン条約を結び、スコットランドの独立を認めた。彼は祖父一世程ではないが、父二世よりも君主にふさはしい性格と力との持主であつた。王位に即いたのは十五歳の時で、数年は母イザベルとモーティマーの傀儡《くわいらい》として甘んじてゐたが、一三三〇年、モーティマーを処刑し、親政に乗出すや、祖父王一世の遺志を継いでスコットランド征服の軍を起し、一三三三年、ハリドン丘の戦ひにおいて決定的な勝利を収め、スコットランドの南部一帯は再びイングランド治下に編入されるに至つた。が、エドワード三世のスコットランド奪還は束の間の事に過ぎない。フランスに亡命したスコットランド王デイヴィッド二世はフランス王の助力を求め、スコットランドの失地恢復とスコットランドの独立をもくろんでゐた。

偶〻フランスの王朝はカペー家からヴァロア家に移り、フィリップ六世（在位一三二八—五〇）が君臨する事になる。このヴァロア家の登場はエドワード三世に複雑な影響を及した。彼は即位前プリンス・オヴ・ウェイルズの時代から母のイザベルがフィリップ四世の娘であり、フランス王位継承権を主張し得る立場にあつた訳だが、その後、ルイ十世（在位一三一四—一六）、ジャン一世（在位一三一六）、フィリップ五世（在位一三一六—二二）と時を経るに随ひ、その立場は次第に弱まつて来、ルイ十世、ジャン一世、及びフィリップ五世の死後、即ち一三一六年と一三二二年にはイザベルの王位継承権は完全に否定され、その当然の結果としてエドワードのそれも無きに等しきものとなつた。しかし、エドワードは諦めず、即位の翌年、カペー王家最後のフランス王シャルル四世（在位一三二二―二八）の死後、自分がシャルルに一番近い男性である事を理由にイザベルを後楯としてフランス王位継承権を主張したが、遂に容れられず、ヴァロア家のフィリップ六世の登場と共に、道は永遠に鎖《とざ》されてしまつた。このカペー王家の退場により、イザベルとモーティマーのイングランド内部における勢力も弱化し、そのお蔭でエドワードは初めて親政の機会を摑み得たと言へるが、同時にヴァロア家のフランスはエドワード三世の前に顕在的な敵国として百年戦争への道を歩み始めたのである。

一三三三年にデイヴィッドの亡命を受容れてゐたフィリップがスコットランドに策謀の手を伸し始めるや、エドワードは早くもそれを察知し、彼の関心は対スコットランド戦から対フランス戦に転化した。祖父王一世のブリテン島国家完成の遺志はここに全く中絶してしまつたのである。国王ばかりではない、全イングランドが、議会も国民も挙《こぞ》つて対仏恐怖症に取り憑かれた。「エティオピア人の肌が白くなつたなら、その時、フランス人もイングランド人が好きになるだらう」といふ古い諺がある。同時にイングランド政府は対フランス戦におけるより対スコットランド戦における方が容易に徴兵出来たといふのも事実である。一三三六年、イングランドの議会がフィリップ弾劾に湧いたのは、フランス＝スコットランド聯合といふ最も恐るべき事態に直面したからである。それまでにも、フランスは絶えずケルト族と連携してイングランドを脅《おびやか》して来た。しかし、今度は特別である。ヘンリー二世時代と違つて、フランスにおけるイングランドの公領は遥かに小さなものになり、僅かにアキテーヌの南部ガスコーニュしか領有してゐない。しかもスコットランドはエドワード一世によつて一度自己の隷属下に入り、二世時代に失ひはしたものの、再び三世の手により大部分が恢復された後の事である。「蛮族」のゲリラ戦に対して払つた犠牲は大きく、その結果、獲たものはブリテン島国家の統一と整備といふ未来図以外に殆ど何も無い。その未来図が今やフランスの手によつて抹殺されようとしてゐるのである。一三三七年五月、フィリップ六世がアキテーヌ内のイングランド王公領没収を宣言した為、同年十一月一日、エドワード三世はフランスに対して遂に宣戦布告に踏切つたのである。

エドワード三世治世の初期、一三三七年に始つた百年戦争は時折休止期を迎へながらも、ヘンリー六世時代まで間歇的《かんけつてき》に継続した。開戦後、間もなくエドワードは原毛輸入をイングランドに頼つてゐたフランドル地方の織物業者を身方に附け、一三四〇年には「イングランド及びフランスの王」を自称し、エクリューズの海戦で勝利を収めたが、フランドルの織物業者達の支援がフランドル伯によつて抑へられ、また軍資金も不足がちであつたので、フランス領内に上陸する事は出来なかつた。

しかし、エドワードは執念を棄てなかつた。一三四六年、イングランド軍はアキテーヌを狙ひ、続いてノルマンディーの一族がフランス王に謀反したのに乗じ、鉾先《ほこさき》を変へ、ノルマンディー上陸を策して成功した。イングランド軍はポワティエを過ぎ、北上してパリに迫つた。同年八月、クレシーの戦ひにおいてエドワードは「奇蹟的」な勝利を収めたのであるが、これを果して「奇蹟的」と称し得るかどうか。エドワードはこの時もまた対ウェイルズ戦で学んだ例の長弓兵を使つて、フランスの封建騎士群を悩ませたのである。

一三五五年にはフランス王ジャン二世（在位一三五〇—六四）は黒太子《ブラック・プリンス》と綽名《あだな》されたイングランドのプリンス・オヴ・ウェイルズの率ゐる軍をポワティエの近郊で捕捉し、三倍の兵力を以て戦ひながら、国王自ら捕虜の辱しめを受け、ロンドンに送られた。それから五年後の一三六〇年、英仏両国間に和平条約が結ばれ、ジャンは身代金を払ふ約束のもとに釈放されはしたものの、その金が支払はれるまでの人質としてジャン王の子ルイ・タンジューを初めヴァロア家の重臣達はロンドン居住を命ぜられた。エドワードはフランス王位請求権を抛棄し、その代りにアキテーヌ地方の主権を手に入れる事が出来た。しかも、ルイ・タンジューが逃亡した為、ジャン王は再びロンドン幽閉の憂き目に遭ひ、一三六四年、死ぬまで虜囚の屈辱を嘗《な》めさせられ、フランス側の不利は依然として恢復し得なかつた。

が、次王シャルル五世（在位一三六四—八〇）は慎重ではあつたが、絶えず機会を狙つてゐた。エドワード三世が黒太子にアキテーヌ地方を与へ、太子が自らこの地に乗込むに至つて、住民の反感は高まつた。彼は勇敢なる戦士ではあつても、著実なる政治家ではなかつたからである。直接の動機は重税であつたが、これに堪へられなくなつたガスコーニュ地方の住民はエドワード三世に対して、また同時にシャルル五世に対して抗議し提訴した。シャルルは彼等の訴へを受理し、黒太子にパリの高等法院《パルルマン》に出頭する事を命じた。太子はその命令を拒否した。シャルルはそれを口実にアキテーヌ公領を没収し、一三六九年、戦争は再開した。名将デュ・ゲクランの指揮のもとに、今度は戦局はフランス側に有利に展開した。黒太子は一三七六年に、エドワード三世は翌七七年に死んだ。その跡を継いだのは僅か十歳のリチャード二世（在位一三七七—九九）である。

　ところが、勝利を目前に控へたフランス軍の内部に混乱が生じたのである。ブルターニュ公モンフォールがフランス王に対する封建的臣従を拒否し、それに対してシャルルが領土没収を宣しても、彼は部下の臣従とイングランドの支援とを後楯にして少しも動じなかつた。しかも一三七八年から一四二九年までの半世紀に亙る教会分裂の結果、ローマとアヴィニヨンに二人の法王が存在し、その対立が続いた為、それまで常にフランスを支持して来た法王庁に対してフランスはもはや何の期待も持ち得なくなつてゐた。そして一三八〇年にはシャルルもデュ・ゲクランも死に、フランスによる勝利と完全なる平和の機会は永遠に失はれてしまつたのである。

　両国は睨《にら》み合ひのまま休戦状態に入つた。フランスにとつて幸ひな事に、リチャード二世は幼く、政府の「財政的失敗」の結果、一三八一年、イングランドに大規模な百姓一揆が生じ、対仏戦どころの騒ぎではなくなつた。一三八八年の議会は国内の秩序を恢復する為、多くの改革を実行に移し、フランスとの平和を確実なものにしようと努めた。しかし、漸く成年期に達したリチャード二世はフランスへの野心を捨て切れず、シャルル五世の跡を継いだシャルル六世（在位一三八〇―一四二二）の娘イサベラ（当時五歳）と婚約し、ヴァロア家を内から切り崩さうといふ余り変り映えのしない姑息な手段にこだはつてゐた。しかも、この五歳の少女といふ細い糸で僅かに繋つてゐたフランスを頼みにし、自分の肌に合はぬ貴族を追放、或は処分し、つひに従弟のランカスター家のヘンリー・ボリングブルックまで追放してしまつた。が、リチャードがアイルランド遠征中、ヘンリーはイングランドに舞ひ戻り、遠征から帰つて来たリチャードを捕へ、直ちに廃位し、一三九九年、議会の信任を得て王位に即き、ヘンリー四世（在位一三九九―一四一三）を名乗つた。リチャードは一年後、牢獄で飢ゑ死してしまつた。

## 第二節　その幕間狂言――リチャード二世・ヘンリー四世

狭義に解すれば、リチャード二世を以てプランタジネット朝は終る。次のヘンリー四世、五世、六世はランカスター家の王であり、その後はヨーク家のエドワード四世、五世、リチャード三世の時代となる。広義には、このランカスター、ヨーク両家の治世を含めてプランタジネット朝と呼び、リチャード三世を倒して出て来たヘンリー七世をテューダー朝の祖としてゐる。後出一二〇・一頁の系図を見れば明らかであらうが、ランカスター、ヨーク両家の諸王はリチャード二世と同じくすべてエドワード三世の父系嫡出男子であり、ヘンリー七世のみ、母方は同じプランタジネット系であつても、父はそれと全く無縁で、ウェイルズのルウェリン王の家老職エドニヴェドの子孫である。ヘンリー六世に始りリチャード三世の死によつて幕を閉ぢたランカスター、ヨーク両家の血なまぐさい葛藤は、同じプランタジネット家のお家騒動と見なすべきであらう。

　この薔薇戦争が百年戦争のエピローグであつたとすれば、リチャード二世とボリングブルック、即ち後のヘンリー四世との王位交替は正にその幕間狂言であつた。この二人は百年戦争といふ薄氷の上で、その自分達が立つてゐる基盤がいつフランス軍の手によつて打砕かれるか解らぬといふ危険を半ば意識しながら、そして半ばそれを忘れながら、一口に言へば、すべてを見ぬ振りをしながら、あたかも諜《しめ》し合せたかの如く王位を守る者とそれを奪ふ者といふ内乱劇を演じてゐたと言へよう。幕間狂言と言ふより劇中劇と言つた方が妥当かも知れない。シェイクスピアの「リチャード二世」は作者が恰《あたか》もその間の事情を見抜いてゐたかの様に書かれてゐる。少くともリチャード二世は被害者の役割を、そしてヘンリー四世は加害者の役割を意識してゐるばかりか、更にそれぞれに相手の役割まで理解しながら、行き掛り上あくまでゲイムとしてそれを演じ通さねばならぬと思つてゐるかの様である。それは必ずしも近代的な解釈とのみは言ひ切れない。歴史を動かす者は常に歴史そのものの盲目の意思を心の何処かで感じ取つてゐるものだからである。

ボリングブルック　前こから喜んでお譲り下さるお心とのみ思つてをりましたが。

リチャード　王冠なら喜んで譲りもしよう。が、この悲しみだけはこの身独《ひと》りのもの、なるほどこの身の栄光と地位は奪へもしよう、が、この悲しみだけは奪へまい、それはあくまで王たるこの身独りのものなのだ。

ボリングブルック　御心中の悩みの一部を王冠と共に何とぞこの私に。

リチャード　その胸に悩みが宿つたからといつて、吾が胸の悩みが消えて無くなるといふ訳にも行かぬ。この身の悩みといふのは、悩みの種を失つた事にある、昔はそれで結構生き甲斐を感じてゐたものだが。新たにお前の胸に宿る悩みといふのは悩みの種を譲り受けた事にある、今度はそれでお前も結構生き甲斐を感じる事であらう。

（シェイクスピア「リチャード二世」第四幕第一場）

事実、二人が薄氷の上でなほ王位交替劇を演じてゐられるだけの弱味がフランス側にもあつた。モンフォールの反逆の為、シャルル五世のイングランド攻略は頓挫したままであり、その跡を継いだシャルル六世にもこの頽勢《たいせい》を挽回し得る力は無かつたからである。それにリチャードに追放されたヘンリーは根からのフランス嫌ひで、彼が仏軍と合作する心配は全く無かつた。しかも、そのヘンリーは即位後、直ちにフランス王を自称したが、フランスはそれに対して抗議の軍を起す事さへ出来なかつた。シャルル六世は一三九二年に既に発狂の兆を示してをり、国内統率の能力も無く、貴族達の信従は望むべくもなかつたからである。それどころか、フランスにもまた内乱が起つたのである。シャルル六世の弟のオルレアン公が従弟のブルゴーニュ公に殺された事が因で、オルレアン公側のアルマニャック党とブルゴーニュ党との争ひが内政を殆ど麻痺状態に陥れてしまつた。しかも、両者は競つてイングランドに支援を求めた。ヘンリー四世にとつては正に好機到来といふべきであつたが、彼はフランス嫌ひであつても、またフランス王を自称しながらも、実際にフランスに兵を送り、自ら陣頭に立つだけの熱意も実行力も持つてゐなかつた。のみならず、「人民の代表者」として王位を簒奪《さんだつ》した彼が、さういふ大義名分とは別に、簒奪者として最も恐れたのは簒奪者である。従姉の夫、マーチ伯モーティマーが常に彼の背後を狙つてゐた。それにエドワード一世以来、スコットランド、ウェイルズはイングランドにとつてもはや顔をそむける事の出来ぬ、油断のならない存在になつてゐた。よほど強力な王でなければ、フランス遠征など思ひも寄らぬ事であつた。しかも、体力は次第に衰へ、オルレアン公支援の為のフランス派兵を夢見ながら、一四一三年、ヘンリー四世は急死した。

## 第三節　その勝利とその影響――ヘンリー五世

当時の内政上の混乱、国力の疲弊を乗り越え、奇蹟に近い事を実現したのがヘンリー五世（在位一四一三―二二）である。彼はまずアルマニャック党とブルゴーニュ党と両者を操りながら、シャルル六世の娘カトリーヌ（英名キャサリン）に結婚を申し込み、同時にフランス王位継承権を要求し、その返答に一年間の猶余《いうよ》期間を置いた。劣勢に立つてゐたフランス政府は王女との結婚は承諾せざるを得なかつたが、王位となるとさう軽〻しく譲る訳には行かない。フランスはその代償として従前通りのアキテーヌ地方のイングランド領有を提案したが、ヘンリーはそれに加へて更に北部ノルマンディーの併合を要求した。二年間に亙つて交渉が続けられたが、フランスは最後まで譲歩せず、つひにヘンリーは一四一五年に戦争再開を宣し、十月二十五日にはアザンクールの戦ひで決定的な勝利を博した。続いて一四一七年、フランス西部を完全に征服してノルマンディー公を自称し、得意の外交的手腕を発揮してシャルル六世の后イザボー、ブルゴーニュ公、更に神聖ローマ帝国皇帝まで身方に引入れ、一四二〇年のトロワ条約によりヘンリーの宿願はほぼ達せられた。即ち、ノルマンディーとブルターニュの領主となり、王女カトリーヌを后に迎へ、フランス王位継承権を正式に獲得したからである。だが、幸運は束の間であつた。二年後にヘンリー五世が死去したからである。

百年戦争は大筋においてイングランド側が優勢に立ち、主導権を握つた戦争だつたと言つてよからう。その理由は既に述べて来た様に、イングランドの方がフランスより遥かに早く封建性から脱皮し、国王による平和を期待する近代的な中央集権国家、法治国家の態勢を整へつつあつたからである。一方フランスではアルマニャック党とブルゴーニュ党との争ひがその後も根強く続いた。この種のフランス封建貴族間の対立は、イングランドにおけるヘンリー四世の王位簒奪が議会の承認を得、国家的秩序の枠内で行はれたのと異り、国王と雖《いへど》も手に負へず、それを抑へる有力な歯止めの機構は何処にも存在しなかつた。ブルゴーニュ公の如きは代ゝ国王に対立、競合する権勢を持ち、ジャンヌ・ダルクを捕へてイングランドに売り渡したのもブルゴーニュ公であつた。さういふ政治体制の下では民衆も国家といふ意識を持たず、黒太子の様に直接統治さへしなければ、イングランド王に親近感を懐き、殊にアキテーヌ地方の住民はフランス王よりもイングランドま領主が海の彼方にゐるといふ形で、自由を享受する事をむしろ望んでゐたのである。当時のフランス人には国家意識も国民意識も無く、国家や国王の為に戦ふといふ気持は全く欠如してゐた。

それに反して、イングランド人は大陸から一歩退き、独立と安全を享受しながら、過去の歴史を通じて潜在的敵国フランスに対する警戒心と危機感を植ゑ附けられ、その反作用として強い国家意識、国民意識に目ざめてゐたのである。随つて彼等にとつて今度の百年戦争は第一次のそれとは異り、真に国家的、国民的大事件と称し得るものであつた。よく言はれる様に、国家的と呼び得るヨーロッパ最初の戦争はイングランド人が遂行した百年戦争である。人こは確かに国家の為に、国民として参加したのであり、議会もこれを許し、励し、時には先頭に立つて対外強硬論を展開しさへした。エドワード三世時代からヘンリー六世時代まで、議会は常に進んで戦費支出を決議し、戦争を勝利に導き得なかつた政府はその責任を激しく追及された。この戦争が始つたのはエドワード三世治下の一三三七年であるが、その前年の例のグッド・パーラメント（善き議会）では、戦争は手際よく片づけられさへすれば、充分引合ふ仕事だといふ事が強く主張され、その議事録が残つてゐる。ところが、フランスの貴族にも民衆にも国家意識といふ近代の芽生えが少しも無かつた事は、その戦ひ振りにも顕著に現れてゐた。バーナード・ショウの戯曲「聖女ジャンヌ・ダルク」の中のジャンヌの言葉ほどその実情を見事に物語つてゐるものはあるまい。「救世主」オルレアンの少女はデュ・ゲクランの後継者デュノワ将軍に向つてから言つてゐる。

あなたの作戦なんて何の役にも立たない、だつて、あなた方の騎士と来たら、一人として実戦に役立つ男はゐないんだもの。あの連中にとつては、戦争も試合に過ぎない、テニスや何かと同じ積りでゐるんだ、何が公正で何が反則か、そんな規則を拵《こしら》へて、自分には勿論、かはいさうに馬にまで鎧《よろひ》を被《かぶ》せ、矢に当らないやうにと、そんな事ばかり考へてゐる、倒れたら最後起上れつこなし、家来が飛んで来て助け起して、馬から突落した相手と身代金の交渉をしてくれるのを待つてゐる。あなたには解らないの、こんな遣り方で通る時代はもう過ぎ去つてしまつたんだといふ事が？　火薬に対して鎧が何の役に立つ？　たとへ役に立つたところで、フランスや神様の為に戦ふ者が大方のあなた方の騎士みたいに、身代金の交渉なんかを当てにすると思ふ？　とんでもない、勝つまで戦ふばかりだわ。戦ひになれば、自分の命は神様の手に預けてしまふんです。私のやうに。

百年戦争によつてイングランド人は単に政治的、軍事的自信を得ただけではない。この一世紀間に彼等は徐こに文化的自信を身に附けて行つた。ノルマン征服以来、貴族、上流階級はフランス語を喋り、フランスの文化や芸術に劣等感を懐き続け、英語は残飯や塵芥《ぢんかい》の様に捨てられ、下層の民衆や百姓に「分ち施されたまま」になつてゐた。勿論、フランスに広大な土地を所有し、フランス語を喋る上流階級の文化的劣等感は民族的憎悪感乃至《ないし》は軽蔑感と矛盾するものではない。それとこれとは寧ろ裏腹に並立し得るものである。その事は十四世紀に書かれたフランス旅行用の最初の「フランス語会話要領」に最も露骨に表れてゐる。彼の地の旅籠《はたご》に著いたら、能無しで怠者の癖に金ばかり欲しがる馬丁をどう扱つたらいいか、宿の主人に不潔な、虱《しらみ》の一杯ゐる寝室をきれいにして貰ふには、どう言つたらいいか、さういふ実用会話から成り立つてゐるこの本は、確かに自分達に好もしくない風習や暮し方を悉くフランス人固有のものとして片づけてしまふ傾向を示すものには違ひないが、同時にそこにアングロ・サクソンとラテンとの両民族の生き方の相違が示されてゐる事も否定し得ない。そしてその差は程度の差こそあれ、今日もなほ存在してゐる。しかし外見上の不潔や乱雑が往こにして文化や伝統の深さと不可分の関係にあるといふ事実もまた見逃し得ない。この逆説は恐らく当時のイングランド人の理解し得るものではなかつたであらう。

上下の階層を隔ててゐたフランス語の衰頽、及び消滅は百年戦争と因果を為してゐる。少くともフランス語が喋れぬ民衆を対仏戦に駆り出すのは容易である。上下を隔てる壁の如き役割を果してゐたフランス語の本家を敵とするのに彼等は何の躊《ため》らひも感じはしなかつた。そして戦争の拡大と共に強まつてゐた国民的自覚の前に、貴族達もフランス語を敵性言語として慎まざるを得なくなつた。事実、戦場でフランス語を知らぬ兵士に対しては英語を以て命令し、伝達をしなければならない。かうして一三六一年、即ち開戦から二十四年後、ポワティエにジャン王を破つてから六年後、そのフランス国王のロンドン幽閉中に、イングランドの議会は法廷における弁論、判決すべてが英語で行はれねばならぬ事を議決するに至つた。記録は依然としてラテン語を以て行はれはしたものの、これは百年戦争そのものは固より他の如何なる事件に較べても劣らぬ英国史上重大な転機をなすものと言へよう。早くも一三八五年には小学校教育においても、フランス語が廃止された記録が残つてゐる。

子供達は学校において、他国の慣習では到底考へられぬ事だが、自分達の母国語を棄て、学習、その他すべてをフランス語で理解する様に強ひられてをり、この状態はノルマン人が初めてイングランドに上陸して以来、少しも変つてゐない。同様に、ジェントルマンの子供達も、揺籠《ゆりかご》で揺られてゐた頃からフランス語を喋る様に躾《しつ》けられて来た。（中略）かうした風習は最初の疫病（黒死病。イングランドを襲つたのは一三四八・九年）以前位までかなり行はれてをり、それ以後は多少改められる様になつた。といふのは、文法教師のジョン・コーンウォールがグラマスクール教育とフランス語の英訳法とを改革し、リチャード・ペンクリッチがその教授法を受け継ぎ、更に他の人こがペンクリッチに倣《なら》つたからである。お蔭で、主の生誕後千三百八十五年目の今は、即ち、国王リチャード二世の［スコットランド］征服より九年後、全イングランドのグラマスクールにおいて、子供達はフランス語を棄て、英語によつて理解し学習してゐる。（中略）その利点は、彼等が嘗てよりも短期間に母国語の文法を習得する事にあるが、その欠点は今のグラマスクールの子供達のフランス語を理解する能力が自分の左の踵《かかと》の理解力にも及ばないといふ事であり、これは彼等が海を渡つて見知らぬ土地やその他いろんな場所を訪れる時に損になる。またジェントルマンの場合も、その子供達にフランス語を教へるといふ事について、今日殆ど意を用ゐてゐない。

〔補遺〕農民一揆とウィクリフ

ここにリチャード二世治下に起つた農民一揆の実情とその果した役割について述べずに済ませる訳には行かない。なぜならそこに英国の民族性が如実に出てゐるからであり、またそれ故に通説の如く農民の自覚といふ如き図式的解釈で片づけられぬ複雑な歴史の動きが窺へるからである。一揆の直接の原因は黒死病《ペスト》であり、一揆によつて取返しの附かぬ打撃を受けたのはウィクリフの宗教改革である。

この恐らく史上最初の、そして最大の黒死病は一三四七年にクリミア半島に発生し、エーゲ海沿ひにイタリアに手を伸し、それからアルプスを越えてフランス、イングランドを席捲するに至つた。それがイングランドにおいて最も猖獗《しやうけつ》を極めたのは一三四八年の八月からその翌年末までである。全国の人口の凡そ三分の一が恐るべき死神の鎌で薙《な》ぎ斃《たふ》されれ、大部分の村落では二分の一以上の死者を出した。その当然の結果として農村の人手不足が最も深刻な問題として浮び上つて来た。人手不足が賃銀上昇を促す事もまた当然の帰結である。既に一三四〇年代に賃銀は五割上昇し、五〇年代には六割も上昇し、その後も留る処なく上昇し続けた。その当然の結果として、農民も一般労働者も生活が豊かになり、贅沢《ぜいたく》になつた。小作人は昼食附を要求し、ポタージュ、パン、そして牛、豚、羊、いづれかの肉、或は魚とビールを供された。その影響を受けて一番苦しんだのは領主、地主である。人手を確保する為には互ひに争つて賃銀を上げなければならない。このまま行けば共倒れである。

政府はこの「インフレ」抑制策として、早くも一三五一年、賃銀凍結令を出し、なほ一般民衆の購買力の自由行使権を否定する事によつて、崩壊寸前の階層構造を何とか維持する為に幾つかの条令を作つた。これは自由市場の否定でしかないと言つて見ても始らない。その善し悪しを問題にする前に、その様な事が果して実行に移されるかどうか、その方が遥かに大きな問題であつた。確かに政府の考へ方は正しく、生活水準を下げる事によつて進歩改善を少し先へ延すといふだけの事に過ぎない。が、民衆の心はさうは動かない。売手市場になれば、気が強くなるのが人情で、農民は凍結令を受附けず、労働拋棄、即ちサボタージュの挙に出る。しかし、これは地主にとつて高賃銀より恐しい。地主達も凍結令を無視し、賃銀を上げる事によつて労働力を確保しようと足掻《あが》いた。真に自然な労使共闘といふべきである。かうして凍結令は何等の強制力をも発揮し得ず、政府もやがてはこれを解除し、といふより有つても無かつた事にして、その代り一三七九年、フランスに学び、人頭税を課する事により人〻の富を吸上げようとした。これが因で一三八一年の夏にはロンドンを初めとし人口の密集した南東部の大都市に暴動が起つたのである。

　その最も大規模なものは一三八一年六月十日ケント州に起つた農民一揆で、その指導者はエセックス生れの煉瓦工ワット・タイラーである。彼は大群の百姓を引連れ、ロンドンに乗込み、六月十四日、リチャード二世に謁見し、市場独占、人頭税の廃止、反徒の赦免等、種〻の約束を王自身の口から捷《か》ち取り、更に翌日、新しい要求を出さうとして再び王に謁見したが、その場でロンドン市長ウォルワースに斬殺されてしまつた。政府は大きな暴動の主謀者、責任者を処罰し、処刑したが、その程度でこれだけの暴動がよく鎮《しづま》つたものである。恐らく後世の史家が現代の目で暴動を過大評価したのであらう。当時は政府直属の軍隊も無く、官憲も無かつた時代で、戒厳令式な鎮圧など出来よう筈が無い。国民皆兵であり農民も長弓術を身に著け、その武器を私有してゐたのである。なぜそれを彼等は使はなかつたのか。理由は簡単である。彼等にそれ程の気は無かつたとしか考へられない。彼等のうちには、リチャード二世その人にではなく、国王といふ存在に対する絶大な信頼があつたのだ。自分達の希望は必ず王が理解してくれ、それを叶へてくれるといふ希望は、たとへ何度裏切られても、変る事なく彼等の心の支へになつてゐた。随つて、それらの暴動は請願に他ならず、謀反や革命とは全く性格を異にする。自分が頼りにしてゐる存在を倒してしまつたなら、元も子も無くなる、彼等はさう考へた。

それにイングランドの農民は大陸のそれに較べて、遥かに自由を享受してゐた。奴隷制度は既にノルマン朝によつて廃されてゐた。農奴もフランスほど貴族や領主の圧政に苦しんではゐなかつた。しかも、十二世紀からその数は減少の一途を辿つてゐた。をかしな事に、一揆において農民が欲してゐた事は農奴制の恢復、或はノルマン征服以前の部族制への復帰であつた。一口に言へば、彼らは「アダムが耕し、イヴが紡いでゐた」黄金時代を夢見てゐたのであり、心情的に原始クリスト教の精神に近い憧れを懐いてゐたのである。それに較べれば王は勿論、領主や地主の方がまだしも進歩的であつたと言へる。彼等もまた後戻りしようとしたが、それは精こエドワード一世時代といふ折返し地点までであつて、それより昔に溯らうなどとは毛頭考へてゐなかつたからである。

それにしても一揆が支配層に与へた恐怖感、或は不安感は無視し得ない。時は百年戦争の最中である。リチャード二世はいつも自分と同年《おないどし》でもあり、且つ最も強力な王位継承権を持つヘンリーの幻に脅かされ、それ故、民衆に人気のある人物を常に恐れた。ヘンリーもその一人であつたが、分と節度を弁へぬタイラーの出現によつて彼は愕然《がくぜん》とした。リチャードばかりではない、支配層一般がさういふ警戒心を懐いてゐた。彼等の目には優れた神学者ウィクリフもタイラーの同類としか映らなかつたらしい。ウィクリフは民衆に人気があつた。いや、民衆に敬愛されてゐた。彼は初めて聖書を英語訳し、英語で説教を試みた。民衆に親しまれるのは当然である。彼の教へを奉ずる人こは当時ロラード派と呼ばれたが、ロラードとは「聖書の人」の意味である。確かに彼は聖書を信仰と救済の為の最も権威ある拠《よ》り処《どころ》とし、随つてローマ教会とは相容れず、宗教改革の先駆者であつた。が、ルターの如き狂信的過激派ではなく、穏健で冷静な保守派であり、政治的にも国権を宗権の介入から護らうとし、エドワード三世やその第四子ランカスター家のジョン・オヴ・ゴーントの信望も厚く、その庇護を受けて布教に努めた。

だが、リチャードは羹《あつもの》に懲《こ》りて膾《なます》を吹くが如く、ウィクリフ、及びロラード派を抑圧した。尤もウィクリフの足を引張つた男としてジョン・ボールの存在を忘れてはいけない。彼は巡廻説教師で三代に亙りキャンタベリー大司教から破門されてゐるが、ウィクリフにとつて迷惑な事に、そのボールが彼の教会改革論を支持したのである。「アダムが耕し、イヴが紡いでゐた時、何処にジェントルマンがゐたらうか?」といふ社会的平等主義を唱へ、それがタイラーの一揆をつけ上らせた。その後処刑されはしたが、春秋の筆法を以てすれば、ボールと一揆とがイングランドの宗教改革を百五十年遅らせたと言へる。それは或る史家の言葉だが、なるほど、ローマ法王に対して地理的にも精神的にもその影響力を排除し得る立場にあり、ヨーロッパにおいて最も早く近代国家の形態を採り得た英国が、宗教改革において「後進国」ドイツと歩みを共にしたのは不思議と言へば不思議である。

が、必ずしもさうは言へまい。ウィクリフの事業を挫折させた一揆の反動性は否定し得ないにしても、一揆が無かつたからと言つて、ウィクリフがヘンリー八世やエリザベス一世の如く英国国教の礎《いしずゑ》と成り得たかどうか。答は恐らく否である。宗権に対する国権の勝利は、やはり国権自らの手によつて行はれねばならない。それにもう一つ見逃してはならぬ事実は、ドイツにおける宗教改革の「徹底的」性格は法王庁と密接な関係を保つて来た神聖ローマ帝国特有の二律背反的愛憎から生じたもので、彼等の精神には英国の如き「微温的」国教の存立する緩衝地帯は絶対に見出せなかつたらうといふ事である。

# 第六章　薔薇戦争

## 第一節　ランカスター家の危機――ヘンリー六世

一四二二年、ヘンリー五世が死んだ二箇月後にフランス王シャルル六世も狂気のまま世を去つた。その王位は約束通り、ヘンリー五世の嫡男ヘンリー六世（在位一四二二―六一、七〇―七一）が継ぐ事になつた。が、彼がイングランド王に即位したのは生後僅か九箇月の時で、そのフランス王としての摂政に叔父のベドフォード公ジョンが選ばれ、イングランド王の保護卿としてジョンの弟グロスター公ハンフリーが選ばれた。しかし、英仏両国の王冠を一身に戴くといふ「栄光」と「能力」とは、たとへヘンリー五世の如き英邁《えいまい》な国王にしても、どれだけ長く持続し得たらうか。一四二九年、ジャンヌ・ダルクが現れ、オルレアンの囲みを解き、ランス寺院で王子シャルルに戴冠式を行はせるといふ奇蹟が生じなかつたにしても、結果は恐らく同じ事だつたらう。聖女の出現は確かにフランスの王室、貴族、国民に自覚を促し、その士気を鼓舞した。が、ジャンヌは僅か二年でシャルルや貴族に裏切られ、宗教裁判の結果、一四三一年五月三十日、異端として焚刑《ふんけい》に処せられてゐる。フランス側が勢を盛返したのは寧ろその後の事であつた。イングランド側後退の最初の切掛けは、一四三五年九月、名将ベドフォード公ジョンの死に引続き、フランス王を凌ぐ大勢力家で、ジョンの義兄に当る親英派のブルゴーニュ公フィリップがイングランドから離反し、ジョンの死後一週間目の九月二十日、アラスにおいてシャルルと手を握り、互ひに過去一切の旧《きう》怨《ゑん》を捨てて対イングランド戦に備へるべく約した事にある。それから六週間後にはヘンリー五世との間に交されたトロワ条約は破棄され、その条約の当事者であり、シャルルを庶子と主張してヘンリー五世にフランス王位継承権の口実を与へた母后イザボーが死に、翌三六年一月、シャルルはパリを陥れ、名実共にフランス王シャルル七世（在位一四二二―六一）としてその首都に入城したのである。この時、少数のイングランド軍の指揮下にあつたパリの市民軍は城壁守備を拒否し、シャルルの軍を迎入れ、イングランド兵は逃亡し、或はバスティイユで餓死した。

しかし、イングランドはヘンリー五世の偉業とアザンクールの栄光が忘れられず、未だ成年に達しないヘンリー六世が単に名目だけのフランス王に過ぎぬといふ事実に目を塞ぎ、平和条約を結ぶ事など夢にも考へず、なほ反撃の機を窺つてゐた。なるほど、ギュイエンヌ、ノルマンディー、カレーの住民にはまだイングランドの国王、貴族に対する忠誠心が残つてゐた。それにしても当時なほフランスに踏み留つてゐた三人の勇将、ヨーク公リチ

# 系図3

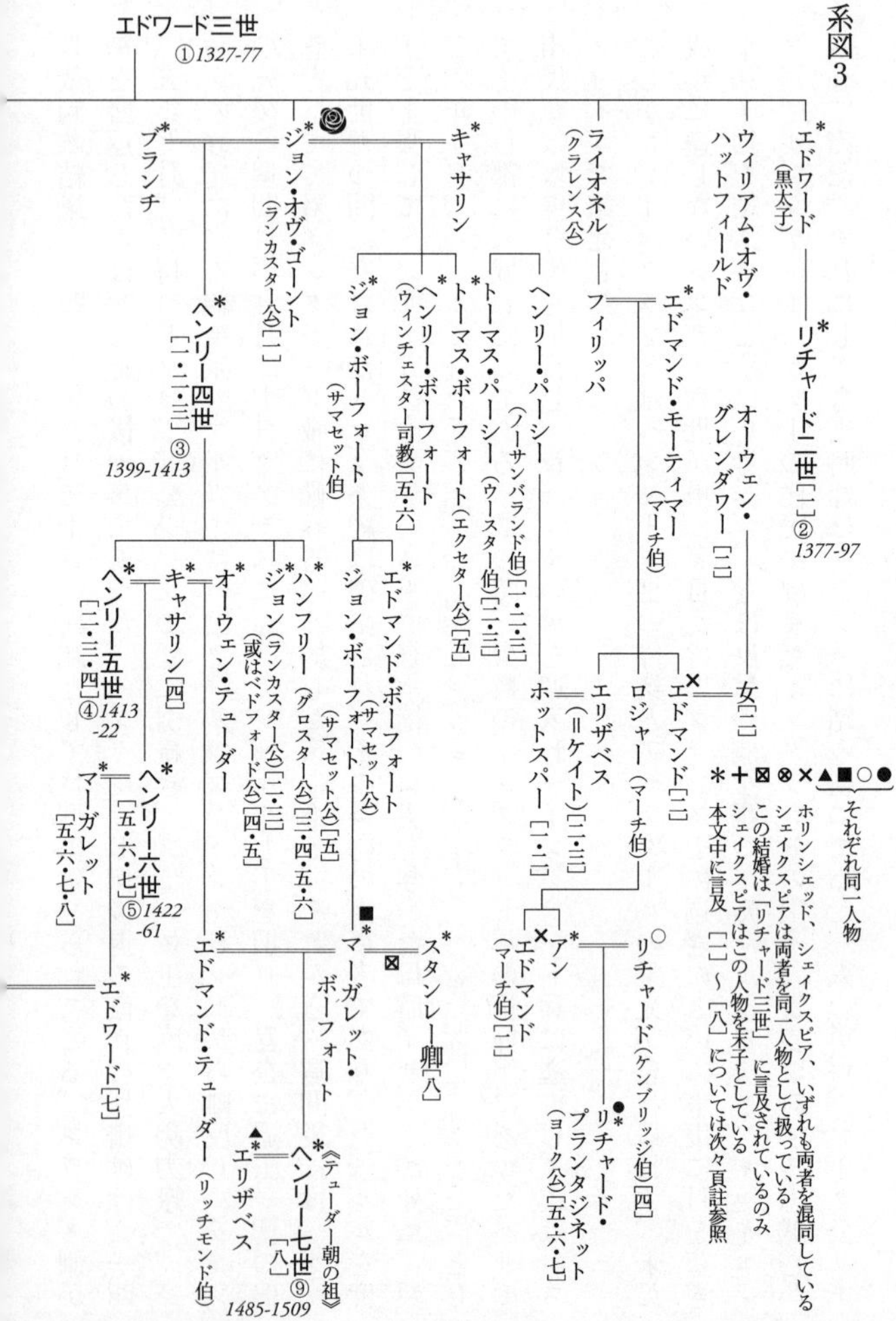
エドワード三世 ①1327-77
エドワード（黒太子）
リチャード二世［一］②1377-97
ウィリアム・オヴ・ハットフィールド
オーウェン・グレンダワー ［二］
女［二］
ライオネル（クラレンス公）
フィリッパ
エドマンド・モーティマー（マーチ伯）
エドマンド［二］
ロジャー（マーチ伯）
エリザベス（＝ケイト）［二・三］
ホットスパー ［一・二］
ヘンリー・パーシー（ノーサンバランド伯）［一・二・三］
トーマス・パーシー（ウースター伯）［一・二］
キャサリン
トーマス・ボーフォート（エクセター公）［五］
ヘンリー・ボーフォート（ウィンチェスター司教）［五・六］
ジョン・ボーフォート（サマセット伯）
エドマンド・ボーフォート（サマセット公）
ジョン・ボーフォート（サマセット公）［五］
マーガレット・ボーフォート
スタンレー卿［八］
ジョン・オヴ・ゴーント（ランカスター公）［二］
ブランチ
ヘンリー四世［一・二・三］③1399-1413
ハンフリー（グロスター公）［三・四・五・六］
ジョン（ランカスター公）［一・二］（或はベドフォード公）［四・五］
オーウェン・テューダー
キャサリン［四］
ヘンリー五世［一・二・三・四］④1413-22
ヘンリー六世［五・六・七］⑤1422-61
マーガレット［五・六・七・八］
エドワード［七］
エドマンド・テューダー（リッチモンド伯）
《テューダー朝の祖》ヘンリー七世［八］⑨1485-1509
エリザベス
リチャード（ケンブリッジ伯）［四］
アン
エドマンド（マーチ伯）［二］
リチャード・プランタジネット（ヨーク公）［五・六・七］
＊＋⊠⊗×▲■○● それぞれ同一人物
ホリンシェッド、シェイクスピア、いずれも両者を混同している
シェイクスピアは両者を同一人物として扱っている
この結婚は「リチャード三世」に言及されているのみ
シェイクスピアはこの人物を末子としている
本文中に言及 ［一］～［八］については次々頁註参照

# 薔薇戦争関係系図

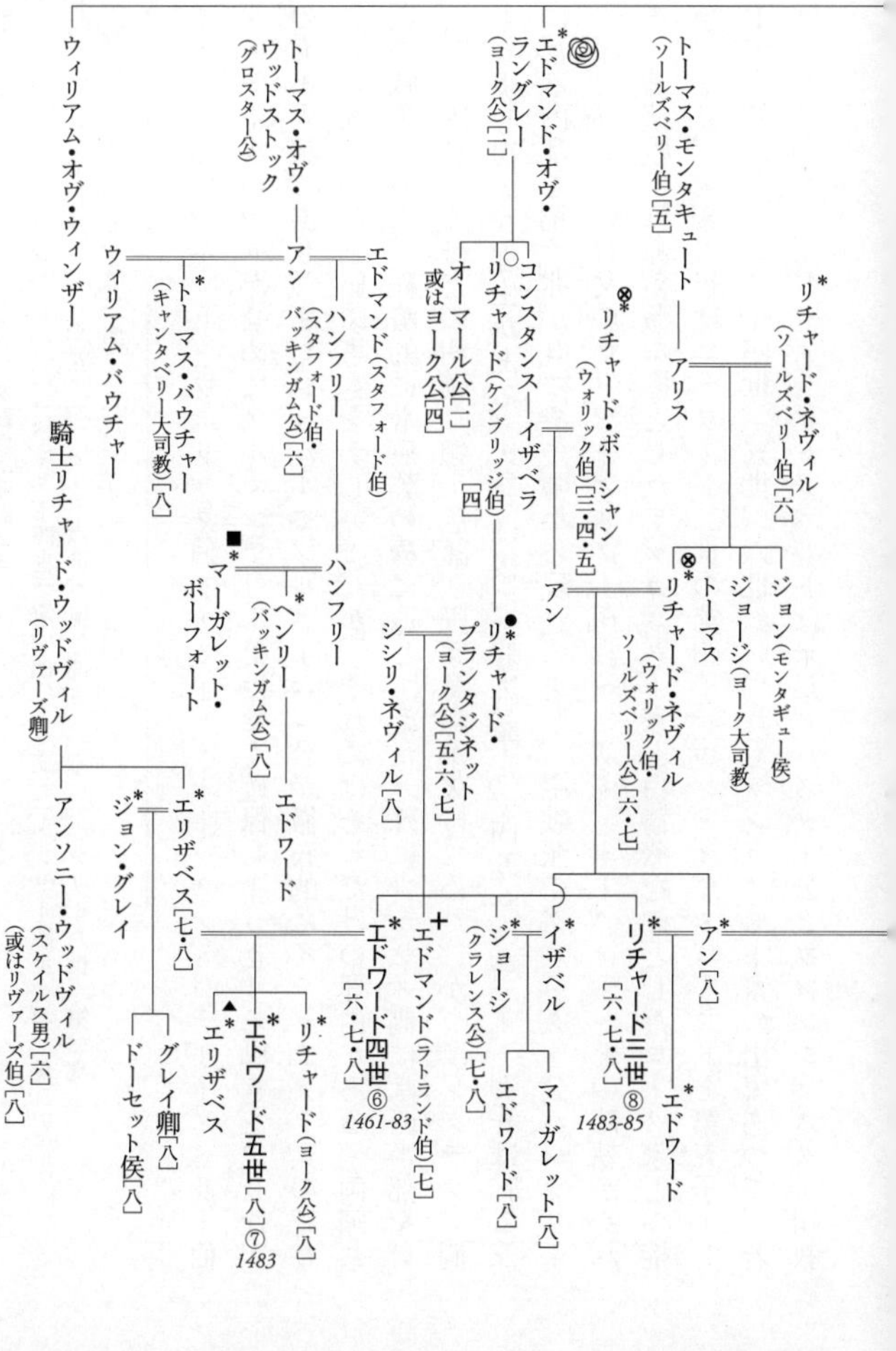

トーマス・モンタキュート（ソールズベリー伯）[五]
*リチャード・ネヴィル（ソールズベリー伯）[六]
アリス
*エドマンド・オヴ・ラングレー（ヨーク公）[一]
トーマス・オヴ・ウッドストック（グロスター公）
ウィリアム・オヴ・ウィンザー
ジョン（モンタギュー侯）
ジョージ（ヨーク大司教）
トーマス
⊗*リチャード・ネヴィル（ウォリック伯・ソールズベリー公）[六・七]
⊗*リチャード・ボーシャン（ウォリック伯）[三・四・五]
イザベラ
アン
コンスタンス
リチャード（ケンブリッジ伯）[四]
オーマール公[二] 或はヨーク公[四]
エドマンド（スタフォード伯）
アン
ハンフリー（スタフォード伯・バッキンガム公）[六]
ウィリアム・バウチャー
*トーマス・バウチャー（キャンタベリー大司教）[八]
●*リチャード・プランタジネット（ヨーク公）[五・六・七]
シシリ・ネヴィル[八]
ハンフリー
■*マーガレット・ボーフォート
*ヘンリー（バッキンガム公）[八]
エドワード
騎士リチャード・ウッドヴィル（リヴァーズ卿）
*エリザベス[七・八]
*ジョン・グレイ
アンソニー・ウッドヴィル（スケイルス男）[六]（或はリヴァーズ伯）[八]
*アン[八]
*リチャード三世[六・七・八]⑧ 1483-85
*エドワード
*イザベル
*ジョージ（クラレンス公）[七・八]
マーガレット[八]
エドワード[八]
+エドマンド（ラトランド伯）[七]
*エドワード四世[六・七・八]⑥ 1461-83
*リチャード（ヨーク公）[八]
*エドワード五世[八]⑦ 1483
▲*エリザベス
グレイ卿[八]
ドーセット侯[八]

前頁系図への注　シェイクスピア関連作品略記一覧

［一］「リチャード二世」　［二］「ヘンリー四世」第一部　［三］「ヘンリー四世」第二部
［四］「ヘンリー五世」　［五］「ヘンリー六世」第一部　［六］「ヘンリー六世」第二部
［七］「ヘンリー六世」第三部　［八］「リチャード三世」

ャード・プランタジネット、ウォリック伯リチャード・ボーシャン、シュルーズベリー伯ジョン・トールボットがせめてノルマンディーだけでも確保しようとする動きを見せなかつたのも不思議であり、またシャルルやブルゴーニュ公が徹底的にイングランド兵の逐ひ落しを考へなかつたといふ事もをかしい。だが、それにはそれだけの理由がある。両国共に長期の戦争に倦《う》み、経済的にも疲弊の極に達してゐた。殊にフランス側には西半部を自国領として固執するほどの明確な領土意識、国家意識が欠けてゐた。が、イングランド側にはもう少し複雑な理由がある。それは後に薔薇戦争（一四五五―八三年）と呼ばれる三十年に亙る内乱を招く兆が既にその頃から現れてをり、主戦派のグロスター公ハンフリーと和平派であるその叔父のウィンチェスター司教ヘンリー・ボーフォートとの確執がそれである。薔薇戦争は赤薔薇を標《しるし》としたランカスター家と白薔薇を標としたヨーク家との権力闘争であり、両家の祖はエドワード三世の第四子ジョン・オヴ・ゴーントと第五子エドマンドであるが、ヘンリー四世、五世、六世、いづれもランカスター家の出であつて、若年のヨーク公リチャード・プランタジネットは未だグロスター公とウィンチェスター司教との権力闘争の場に顔を出すだけの力を持つてはゐなかつた。ある史家の言によれば、彼はフランスに在つて主戦論と和平論とに挟まれ「迷つて」ゐたと言はれるが、果してさうであらうか。

グロスター公とウィンチェスター司教とはいづれもランカスター家の代表的人物であり、随つて両者の対立は薔薇戦争と何の関係も無いと思はれるかも知れない。が、それは皮相の見解であり、ランカスター家の内紛と、ランカスター、ヨーク両家の血みどろの闘争とは本質的には同一のものであり、前者は後者の前兆、或はプロローグに他ならない。そして物事の本質は顕在的な事件よりも却《かへ》つて潜在的な前兆のうちに捉へられる様に思ふ。この場合も主戦論と言ひ、和平論と言ひ、それはいづれも権力闘争の為の口実に過ぎず、随つてヨーク公は恐らく「迷つて」などゐなかつたであらう。彼はただ同じ権力闘争に加はり得る機会の到来を待つてゐただけの事に過ぎまい。シェイクスピアは「ヘンリー六世」の第二部（第一幕第一場）において、さういふ人間心理の力学を、或は政治の力学を洞察してゐた様に思はれる。

ランカスター家内部の権力闘争はヘンリー五世の死去と同時に俄《には》かに表面化した。五世王の強い求心力と遠心力とは姻戚の権勢家達を大きな円周の外辺に遠ざけ、彼等をばらばらに点在せしめ、相互間に結束や対立の機運を生ぜしめなかつた。その後に登場したのが一歳に満たぬ幼主ヘンリー六世である。その事によつて円周の内部は急激に真空化し、権勢家達は吸ひ寄せられる様にその中心に向つて殺到した。それまで勝ち戦に酔つて外敵の存在しか映らなかつた彼等の目に、今や親族や友人の姿が外敵以上に憎むべき敵として鮮明に浮び上つて来たのである。それは一二〇・一頁所載の薔薇戦争関係系図を仔細に見れば自づと納得の行く事であらう。五世王の弟、即ち幼王の二人の叔父のうちベドフォード公ジョンはフランスの摂政として、またイングランド軍の総帥として殆ど大陸に在つたが、もう一人の叔父グロスター公ハンフリーは幼王即位の際、イングランドの摂政《リージエント》になり国政を左右しようといふ野心を懐きながらも、周囲の反対に遭ひ、保護卿《ロード・プロテクター》の地位に甘んじてゐた。それにしても国王評議府《キングズ・カウンシル》、即ちイングランド最高の行政機関における最大の有力者である。それに真向うから対立する権力者はランカスター家の始祖ジョン・オヴ・ゴーントの子で、幼王の大叔父に当るウィンチェスター司教ヘンリー・ボーフォートであつた。その兄のジョンは幼王即位前に死去し、弟のエクセター公トーマスも幼王即位の四年後、対仏戦中に死んでしまひ、ヘンリー・ボーフォートは始祖の血を引く唯一人の子として権勢を揮ひ、既に五世王時代においても大法官に二度も就任してゐる。だが、彼の真の野心は法王庁にあつた。一イングランド王よりローマ法王になりたかつたのである。五世王時代、法王マルティヌス五世によつて枢機卿《すうききやう》に挙げられようとしたが、国王はこれを抑へた。言ふまでもなく、イングランドが法王の支配下に組入れられる事を虞《おそ》れたからである。ヘンリー・ボーフォートがローマに憧れたのは勿論篤信によるものではない。彼の関心は専ら世俗的政治に在つた。が、自分が父ジョンの妾《めかけ》で後妻になつたキャサリンの子であり、イングランドの王統が先妻ブランチの嫡出男子に継がれて行くのを見て、それに対抗するには法王庁入りしか道無しと考へたに相違無い。保護卿グロスター公も六世王と同じくそのブランチの系統である。彼が摂政となるのに真先に反対したのも、このウィンチェスター司教であつた。

　彼はグロスター公に対抗する手段として、法王マルティヌス五世より再び提供された枢機卿の地位に喜んで就任し、一四二七年から一四三二年までの五年間、大陸に在つて法王使節として活躍し、その間に一度新十字軍結成の資金調達の為、イングランドに戻つたが、自分の留守中にグロスター公の勢力と人気とが意外に増大してゐるのを見て愕然とした。枢機卿ボーフォートは大陸に渡る前、腹心のヨーク大司教ジョン・ケンプを評議府議長として残し、グロスター公の動きを封ずる様に手立てを講じて置いたのだが、ボーフォートの期待は裏切られた。彼が枢機卿の地位を受入れた事自体がイングランド人の国家意識を刺戟したのである。グロスター公は新十字軍の結成の為の枢機卿の要請を平然と拒否した。しかも、一四三一年末、ヘンリー六世のフランス王即位の戴冠式がフランスで行はれる事になり、その前年の春から評議府の大半が本国を留守にした後、保護卿グロスター公は評議府を動かし、留守の枢機卿に法王尊信罪《プリーミユナイアリ》（法王を国王より上位のものと考へる罪）の判決を下さしめ、その私財まで押収するといふ強硬手段に出た。偶〻一四三一年にはマルティヌス五世が死去し、枢機卿としての彼の立場が法王庁内部で弱くなつてゐたといふ事実も見逃せない。グロスター公は更に枢機卿の腹心ケンプを初め、その一派を評議府から閉出し、自分の腹心のスクロープ卿を大蔵卿に任じて愈《いよいよ》こその地歩を固めた。枢機卿は一四三二年二月、六世王と共に帰国し、己れの敗北を認め、ウィンチェスターに引籠《ひきこも》つてしまつた。

その間の事情を知つたベドフォード公は、翌三三年、必ずしも枢機卿ボーフォート救済の為ではなく、対仏戦の苦境を乗切る為に評議府を初め大貴族達の団結と戦費調達を要請する目的を以て帰国したが、十月の議会では大蔵卿クロムウェルが財政危機を訴へ、ベドフォード公の要求は通らなかつた。財政危機とは、㈠支出が歳入を大幅に越えてゐる事、㈡大貴族達の濫費《らんぴ》が甚しく、彼等に対する仮払金が十七万ポンドに及んでゐるといふ事などである。ベドフォード公はせめて弟のグロスター公と叔父のボーフォートとの対立を調停し、このランカスター家の内紛が王権を弱め内政を麻痺《まひ》させない様に、詰り後顧の憂ひ無くフランスと戦へる様にして置きたいと思つた。ヘンリー王は恐らくその請ひに従つたのであらう、ボーフォートの罪は王の名において許され、再び彼は評議府にその名を連ねる事が出来た。彼は静かに再起を策してゐた。その絶好の機会が一四三六年、シャルルのパリ入城によるフランス方の勝利の時であるが、和平派の彼はまたしても主戦派のグロスター公との衝突を招いたのである。

だが、風向きは次第にボーフォートに有利な方に変り始めてゐた。一四三七年十一月、ヘンリー六世は十五歳に達し、グロスター公は保護卿を解任された。評議府の力は弱まり、政務は主として王家直属の役人の手で処理される様になり、宮内府の長、サフォーク伯の存在が大きく浮び上つて来た。が、伯はエドワード三世の血を引く大貴族と何の姻戚関係も無い。ボーフォートはその弱味に附込み、仲間を引連れてサフォーク伯の後楯になつた。グロスター公もそれには殆ど抗する術《すべ》を知らなかつた。サフォーク伯はボーフォートの勢力を大いに利用し己れの地歩を築かうと計つた。ボーフォートの和平論の真意が何であれ、当時の国民が長い戦争に倦み、平和を望んでゐた事は確かである。サフォーク伯はその風潮に乗じ、フランスとの和平工作を進め、ブルゴーニュ公フィリップの調停により、一四四四年、英仏両国家間にトゥールの休戦が成立し、期限は十箇月と定められ、シャルル七世の姪にして、名目上のナポリ王、アンジュー家ルネの娘マルグリット（英名マーガレット）とヘンリー六世との婚約が整つた。が、国民が望んだのは王家の慶事ではなく、和平であつた。しかも、それは単なる戦争の終結ではなく、自国に有利な和平を意味した。それを見抜けなかつたサフォーク伯は忽ち国民の失望を買つた。グロスター公にとつては反撃の好機であつた。ボーフォートはトゥール休戦の前年、既に引退してゐたからである。が、サフォーク伯は機先を制して、一四四七年二月のベリー・セント・エドマンズにおける議会でグロスター公の逆意を弾劾し、公は裁判を待たずして急死した。サフォーク伯の謀殺によるものらしい。それと前後してボーフォートも死去してゐる。処世術に長《た》けた立身出世主義者であり、政治家としては全く無能力者でしかなかつたサフォーク伯がグロスター公謀殺のマキャヴェリズムを発揮し得たのは、その背後に后のマーガレットの支持があつたからである。

マーガレットがヘンリー六世の后となつたのは十五歳の時であるが、後年、薔薇戦争においてランカスター王家を代表する主役を演じ、自ら剣を帯びて戦場に立つたこの女丈夫は既に結婚当初から八つ年上の柔弱な六世王に愛想を尽かしてゐたに違ひ無い。それに、結婚の橋渡し役であつたサフォーク伯以外、このフランス女には殆ど親しい附合ひが無かつた。シェイクスピアはこの二人を恋仲として描いてゐるが、満更劇作家の作り事とのみは言ひ切れまい。いづれにせよ、マーガレットはまだイングランドの后に成り切れず、フランス人としてサフォーク伯と協力し、一四四八年、シャルル七世の請ひを入れ、休戦の延期と、アンジュー家の為にメイヌからのイングランド軍撤退をヘンリー六世に約束せしめた。サフォーク伯はますます人気を失つた。しかし、ヘンリー六世即位以来、既に四半世紀に亙るランカスター家の内紛の為、ジョン・オヴ・ゴーント直系の大貴族は殆ど絶滅し、残るは枢機卿ヘンリー・ボーフォートの甥、二代目サマセット公エドマンド・ボーフォート一人だけになつてしまつた。

だが、サフォーク伯が最も恐れてゐた存在はランカスター家の外に在つた。それはエドワード三世王の第五子エドマンドの孫であるヨーク公リチャード・プランタジネットである。彼の母アン・モーティマーは同じくエドワード三世王の第三子ライオネルの曽孫であり、父系母系いづれから見ても最も王位に近い。その領土の広大といふ面から見ても王に次ぐ最大の権勢家であり、また父と伯父とがランカスター家に対する謀反人として処刑されてゐるので、王方にとつては最も恐るべき存在であつた。ヨーク公が実際にランカスター家に対して敵意を懐き始めたのは、早くとも一四四六年、即ち彼がアイルランドに追放される前年、それがサフォーク伯の陰謀によるものと嗅ぎ附けた頃からであらう。当時、王の代理としてノルマンディーに在つた彼はその軍事、内政を一手に掌握してゐたが、偶と公金を私してゐるといふ噂が本国に流布され、彼は申開きの為、直ちに帰国した。その中傷の主はサフォーク伯の片腕であり、玉璽保管役をしてゐたチチェスター司教であつたが、ヨーク公の言ひ分は聴入れられず、公は名目だけのアイルランドにおける国王代理といふ役割を与へられ、翌四七年十二月、態よく追放されてしまつた。彼とサフォーク伯との、或はヨーク、ランカスター両家の敵対関係はこれによつて決定的なものとなつたと言へよう。

百年戦争は休戦のまま埒《らち》が明かず、国内的には気の弱い政治嫌ひの王をめぐり指導者達の政争に明け暮れして来た過去四半世紀の間に、イングランドの財政は殆ど破綻に瀕《ひん》し、統治力は弱まり、法や秩序も乱れを見せ始めた。一四五〇年の政府借入金は一四三七年の二倍以上に達してゐる。地方によつては、ヘンリー二世からエドワード一世の時代に掛けて確立された法による裁判も、再び暴力による直接的解決といふ悪習に逆戻りする傾向が屢《しばしば》こ起つた。議会も余り開かれず、漸くエドワード三世時代から独立の道を歩み始めてゐた平民院は、まだその揺籃期《えうらんき》にあり、対仏戦に対して金を惜しみながら、中央政府、即ち国王評議府の対外強化を促したが、サフォーク伯には何の能力も無かつた。

一方、フランスではヨーク公追放後、ノルマンディーを治めてゐた好戦的なサマセット公エドマンドが有名無実のフランス王ヘンリー六世を笠に著て、一四四九年、ブルターニュのフジェールに兵を進めた為、シャルル七世はこれを停戦協定違反として責め、ノルマンディーを攻撃し、フジェールを奪還してルーアンに入城した。イングランド本国からの救援も殆ど効果無く、一四五〇年八月末、全ノルマンディーは完全にフランスの領有に帰した。このノルマンディー喪失によつてサフォーク伯の運命は決定的なものとなつた。彼は支持者を全く失ひ、逃亡の途次、カレー沖で何者かに殺されてしまつた。ノルマンディーを失つたイングランド国内は騒然となり、諸処に暴動が起つたが、そのうち最大のものはケント州のそれである。その指導者はアイルランド生れの殺人犯で、フランスに逃亡してゐたジャック・ケイドといふ男であるが、一四五〇年七月、暴徒を率ゐてロンドンに侵攻し、ヨーク公の召喚、誠実な貴族から成る政府、法秩序の恢復などを要求した。この暴動を王軍が漸く鎮圧し、一息ついた時、ヨーク公が許可無くして帰還し、忽然とロンドンにその姿を現した。これに対して評議府は、ランカスター家中、国王を除いて、いや、寧ろ国王を含めてと言ふべきであらうが、今や唯一人の男性サマセット公エドマンドを急遽フランスから喚び返し、イングランド保安の最高責任者に任命した。かうして薔薇戦争はヨーク公サマセット公の決戦によつてその幕を開けたのである。

それと前後して百年戦争は漸く終幕に差し掛つてゐた。既にノルマンディーを奪還したフランスは、翌五一年、次いでギュイエンヌに進攻し、五月にはボルドー、八月には遂に親英的な全アキテーヌ地方の拠り処とも言ふべきバイヨンヌをも陥れた。だが、住民達はどちら附かずの自治を好み、経済的にはイングランドと密接な関係を有してゐたので、シャルルの求める封建的桎梏《しつこく》を嫌つて、南部ガスコーニュの貴族、市民の代表がロンドンに赴き、援軍を求め、それに呼応して反乱を起す事を誓つた。既にイングランド軍の総帥となつてゐたヨーク公は評議府を説得して、一世紀に亙る戦争にけりを附けようと試み、前記トールボットの子、二代目シュルーズベリー伯ジョン・トールボットに全軍の指揮を委ねた。五二年の十月、トールボットは三千の兵を引連れ、ジロンドに上陸、ボルドーに進撃、その他幾つかの小都市を占領した。いづれにおいても、市民達は呼応して立上り、フランス兵を追払つた。が、この勝利は一年と保たず、翌五三年の夏にはシャルルの計画的な反撃が功を奏した。フランス軍はボルドーの東方、カスティヨンに大砲を備へ、その周囲に防柵、塹壕をめぐらし、堅固な防御態勢を整へた。これにはイングランドの長弓兵も歯が立たなかつた。トールボットは苛立ち、何度か突撃を企てたが、砲兵の一斉射撃に阻まれてどう仕様も無かつた。イングランド軍は忽ち包囲され、徹底的敗北を蒙《かうむ》つた。一四五三年七月十七日の事である。事実上、これで百年戦争は終つたが、両国間には何の条約も結ばれなかつた。が、イングランドは北はノルマンディーから南はガスコーニュに至る仏領西半分のアキテーヌを失ひ、初めてアングロ・サクソンだけの島国として「自立」する切掛けを得たと言へよう。

## 第二節　ヨーク家の勝利と挫折――エドワード四世・五世・リチャード三世

百年戦争終結の年、即ち一四五三年の一月にはヘンリー六世の后マーガレットに長子誕生、エドワードと名附けられたが、生来男まさりのマーガレットは王の嫡男を儲《まう》けた事によつて一層気が強くなり、さらでだに薄志弱行の輩として軽侮してゐた夫のヘンリーを愈こ蔑《ないがし》ろにし始めた。重だつた貴族達も多くはヘンリーを精神薄弱の徒としか見做してゐなかつた為、王直系の男子誕生を知つて、殆ど文句無しにマーガレットをランカスター家の首長と仰ぎ、その気勢は大いに挙つた。ヨーク公リチャード・プランタジネット、及びその一派にとつて、王子誕生は青天の霹靂《へきれき》に近い「大事件」であつた。彼はエドワード三世王の第五子、ヨーク家の祖エドマンドの直系として、ヘンリー六世王の死後、王位継承権を最も強く主張し得る立場に在り、追放先のアイルランドから無許可で帰国した後も、政治的無能力者ヘンリー六世の保護卿となり機会到来を待つてゐたからである。リチャードは直ちにヨーク派大貴族の結束を固めに掛つた。ネヴィル、モウブレー、バウチャーの諸家は彼に協力を誓つた。中でも最も力強い人物はウォリック伯リチャード・ネヴィルである。彼は二十州に亙つて数百の士族を支配下に置き、血筋の上でもヨーク公の従妹の娘婿に当り、同じヨークの一族である。

恰《あたか》もヨーク公の勢力を強化する様な事態が起つた。それはヘンリー六世の発狂である。一四五〇年代前半に発作は二度起つたが、これは単なる一時的なものでもなく、また内憂外患による心痛のためでもなく、王の母、即ち五世王の妻キャサリンの父に当るフランス王シャルル六世の遺伝であつた。その相手の弱味に乗じてヨーク公の野心が次第に顕在化して行くに随ひ、后マーガレットを後楯にして、ヨーク公の面前に立ちはだかつたのが、先にノルマンディーよりロンドン保安の最高責任者として召喚されたサマセット公である。彼はヘンリー六世と同じランカスター家の出であり、その祖ジョン・オヴ・ゴーントの孫であり、その意味ではヨーク公以上に王位に近い。が、ヘンリー四世、五世、六世はジョンの正妻ブランチの直系であるのに比し、サマセット公の父ジョン、及びその次弟のウィンチェスター司教ヘンリーの母キャサリンはブランチの死後、正式に後妻として迎へられはしたものの、その二人が生れた時は妾に過ぎなかつた。その為、「宮中席次」も勢力もヨーク公より遥かに劣る。が、彼を措《お》いてヨーク一派に対抗し得る男性はランカスター家には一人もゐなかつたのである。

ヨーク公は屢こ議会に圧力を掛け、自己の権力強化を計つたが、一四五五年には同志の貴族と共に、遂に国王評議府に対しその内部のランカスター派一掃を要求するに至つた。サマセット公は為す処を知らぬ王を後押しして、二千の将兵を引連れ、ロンドンより進撃し、五月二十二日、北方二十マイルのセント・オールバンズにおいて三千の敵軍に遭遇、忽ち敗れて、自らは殺され、王はヨーク派の手中に捕へられた。薔薇戦争の緒戦は、かうしてヨーク派の勝利を以て幕を開けたのである。

一四五九年、女丈夫マーガレットは漸く覆面を脱ぎ、公然とヨーク公討伐の準備を開始した。すかさずヨーク派は反撃の火の手を挙げたが、十月十二日のラドフォードの戦ひでは、身方の逃亡者が続出した為、大敗を喫し、ヨーク公はアイルランドへ、ウォリック伯はヨーク公の長子マーチ伯エドワードと共にフランスへ逃亡した。マーガレットは王を擁し、十一月にコヴェントリーにおいてランカスター派だけで固めた議会を開き、敵方の捕虜は勿論、手の及ぶかぎり敵を捜出し処刑する様、議決せしめ、直ちにこれを実行に移した。これは英国史上、他に類例無き残虐行為であり、それも対仏戦中にむしばまれた貴族の道義心の頽廃、法意識の喪失によるものと言はれてゐる。

しかし、ランカスター家の勝利は半年で破られた。一四六〇年六月、ウォリック伯がマーチ伯と共にフランスより帰還し、七月二日にロンドンを占拠するや、ランカスター派の中でも寝返りを打つ者が続出、七月十日、ノーサンプトンにおいてウォリック伯は王軍を徹底的に撃破し六世王を捕虜にした。数箇月後にはヨーク公も帰還、ロンドンに乗込み、十月三十一日のウェストミンスター議会では現王ヘンリー六世が在世中その地位を保つ事

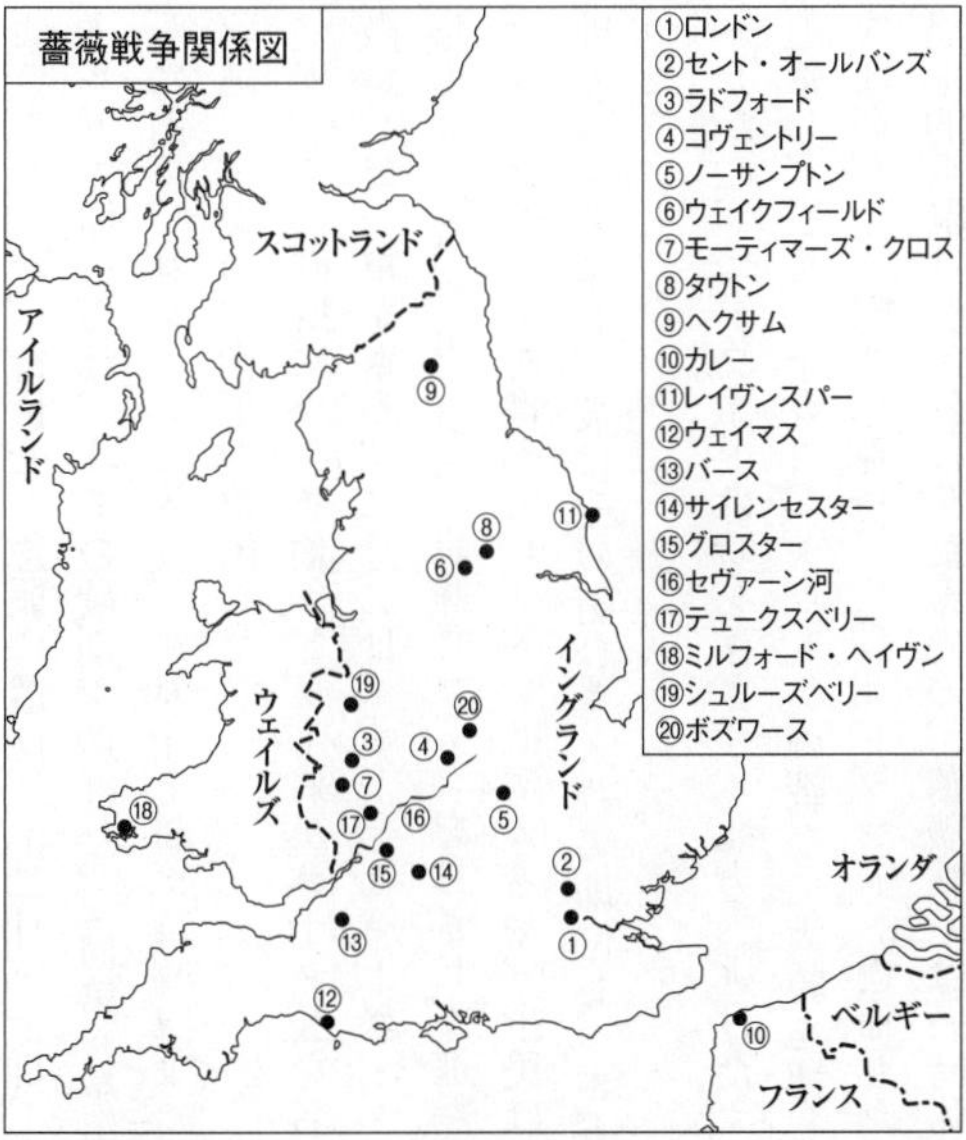


は認められたが、同時にその死後の王位継承権はヨーク公に在り、マーガレットとの間に生れたエドワード王子は完全にその権利を放棄するといふ議決が通つた。（以上の大要はシェイクスピア「ヘンリー六世」第三部第一幕第一場参照）勢に乗じたヨーク公は長子マーチ伯エドワードをして西の敵に当らしめ、自らはウォリック伯の父ソールズベリー伯と共に小軍を以て長駆北上し、ヨーク地方にあつて逆襲を用意してゐたマーガレットの率ゐるランカスター派を掃蕩《さうたう》し

ようとしたが、待伏せと急襲に遭ひ、十二月三十日、ソールズベリー伯共こウェイクフィールドで捕へられ、非業の最期を遂げた。(同第一幕第四場)マーガレットは翌六一年、直ちに南下、ロンドンに入り、二月十七日にはウォリック伯の軍をセント・オールバンズで撃破し、夫の六世王を救出した。

が、その時既にマーチ伯エドワードがヨーク公を名乗り、西方ウェイルズの辺疆近くで徴集した一軍を率ゐ、二月二日、モーティマーズ・クロスの戦ひでペンブルク伯を敗走せしめ(同第二幕第一場)、急遽ロンドンを目ざして進撃中であつた。早くも二十六日にはウォリック伯と手を携へてロンドンに這入《はひ》るや、市民は歓呼して新ヨーク公を迎へ、王位に即く事を要請し、彼はその請ひを入れて即位し、エドワード四世(在位一四六一―七〇、七一―八三)を名乗つた。

しかし、エドワードは時を移さず、北方へ逃げたマーガレット麾下《きか》のランカスター軍を追撃し、三月二十九日、タウトンの戦ひで大勝を博した。(同第二幕第三―六場)六世王一族は辛うじて窮地を脱し、スコットランドへ亡命したのである。その後三年間、小規模な局地的戦闘は行はれはしたものの、薔薇戦争は一時休止期に入り、両家の首長が雌雄を決する様な戦ひは無かつた。が、その間、マーガレットはスコットランドからフランスへ亡命し、その援助を得、北部イングランドの辺疆地帯、西部のウェイルズにおけるランカスター派を指嗾《しそう》し、息子の王位継承権の恢復について執拗な闘志を燃し続けてゐた。ウォリック伯は彼等の抵抗に対して虱潰《しらみつぶ》しに鉄槌を下し、一四六四年五月十五日、王軍主力と対決したヘクサムの戦ひにおいては、再び王を捕へ、ランカスター派残党を根こそぎ処刑し、翌六五年六世王をロンドン塔に幽閉した。

薔薇戦争が単にヨーク、ランカスター両家の権力闘争だつたとすれば、それはヨーク家の勝利といふことになり、ここで幕は降りた筈である。が、事はさう簡単に運ばなかつた。既に述べた様に、ヨーク、ランカスター両家の権力闘争としての薔薇戦争は、ランカスター家内部の権力闘争といふプロローグのうちに早くもその主題を展開させてゐたのであり、それならヨーク家の勝利は同じ主題を持つたヨーク家内部の権力闘争といふエピローグ無しには済まされぬ筈である。優れた政治家であり、武人でもあり、故ヨーク公に対抗する権勢と人望の持主であつたウォリック伯（キング・メイカー）の存在は、エドワード四世にとつて即位以来、頭痛の種であつた。エドワード四世は後のヘンリー八世を小型にした様な伊達男《だてをとこ》であり美男子であり、同時に個人としても武人としても優れた才能の持主ではあつたが、投げ遣りで怠惰で、遊び好きといふ弱点を克服し得ず、王による平和、中央集権の確立、社会秩序の恢復、国内統一の強化など、荒廃の後に最も必要な仕事について定見も無く、その意慾の片鱗《へんりん》すら窺へなかつた。ウォリック伯は公的にも私的にも、エドワードの王位継承に内心反対だつたのである。それどころか、その父の故ヨーク公についても批判的であり、エドワード即位の前年、ウェストミンスター議会において、ヨーク公が初めはヘンリー六世の退位を求め、直ぐにも王冠を手に入れようとしたのに対して、それに反対し、六世王の終生在位を認め、その死後の王位継承権の要求にのみ留らせたのもウォリック伯であつた。それは必ずしも道義心によるものではなく、その野望と嫉妬心とを否定する事は出来まい。

エドワードに対しても表面飽くまで臣下の礼を取りながら、いつでも反旗を飜す用意を整へてゐた。同時に彼は政府の改善、秩序と法の権威の恢復、財政の建直しなど、内政と治安に彼なりの努力を惜しまなかつた。が、禍ひは外から遣つて来た。いや、外がそれを待つてゐた。といふのは、シャルル七世の後を継いだ仏王ルイ十一世（在位一四六一―八三）にとつて、エドワード四世の義弟に当るブルゴーニュ公の存在とその勢威は依然として不安の種であり、始終、その権勢の前に怯《おび》えてゐた彼はブルゴーニュ公を牽制し、出来ればその鼻を明かしてやる道具としてイングランドの内紛を、正確に言へば、その火種を利用しようとしてゐたからである。外圧は大抵の場合さうである様に、内紛がそれを導入し、利用するのである。

ウォリック伯とエドワード四世との対立は一四六四年、王が急にグレイ卿の未亡人エリザベス・ウッドヴィルとの結婚（同第三幕第二場）を公表した事により表面化した。ウッドヴィル家は政治的には殆ど力を持たなかつたが、ランカスター家と深い結附きがあつた。それだけならまだしも、王はウッドヴィル一族を重用し、一四六七年には六〇年以来大法官の地位にあつたウォリック伯の弟ジョージ・ネヴィルを解任した。王は更にウォリック伯がルイ十一世との間に取交して来た約束を破棄し（同第三幕第三場）、伯がかねてより反対してゐた義弟のブルゴーニュ公と同盟を結んでしまつた。ここに至つてウォリック伯の叛意は決定的なものになつた。一四六九年五月、彼はカレーで挙兵、七月には前年から同地において「人質」として手なづけて置いた王の次弟クラレンス公ジョージに自分の長女イザベルを娶はせる事によつてその挑戦的態度を露《あら》はに示し（同第四幕第一場）、直ちに対岸のケント地方に上陸したのである。戦局は最初ウォリック伯に有利に動き、エッジコートで王軍は大敗し、王自ら捕虜になり、后エリザベスの父も弟も殺され、ペンブルク伯もこの戦ひで落命した。（同第四幕第二―三場）

しかし、王は敵の手を脱し、反撃に転じ、一四七〇年四月、ウォリック伯、クラレンス公をカレーに逐ひ返した。ルイ十一世は恰も待つてゐたかの様に、ウォリック伯を迎へ容れ、マーガレットとの和解の調停役を買つて出た。九月、ウォリック伯は再びクラレンス公と共に海を渡り、イングランドに上陸、エドワード四世に決戦を挑んだ。今度は王軍に利あらず、エドワードはオランダへ亡命し（同第四幕第五場）、ここにヘンリー六世が凡そ十年振りで復位した。

その後、ウォリック伯が代理統治を行つたが（同第四幕第六場）、イングランド最大の貴族として自他共に認められてゐたその〈キング・メイカー〉の地位も、今では甚だ微妙なものになつてゐた。ランカスター派にとつては、ウォリック伯はつい最近まで自分達の頭上に兇刃《きようじん》を振つた強敵であり、その代理統治の真意を何処まで信じてよいか安心出来ず、ヨーク派にして見れば、予想もしてゐなかつた事態の急変にいつまでも我慢が出来る訳が無い。ウォリック伯の代理統治によるヘンリー六世の復位は僅か六箇月しか保たなかつた。

一四七一年三月、エドワードは手兵、及びブルゴーニュの傭兵一千五百を引具し、フラッシングより帰還、恰もボリングブルック（ヘンリー四世）のイングランド帰還再演を意図したかの如く、場所も同じヨーク州のレイヴンスパーに上陸、直ちにヨークに向つたが、初めは市長以下重役はその城門を固く閉ぢて、容易に彼等を入れようとせず、エドワードの巧みな話術と愛嬌《あいけう》により、市長等は遂に彼等を迎へ入れた。（同第四幕第七場）エドワードはコヴェントリーで待伏せしてゐるウォリック伯の裏を掻き、道を東に取つてロンドンに入るや、バーネットで敵を待ち構へ、四月十四日の会戦で遂に伯を斃《たふ》した。（同第五幕第二場）ウォリック伯にとつて不幸な事に、折角救援に駆けつけてくれたオックスフォード伯の旗印「春の星」がエドワードの旗印「日輪の薔薇」と見間違へられ、同士討ちの醜態が演じられたといふ。

ヘンリー六世は今度こそ完全に廃位され、再びロンドン塔に送られた。バーネット会戦後間もなくマーガレットとその子エドワードがフランスよりウェイマスに上陸、北方ウェイルズの身方と合流しようとしたが、エドワード四世は両者の間に割つて入り、更にマーガレットのロンドン入りの道を塞いでしまつた。マーガレットは止む無くバースで徴兵、一方、四世王はサイレンセスターで徴兵、早くも攻撃に転じ、マーガレットは応戦し切れず逃げてグロスターに入らうとしたが、知事がランカスター派の入城を拒絶したので、セヴァーン河を渡つて、五月三日、テュークスベリーに至り、そこで四世王に捕捉され、徹底的な敗北を喫した。王子エドワードは殺され、マーガレットは囚れの身となつた。（同第五幕第四―五場）

エドワード四世は直ちに復位し（同第五幕第七場）、盛大な勝宴に引続き、ランカスター家の残党に対して大虐殺を行つた。そしてヘンリー六世は五月二十一日、ロンドン塔内で死体として発見された。（同第五幕第六場）エドワード王とその末弟グロスター公リチャードが何者かに命じたものといふ噂が拡つた。

エドワード四世復位後の内政はその性格と能力以上のものでもなければ、それ以下のものでもなかつた。史家によつては、彼の王権恢復、中央政府強化、海外の領土、財産の放棄などを相当高く評価する者もゐる。が、狡智に長けたルイ十一世はエドワードがブルゴーニュ公と結托するのを防がうとし、一四七五年以来、エドワードに年金を支給してゐた。彼はその年金支給者に義理立てしてスコットランド戦に巻き込まれたといふ。ルイは一四七七年以来、神聖ローマ帝国皇帝たるハプスブルグ家との死闘に専念する為、エドワードに余暇《よか》を与へたくなかつたのである。それもこれもエドワードには充分見抜けた筈であり、スコットランド戦に巻き込まれたとは言ふものの、年金を貰ひ国庫を豊かにする為の芝居だつたと考へられなくもない。

ヘンリー六世の死に引続き、一四七八年にはエドワード四世の次弟クラレンス公が同じくロンドン塔内で死んでをり、この時も王と末弟のグロスター公リチャードの共謀といふ噂が立つたが、ヘンリー六世の時と同様、今日に至るまで何の確証も挙つてゐない（シェイクスピアの作品ではいづれもリチャード一人の仕業といふ事になつてゐる）。更に彼はエドワード四世の死後、その嫡男で十二歳のエドワード五世（在位一四八三）の保護卿となり（シェイクスピア「リチャード三世」第三幕第一場）、故王の后エリザベスの一族が自分を葬り去らうと企てたといふ事を口実にして次〻にこれを処刑し（同第二幕第二場、第三幕第二―四場）、次いで故王とエレノア・バトラーなる女性との間に正式な婚約が整つてゐたといふ事を口実に、エリザベスとの結婚を非合法なものであると主張し、エドワード五世とその弟のヨーク公とが四世王の嫡子である事を否認（同第四幕第一場）、一四八三年六月、五世王を廃位し、弟と共にロンドン塔に閉ぢ込め、自ら王位に即き、リチャード三世（在位一四八三―八五）を名乗つた。（同第四幕第二場）それから数週間後に二人の少年は塔内で死去してゐる。（同第四幕第三場）リチャードの仕組んだ謀殺だと言はれてゐるが、その確証は無い。

しかし、噂の当否は別として、さういふ暗い噂が次〻に流布されれば、如何に強力、有能なる善王と雖《いへど》もその地位は保ち難くなるのは当然である。リチャードにとつて一番の側近、バッキンガム公ヘンリー・スタフォードが最初に離反した。（同第四幕第二場）一四八三年秋には、あちこちに陰謀が企てられてゐる事が当事者間に解り始めて来た。それらを結集し、その音頭を取つたのがマーガレット・ボーフォートである。この女性はサマセット公ジョン・ボーフォートの娘であり、ヘンリー五世の后が五世王亡き後に嫁したオーウェン・テューダーの息子エドマンドと結婚し、その死後は地方の大貴族ダービー伯スタンレーに嫁してゐる。マーガレットはバッキンガム公を初め、ウッドヴィルの生き残り、故四世王の后エリザベスに働き掛け、リチャード三世を廃し、エドマンドとの間に出来た己が息でフランス亡命中のリッチモンド伯ヘンリー・テューダーを王位に即けようと企てた。だが、自分とエドマンド・テューダーとの子といふだけでは、如何にランカスターの血筋を引いてゐるとは言へ、玉座にはまだ距離がある。その弱味を補ふ為に、マーガレットはリッチモンド伯とエドワード四世の王女エリザベスとの婚約を思附き、直ちにそれを実現し、エドワード三世の息子達の子孫にまで働き掛けて、十一月に起ち上る計画を整へたが、それは遂に失敗に帰した。バッキンガム公がウェイルズにおいて徴兵中、何者かに殺されてしまひ、一方、リッチモンド伯が暴風雨の為にイングランド上陸を阻まれたからである。

一四八四年にはリチャード三世の唯一の嫡子が死に、反逆者達は再び結束した。リッチモンド伯はフランスにおいて多くの支持者を得、翌八五年の八月七日、強力な亡命者達と共にミルフォード・ヘイヴンに上陸するや、幼少の頃に過したウェイルズの人こが彼に呼応し、それに力を得てシュルーズベリーに兵を進めた。(同第四幕第四場)そして八月二十二日ボズワースでリチャード三世の率ゐる大軍と会戦、結果はリッチモンド伯の勝利に帰した。(同第五幕第三―五場)リッチモンド伯はエリザベスとの結婚により、ヨーク、ランカスター両家の結合を果し薔薇戦争を終結せしめ、ヘンリー七世(在位一四八五―一五〇九)としてテューダー朝の祖となつた。

リチャード三世は極悪非道の覇者の如く考へられ易いが、たとへヨーク贔屓のオーステインの子供ぽいヘンリー七世批判(三〇八頁参照)が行き過ぎであるにしても、事実リチャードの肖像はテューダー朝の成立によつて余りにも歪められてしまつた。今日、多くの史家はホリンシェッドやシェイクスピアの描いたリチャード三世像には頗る懐疑的である。彼が傴僂《せむし》であつたといふのも恐らくテューダーの捏造《ねつぞう》であらう。兄エドワード四世に似た好男子と考へる方が自然かも知れない。一四八四年に彼と会つた男が彼の手脚について甚だ華奢《きゃしゃ》だつたと述べてゐる記録があるらしい。リチャードが后のアン、二人の甥を殺したといふ確証は既に述べた様に一つも無い。

それにも拘らず、シェイクスピアが「ヘンリー六世」第三部第三部、及び「リチャード三世」の中に描いたリチャードの肖像には看過し得ぬ重要な一点がある様に思はれる。それは頭の廻転の早さ、機敏な行動、忍耐力と決断力の強さ、兄王の補佐に見られる勤勉と努力などである。これはとかく善玉に祀り上げられる次兄クラレンス公の優柔不断とも、長兄エドワードの怠惰とも全く異るものであつて、もし彼が長男であつたら、事態はかなり変つてゐたかも知れない。或はリッチモンド伯も登場の切掛けを全く与へられなかつたかも知れない。

ところで、そのリッチモンド伯、ヘンリー七世だが、彼の出現によつて薔薇戦争は完全に終熄《しゆうそく》したと言ふのは少こ当を失してゐる様に思はれる。シェイクスピアの「リチャード三世」第五幕第三場では、リチャードが自分が葬り去つた亡霊達にうなされる場面が出て来るが、それと同様に、或はそれとは逆に、ヘンリー七世はリチャードが片附けてくれたと思つてゐたエドワード五世の替玉に再三苦しめられたのである。ヘンリー七世の治世、最初の数年間、ヨーク派はなほ亡霊の如くさすらひ続け、薔薇戦争のエピローグはシェイクスピア劇の如き鮮かな幕切を持ち得なかつた。

## 第三節　その影響

薔薇戦争の最大の収穫は封建貴族の、或は封建体制の弱化を促した事にある。それによつてイングランドは国王と国民との相互依存による近代的国家意識を他の諸国に先立つて確立する切掛けを摑み得た。だからといつて、ヘンリー七世に始るテューダー王朝を絶対王制の確立と見做す事は出来ない。「余は国家である」と宣言したフランスのルイ十四世

（在位一六四三—一七一五）の治世中、いや、それ以後もフランス革命に至るまで、三部会は一度も召集されなかつたが、イングランドでは、善かれ悪しかれ、この種の絶対王制は一度も行はれなかつた。ヘンリー七世治世の二十四年間、とにかく議会は七回召集されてゐる。先に述べた様に、マグナ・カルタは国王、封建諸侯、聖職者、市民、四者のそれぞれ相容れない権利条項の矛盾に満ちた混合物であつたが、それから最初に脱落したのが封建貴族であり、その次に力を失つたのが聖職者であつて、さうして初めて、王と人民とが水入らずで国家共同体を形成し、その共同体の自覚の上に立つて、その基盤に罅《ひび》の入らぬ限度を充分に弁《わきま》へながら互ひに権利を主張したり、対立、或は妥協したりしながら、今日まで統治・被統治の英国方式を完成して来たのである。そして、その基盤の為の最初の布石はほぼテューダー朝によつて遂行されたと言つてよい。

　勿論、薔薇戦争の結果、封建貴族の脱落を見たと言つても、それはエドワード三世の血を引く大貴族、即ち王位継承者たる資格と勢望とを担《にな》つた大貴族が殆ど消滅したといふ事に過ぎず、それでもなほサマセット公、ウォリック伯など少数の大貴族は残存してをり、随つて貴族制度の解消を意味するものに非ざる事は言ふまでもない。注目すべき事実は大貴族の消滅、弱化が貴族制度を確立したといふ事である。言換へれば、国家体制から逸脱し、国王に対抗し得る大貴族は封建制度固有のもので、そこからは貴族制度は成立し得ず、貴族が制度化される為には、それが国王と人民との一体化たる国家といふ共同体のうちに同化され、体制化されねばならぬのである。それが近代国家といふものである。テューダー朝の英国が他のヨーロッパ諸国に先駆けてその第一歩を踏み出したのである。

聖職者の脱落とはローマ法王庁からの離脱、即ち宗教からの政治の独立であり、所謂宗教改革である。随つて、英国のそれはルターに代表される様なドイツ流の宗教改革とは全く性質を異にする。そこには教義や法王庁そのものに対する批判、対立は全く見られない。ヘンリー八世（在位一五〇九―四七）は「敬虔なる」カトリックであつた。彼はカトリシズムと戦つたのではない。英国のリフォメイション＝Ｒｅｆｏｒｍａｔｉｏｎに宗教改革といふ訳語を当てるのは決して適切とは言へまい。ｒｅ＋ｆｏｒｍは字義通り「形式を変へる」事であり、その形式とは宗教と政治との関り合ひの形式であつて、詰るところ、政教分離といふ政治戦争であつて、教義に関する宗教戦争ではなかつた。更に言へば、対仏戦と同次元におけるアングロ・サクソン国家のナショナリズムに過ぎない。ウィクリフ、及びその一党のロラード派もその意味では同じく敬虔なカトリックであり、愛国的ナショナリストであつた。

勿論、形式の変改は結果として内容の変化を齎す。それがテューダー朝最後のエリザベス一世時代に英国国教といふ頗る微妙な態様を完成せしめ、カトリック、清教徒、両者の反撥を買ひ、女王はその弾圧に乗出した。だが、その場合にもエリザベスを新教派と呼ぶのは妥当ではない。教義内容の上ではエリザベス自身にその自覚があつたとは思はれず、カトリックの反撥と清教徒、即ち非国教徒の反撥とはどう考へても質を異にするものであり、前者に比して後者は英国史上初めて宗教改革といふ教義上の自覚を持つたものと言へよう。それが政治的に弾《は》ね返つて来て、クロムウェル指導の下に政教一致の内乱と化したのは、それから約四十年後、次期ステュアート朝のチャールズ一世（在位一六二五―四九）の時であるが、この清教徒革命においてチャールズ一世は処刑され、英国史上唯一度の所謂共和制と新教派の勝利が実現したものの、それは十年しか続かず、一世の息チャールズ二世によつて王政復古が行はれ、国教は再び息を吹き返した。爾来《じらい》、英国は今日まで君主制を維持してをり、その間、一度ジェイムズ二世（在位一六八五―八八）がカトリシズムを国教に代へようとして議会の反撃に遭ひ、追放された事があるが、この名誉革命においては、オランダよりオレンジ公ウィリアムを迎へて君主制に何等の支障も来さず、宗教も元通り英国の国教がそのまま生き続けた。

シェイクスピアの諸作品においては清教徒の悪口は屢〻出て来るが、カトリシズムは殆ど非難されてゐない。この一事を以てしても彼がカトリックであつた事は先づ間違ひ無いと言はれてゐる。なるほどさうかも知れない。が、エリザベス女王は国教の確立者であり、新教徒であつた。それなら、シェイクスピアは女王の手前、国教批判とカトリック的心情を清教徒非難といふ煙幕によつて隠してゐただけの事であらうか。私にはさうは思へない。女王のカトリック弾圧はやはり父ヘンリー八世と同様、ローマの政治的介入を排する為の政治的手段であつて、教義に相互るものではなく、新教、即ち国教はその点ではカトリシズムと妥協、協調し得るものである。随つて、シェイクスピアの家庭がカトリックであつたとしても、それは国家的要請によつて採用された程度の新教に自づと包み込まれてしまふ性質のものであり、彼が政治的に対ローマ追随派でさへなければ、そして、事実どう読んでもさうは考へられない以上、彼の肌に合はぬのは清教徒だけだつたのである。

ヘンリー八世の意図したものが宗教改革ではないといふ事と関連して、それよりは明確に教義上の改革を目ざしてゐたルター達の宗教改革についても、本質的には同様の事が言ひ得る様に思ふ。早い話が、現代のかなり保守的なカトリック聖職者達、或は信者達の言行を見聞きする限り、彼等よりは、四百年前ローマに楯突《たてつ》いた宗教改革者達の情熱の激しさのうちにこそ遥かにカトリック的体臭を私は臭ぎ附けてゐる。ルネサンスと言ひ、宗教改革と言ひ、歴史といふものは往こにして反逆者の中に却つて時代と伝統に対して忠実にして従順なる代弁者を見出すものである。

# 第七章　テューダー朝

## 第一節　中央集権の強化――ヘンリー七世

ヘンリー七世（在位一四八五―一五〇九）は在位中絶え間なくヨーク派の亡霊に悩まされはしたものの、その功績のうち最も顕著なるものは国王の地位とその権威の恢復、及び財政の建直しの二点である。前者については薔薇戦争の結果、諸侯の力が極度に削《そ》がれた為、彼自身の功とは言ひ難いかも知れぬが、とにかくその結果を利用して国王評議府《キングズ・カウンシル》の強化を計り、それに成功した事は彼が統治者として並ゝならぬ才能の持主であつた事を示してゐる。人によつてはそれを狡智と呼ぶかも知れぬが、彼は先づ王国を支配し易い様に評議府の機能と権限を強化し、さうする事によつて国王自身が評議府を支配し易い仕組を作上げたのである。これは評議府を組織的な行政機関、専門職的な官僚機構に近いものにする事によつて、一種の「近代化」を計り、「立憲君主制」の苗を植ゑ附けたものと言へよう。それまで閉鎖的であつた評議府の開放により、評議員の数は百七十名の多きに達したといふ。勿論、その中には大貴族も含まれた。が、彼等は水増しされた評議員の一人に過ぎず、同じ国王の「使用人」として位置附けられたのである。

しかし、その様な扱ひでは片附けられぬ大貴族が極く少数ながら存在してゐたので、ヘンリーは評議府中に「屋内、屋を置く」様な形で特別評議府《プライヴィ・カウンシル》なるものを設けて、彼等に謂はば特権的地位を与へ、国家の枢機に参与させてやらねばならなくなつた。とは言つても、ただ単に大貴族であるからといふ理由だけで、さういふ特権が与へられた訳ではない。もはや血統や領地だけが物を言ふ時代ではなくなつてゐた。一つの組織として廻転し始めた行政機構としてのヘンリーの国王評議府においては、何よりも能力が物を言つた。大貴族であらうと能力が無ければ、特別評議府には這入れない。たとへ這入れても、その発言力は殆ど認められない。他方、聖職者、騎士、法律家、商人でも、評議府を中心とする国王政治において重要な歯車の役割を果し始めた。のみならず、彼等は地方の行政機関においても確乎たる地位を占める様になつた。

薔薇戦争は英国史上最も長期に亙る最大の内乱であり、一見国内は無政府状態に陥つた様に思はれるかも知れぬ。事実、史家によつてはさういふ見方をする者があるが、ヘンリー七世時代の行政、財政の見事な建直しや、続いてヘンリー八世からエリザベス一世に至るまでの英国史上最も著しい黄金時代を迎へた事実に徴して見ても、薔薇戦争が国民生活を混乱と疲弊に陥れたとは考へられない。それは大貴族間の私闘に過ぎず、それによつて国王や貴族に対する国民の愛想尽かし、不信の念は生じなかつた。寧ろ彼等は一日も早く信頼し得る強力な国王と中央政府の出現を待望してゐたのである。同時に、その様に強力な統治者を期待する気持の裏側では、英国特有の逆説が働いてをり、どんな内乱に対しても国民の一人一人が個人として身を守る自立の精神が力を発揮し、それが内乱による「無政府状態」によつて却つて磨きを掛けられたと言へよう。彼等は自分の手で自分の財産を守つた。国王や貴族は戦費によつて度こ財政上の危機を迎へたが、国民は戦費調達に対して如何に妥協し、如何にその富を隠すか、その才覚を大いに発揮し、大体において成功した。

百年戦争と薔薇戦争の後、ヘンリーの直面した財政危機の切抜け策は、この国民の「埋蔵された富」を如何に国庫に吸収するかにあつた。それは税制改革を初めとし、合法的な財産没収、罰金などであり、彼は議会などを殆ど頼りにしなかつた。それは個人的に言へば、ヘンリーの狡智でもあらうが、国家的観点から言へば、経済の「中央集権化」であり、経済に対する政治の優位性の確立であつて、それ無くしては近代的な国家共同体は存立し得ない。ヘンリー治世の最大の功績はそこにあると言つても、あながち過言とは言へまい。

次にヘンリーが腐心したのは外交と戦争である。或はなるべく戦争を避けて外交により事態を有利に導く事であつた。この場合、外交といつても、ヘンリーのそれは政治的であるよりは主として経済的色彩を帯びたものである。アイルランド、及びフランスのブルゴーニュ公未亡人マルグリットはラムバート・シムナルをロンドン塔で殺されたらしいクラレンス公の息ウォリック伯の替玉に仕立上げ、エドワード六世として即位せしめて謀反の軍を起した（一四八七年）。次いでスコットランドが神聖ローマ帝国皇帝マクシミリアン一世と組んで、ロンドン塔で殺されたエドワード四世の二人の息子のうち弟のヨーク公の替玉としてパーキン・ウォーベックを送り込んで来た（一四九六年）。（三〇八―三〇九頁参照）

一方、フランスとの間の百年戦争はなほ余震を伴ひ、シャルル八世（在位一四八三―九八）はヘンリーの旧友ブルターニュ公フランソワ二世に対して軍を起し、一四八八年、フランソワが死ぬと、その娘のアンを迎へて后となし、二人の間に出来た娘のクロードは次ゝ代のフランス王フランソワ一世の后となるが、その為、この王の治世中、一五三二年にブルターニュは決定的にイングランドとの旧縁を絶ち仏王の支配下に属せしめられた。それはヘンリー八世の時代の事である。

だが、シャルル八世がアンを后に迎へた時、ヘンリー七世はこのフランスの奸計を黙視する事が出来なかつた。宿敵フランスと友邦ブルターニュとの結合は未だ不安定なヘンリーの位置を更に危くしかねぬものである。ブルターニュの住民は海洋国民であり、その港はイングランド南岸に近く、貿易の拠点であつた。ヘンリーは平和を望みながら、止むなく戦争に巻き込まれた。が、内政を疎《おろそ》かにして戦ふ程の余裕は無い。オランダの摂政マクシミリアン（後の神聖ローマ帝国皇帝）とスペインのフェルナンド二世＝アラゴン王（在位一四七九―一五一六、カスティリヤ王フェルナンド五世としてイザベルと共同統治）、カスティリヤのイザベル（在位一四七四―一五〇四）との同盟もシャルルの野望を制し得るだけの力を持ち得なかつた。一四九二年にはイングランド軍をフランスに上陸せしめたが、それは戦争と呼ぶに値するものではなく、寧ろ取引、交渉の為の手続に過ぎなかつた。一方、シャルルはイタリア遠征を急いでをり、ヘンリーはそれを阻止し得なかつたばかりでなく、阻止しようともせず、そのシャルルの野望を利用して一挙に和平交渉に出でエタープル条約を結んで、兵を引揚げた。それによつて失つたものはブルターニュ地方の潜在主権であり、得たものは十五万九千ポンドの賠償金であつた。ヘンリーにとつて領土よりは金が大事であり、内政の基礎は健全財政にあつたと言へよう。薔薇戦争の後、彼に対抗し得る大貴族がゐなくなつたにしても、当の彼自身、王位継承者として多少の退け目を感じてゐた為、それもまた無理からぬ事であつた。しかもエタープル条約の附録としてフランスはウォーベック、その他ヨーク派の策謀から手を引き、スペインもそれに同調した。

　しかし、オランダのマクシミリアンとブルゴーニュのマルグリットは執拗にウォーベックの後押しをし、スコットランドのジェイムズ四世（在位一四八八―一五一三）やアイルランドのキルデア伯、イングランドのサー・ウィリアム・スタンレーと手を結び、国内を騒乱の渦に巻き込まうとした。ヘンリーは先づマクシミリアンとマルグリットを抑へようとし、一四九三年、イングランドの繊維原料をブルージュ（今日のベルギー領ブリュッヘ）からフランスにおけるイングランド唯一の拠点《きよてん》カレーに移し、オランダ地域に対する禁輸政策を行つた。一四九六年、オランダ側は止むなくウォーベックから手を引き、マルグリットの策動を抑へ、しかも、イングランドの望む通り更に有利な条件で貿易再開を求めざるを得なかつた。

この時、既にマクシミリアンは神聖ローマ帝国皇帝マクシミリアン一世（在位一四九三―一五一九）になつてをり、オランダは息子のフィリップが統治してゐた。そのフィリップが一四九六年にはスペイン王フェルナンド二世とイザベルの娘ヨファナと結婚し、フェリペ一世（在位一五〇四―〇六）としてスペインを共同統治する事になつた為、スペイン、オランダ、ブルゴーニュの結合が強まり、たとへフランス王がイタリア遠征の帰路、オランダ、ベルギー地域をイングランドから引離さうとしても、ヘンリーはスペインの力を借りる事が出来るであらうと考へた。その望みを更に強化する為、彼はプリンス・オヴ・ウェイルズのアーサーをフェルナンドとイザベルの次女、アラゴンのカサリンと結婚せしめた。一方、ブリテン島内部においても、アイルランド、スコットランドに対する宥和《いうわ》政策に成功し、アイルランドに至つては遂にウォーベックの乱から手を引かざるを得なくなつた。のみならず、その議会もイングランド議会の方式を導入し、イングランド国王とその評議府との事前承認無くしては何も決議、立法し得ぬ事になつた。

## 第二節　法王との抗争――ヘンリー八世

アラゴンのカサリンと結婚したプリンス・オヴ・ウェイルズのアーサーは若くして死し、弟のヘンリーが十八歳にして父七世の跡を襲ひ八世（在位一五〇九―四七）を名乗つた。しかし、その六年前にヘンリーは兄アーサーの寡婦カサリンと婚約させられてゐた。カサリンの父アラゴンのフェルナンド五世はカトリックであり、教会法を楯にその結婚の合法性を認めず、終始反対し続けたが、遂に容れられなかつた。当時の教会法では義姉と義弟の結婚は認められてゐなかつたのである。ヘンリー八世はルネサンスの影響下に育つた最初のイングランド王であり、また生来陽気で学芸、スポーツを愛する伊達男であつて、教会法など、凡《およ》そ固苦しい法規には全く無頓著な人物であつた。それ故、彼が即位後、最初に行つた「事業」はカサリンとの結婚である。それが後に高くついた。

カサリンはヘンリーとの間に六人の子を生んだが、一五一六年に生れた女子メアリー（後のメアリー一世）の他はすべて死亡してゐる。別に王室典範の規定は無いものの、王自身も王位継承者は男子に限るものと思つてゐた。メアリー生誕後二三年頃からヘンリーは嫡出男子のゐない事に不安を示し始め、遂にカサリンとの離婚を決意し、一五二七年、別居を申出た。その時、彼は既に第二の妻、アン・ブーリンと通じてゐたのである。大法官ウルジーは法王クレメンス七世（在位一五二三—三四）に向つては、もしヘンリーの離婚を認めないなら、カトリックであり法王庁の支持者であるヘンリーを敵に廻す事になり、イングランド国内の教会が危殆《きたい》に瀕《ひん》するであらうと度ゝ警告し、ヘンリーに対しては、その決意の如何ともし難いのを見て取り、フランスのルイ十二世（在位一四九八—一五一五）やスコットランドのマーガレットの例を挙げ、不可避の場合は法王も離婚を認める場合もあると説き、何とかして両者の調停を果さうと努めた。

常にローマの圧力を排除しようとして来たイングランドの輿論《よろん》も今度ばかりはヘンリーを支持しなかつた。嫡出男子にのみ王位継承権ありとする当時の常識からすれば、この国民や議会の反対は理解し難い。が、更に理解し難い事は、ヘンリー自身が結婚後二十年も経つて、カサリンとの結婚が無効であると信じ始めたらしい事である。生れる子が次ゝに死んでしまふのも、教会法を無視したからといふ不安が生じた為もあらう。彼はまた、この結婚を正当化する為に、嘗て法王から同族結婚許可の教書を発行して貰つたのにも拘らず、今度はその教書の無効性を主張し始めた。それが有効であるなら、法王の権力が国王のそれに優先する事を認める事になるからだといふ。理窟にも何にもならぬが、そこにヘンリー八世の面目躍如たるものがあると言へよう。それに対してカサリンはアーサーと結婚してはゐたものの、その間、一度も閨《ねや》を共にした事は無いと主張したが、これもをかしい。もしそれが本当なら、アーサーの死後、ヘンリーと婚約した一五〇三年にそれを言ふべきであつた。それにしてもヘンリーの論拠は薄弱である。彼は第二の妻、アン・ブーリンの姉との間に既に肉体的関係があり、随つてアンとの結婚もカサリンとの場合同様、教会法により禁じられてゐるものだからである。

既に述べた様に、ヘンリー八世はカトリシズムの信奉者であり、ルターの宗教改革宣言に反対してローマを支持し、一五二一年には「信仰の守護者」といふ称号を贈られた位である。一五二七年、アラゴンのカサリンとの離婚問題が表面化した後も、大法官ウルジー枢機卿を通じて穏便に法王の許可を得ようと努力し続けた。殊にプロテスタントがイングランドの穏健なロラード派を巻き込み、反カトリック化して行くのを見て、ヘンリーはそれを抑へる為にもローマと和を保ちたかつたのである。法王クレメンス七世の方も国王の離婚許可は既に前例のある事でもあり、この場合も何とか特別の措置を取り、ヘンリーの離婚を認めようといふ気になつた。一つには、イングランド王は離婚その事より、これを機会にローマと勝負しようとしてゐるのだといふ肚《はら》が見抜けず、事を簡単に考へてゐたからである。この両者の和合を妨げる役割を演じたのが、神聖ローマ帝国皇帝にして、スペイン王を兼ねてゐたカルル五世（在位一五一九—五六）と、フランス王のフランソワ一世（在位一五一五—四七）の二人である。といふのは、ヘンリーが一時カルル五世と結んで王女メアリーとの婚約を整へ、宿敵フランス分割を計つたところ、国内において対仏戦反対の激しい動きが生じたので、カルルがこの提案を拒否し、その上、メアリーとの婚約破棄を申出て来たのに対し、ヘンリーは掌を反す様にフランス王フランソワ一世と手を結び、法王クレメンス七世に圧力を掛けて来ようとしたからである。

が、一五三七年、ローマはカルルによって掠奪《りやくだつ》の憂き目に遭ひ、法王領は完全にその支配下にあった。クレメンスにとってはフランスも怖いが、直接の支配者たるカルルの神聖ローマ帝国の方が遥かに怖く、ヘンリーの離婚について、法王は容易にこれを許さうとしなかった。かうしたクレメンス七世の好い加減な態度とその遣り口には、ヘンリー離婚に反対だったイングランドの支配階級もさすがに腹を立てた。一五二八年、枢機卿カンペッジョが法王使節としてイングランドに渡り、ヘンリーの離婚問題を処理する為、事もあらうにイングランド国内において宗教裁判を行はうとした。その申出に対してサフォーク公は拳《こぶし》を振上げ激しく卓を叩いて喚《わめ》いた、「ふざけるにも程がある、なるほど昔の諺は本当だ、未だ嘗て一人の法王使節も一人の枢機卿も、このイングランドで善を行った例《ためし》は無い。」確かにサフォーク公はイングランドの本能的とも言ふべきナショナリズムの代表者には違ひ無いが、彼、或は彼等より遥かに聡明で、しかもイングランドの良き伝統を身に附けながら、それぞれ相反する立場から、国王のこの離婚問題に端を発したイングランドのリフォメイションに対処した二人の人物を看過する訳には行かない。それは「ユートピア」の著者である大法官サー・トマス・モアと国王ヘンリーの補佐役トマス・クロムウェル卿である。

神聖ローマ帝国とフランス、この両国の宿怨は父王ヘンリー七世以来のものであり、それがまた八世王をも巻添へにした。といふより、ヘンリー八世は父王の消極的介入だけでは気が済まず、両国の争ひを逆手に取つてキャスティング・ヴォートを握らうとしたのである。最初はカルルと結び王女メアリーとの婚約を整へ（一五二一年）、フランスを叩き、更にフランスの分割を計らうとしたところ、既に勝利に酔つてゐたカルルはこれに応ぜず、メアリーとの婚約破棄を申出て来た。ヘンリーが王女メアリーをカルル皇帝に娶《めと》らせようとしたのは、勿論対仏政策を考へての事だが、もう一つの理由として、メアリーに女でありながらイングランド王位を継承し得る為の資格を与へてやらうとしてゐたからである。カルルの破約は下手をすると王位継承の内乱を惹起《じやくき》するかも知れぬ、ヘンリーは何よりそれを心配した。彼は直ちに暗闇から庶子を引きずり出して来てサマセット公に仕立て上げた。それでもなほ安心出来ず、カサリンを離婚して寵妃《ちようひ》アン・ブーリンとの正式結婚に嫡出男子出生の期待を懸けた。そしてカルルとの同盟を見限つた彼はフランスと手を結び、法王に離婚許可要請の圧力を掛けたのである。

が、時、既に遅く、その頃法王クレメンス七世は完全にカルルの手中に在つた。カルルはスペイン王カルロス一世としてスペイン的宗教改革の道を歩んでをり、ヘンリー八世と同様、ルターの反ローマとは明確に一線を画《くわく》し、教義の上では飽くまでカトリックでありながら、国権、王権を超える法王の世俗的権力を排する事に努めた。カルルはローマの頽

系図4

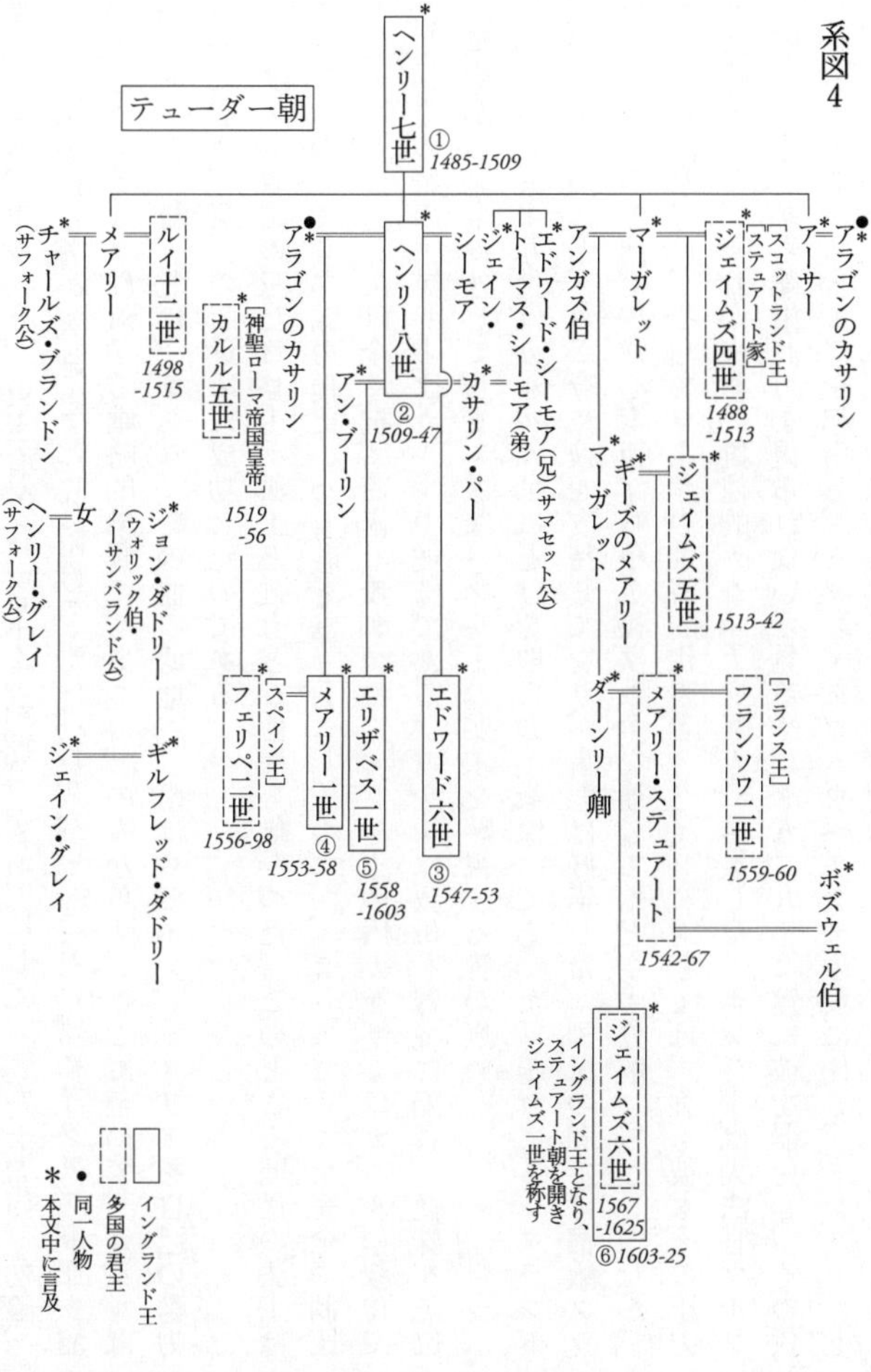
テューダー朝
ヘンリー七世* ① 1485-1509
アラゴンのカサリン●*
アーサー*
[スコットランド王 ステュアート家]
ジェイムズ四世* 1488-1513
マーガレット*
アンガス伯
エドワード・シーモア(兄)(サマセット公)*
トーマス・シーモア(弟)*
ジェイン・シーモア*
ヘンリー八世* ② 1509-47
アラゴンのカサリン●*
[神聖ローマ帝国皇帝]
カルル五世* 1519-56
ルイ十二世 1498-1515
メアリー
チャールズ・ブランドン*(サフォーク公)
ジェイムズ五世* 1513-42
ギーズのメアリー*
マーガレット
カサリン・パー*
アン・ブーリン*
女
ヘンリー・グレイ(サフォーク公)
ジョン・ダドリー*(ウォリック伯・ノーサンバランド公)
[フランス王]
フランソワ二世 1559-60
メアリー・ステュアート* 1542-67
ダーンリー卿*
エドワード六世* ③ 1547-53
エリザベス一世* ⑤ 1558-1603
メアリー一世* ④ 1553-58
[スペイン王]
フェリペ二世* 1556-98
ギルフレッド・ダドリー*
ジェイン・グレイ*
ボズウェル伯*
ジェイムズ六世* 1567-1625 ⑥1603-25
イングランド王となり、ステュアート朝を開き、ジェイムズ一世を称す
イングランド王
多国の君主
● 同一人物
* 本文中に言及

廃を救ふ為、軍を送り、史上有名な「ローマ刧掠《ごふりやく》」を恣《ほしいまま》にした（一五二七年）。勿論、これを単純に正義の天誅《てんちゆう》として片附ける訳には行かない。これは常にイタリア制圧を狙つてゐたフランスに対する戦略的措置でもあつた。のみならず、ここに至つて、カルルは西はドイツ一帯、北はオランダ、その他の低地方、南はスペイン、イタリアを自己の勢力圏内に収め、英仏の封込めに成功したのである。

クリスト教国の王たるローマ法王と雖もどう仕様も無かつた。このところ歴代の法王はフランスのヴァロア家の前にいつも戦こ兢《きようきよう》としてゐたが、ましてローマを完全に制圧したカルルに対しては全く抗する術も無かつた。ヘンリーの后カサリンはカルルの叔母であり、その娘のメアリーはカルルの従妹である。カルルは叔母を苦境に陥れ、従妹を王位継承権から完全に外してしまふ様なヘンリーの要求を黙視する筈が無い。

が、ヘンリー八世はカルル五世に退けを取らぬ「豪傑」であつた。それにイングランド国民のナショナリズムが今や彼を支持してをり、事態は好転した。国民の間では宿敵フランスに対する憎悪も警戒心も百年戦争と薔薇戦争を通じて殆ど空中分解してしまつたが、ローマに対しては、そしてローマの世俗的代表者スペインに対しては、誰も彼もその圧力に敏感であり、それが直ちに排他的ナショナリズムに結集した。ヘンリーは大法官ウルジー卿がローマから離婚許可を得られないと見るや、一五二九年、遂に彼を罷免し、その代りにサー・トマス・モアを起用し、トマス・クロムウェルを補佐役に任じ、クレメンス七世に対抗して、飽くまで自己の意思の貫徹とイングランドの主権確立の為の闘争を開始した。

## 第三節　トマス・モアとトマス・クロムウェル

しかし、トマス・モアはサフォーク公に代表される素朴なナショナリストとは固より、クロムウェルに代表される知的、合理的ナショナリストとも異り、クリスト教を基盤とするヨーロッパ共同体の伝統に拠り、その確立と結合の強化を目ざすインタナショナリストであつた。さういふ男になぜヘンリーは多大の期待を寄せたのか。なるほど、モアがインタナショナリストであり、法王の権威、権力は国王のそれを超越するものであると信じてゐるカトリック正統派であるが故に、却つてローマとの和解を促進し得るといふ面もある。また従来聖職者以外はその地位に就けなかつた大法官に、下院議員、ロンドン副長官の経歴を持つたモアを任命する事によつて、イングランド国内における聖職者の地位と権限を低下せしめようといふのがヘンリーの思惑であつたかも知れぬ。モアはクリスト教的ヨーロッパ共同体といふ観念を次の様な比喩によつて説明してゐる、「ロンドンは全イングランドにとつて、その一員に過ぎず、それと同様にイングランドは全クリスト教国の一員に過ぎない。」これは嘗てのロンドン副長官時代の経験から出たエコーでもあらうが、同時に全イングランドに対する首都ロンドン、及びその市民の思上りに対する批判であり、その批判を通じて彼はイングランドのナショナリズムと国王の反法王的、反聖職者的な思想を暗に批判したのであらう。

さうは言つても、モアをベケットの様な頑固で自己中心的な「正義派」と見做す事は出来ない。ベケットの様に法王の権威、宗教の普遍性を政治的に利用しなかつたといふ点では、モアはベケット以上の理想主義者だつたと言へようが、その半面、彼は自分の主張し目ざしてゐるクリスト教的ヨーロッパ共同体といふものが飽くまで単なる理想に過ぎないといふ事も充分自覚してゐた様に思はれる。彼の中の現実主義者はヨーロッパ共同体の伝統が諸国家の利己的なナショナリズムとそのマキャヴェリズムによつて崩壊に瀕してゐる現実を決して看過してはゐなかつた。そこから「ユートピア」のヒューマーと諷刺とが生れる。モアはエラスムスと親しく、エラスムスは自著「痴愚神礼讃」をモアに捧げ、その冗談や諧謔の通じない「生真面目な正義派」からこの書を守つてくれと頼んだ。「ユートピア」はそれに対する返礼、答礼として書かれたものと言はれてゐる。またモアは諸学芸を愛し、エラスムスを通じてドイツの絵描きホルバインと知合ひ、ホルバインはドイツを去つてロンドン郊外チェルシーにあるモアの邸に三年間も滞在した。その間、偶〻モアを訪ねて来たヘンリー八世の知遇を得、宮廷附肖像画家として迎へられ、終生イングランドを離れなかつた。

モアはヘンリーの政治的宗教改革に対し飽くまで宗教的に対抗したが、それは飽くまで人文主義者《ヒューマニスト》としてである。彼は知性人、教養人であつたが、同時に寛大なヒューモリストであり信念の人であつた。さうした複雑な性格から溢れ出る魅力が無ければ、ヘンリーは度こお忍びで親しくチェルシーまで食事に出掛けはしなかつたであらう。王のチェルシー通ひはモアを大法官に任命する前からであり、ヘンリーは本当にモアを尊敬し愛してゐたとしか思はれない。単なる懐柔策としてなら、国王にとつて他に幾らも有効な方法があつた筈である。チェルシーにおけるヘンリーはモアの首に腕を巻附け、相手を抱く様にしながら散歩を楽しみ、談笑に耽つたと言ふ。だが、モアはそれに甘えもしなかつたし、まして懐柔などされはしなかつた。或る時、さういふ主君と臣下との睦じい様子を見て安心した婿のローバーが、その後で国王のモアに対する格別の寵愛について喜びの言葉を述べると、モアは穏かにから答へたといふ、「ありがたい事だ、確かに王は私にとつてありがたいお方だ、私は信じてゐる、王はこの国の臣下のうちで誰にもまして私にお目を懸けて下さる。だがね、ローバー、これだけは言つておかう、私はそんな事で一寸もいい気にはなれないのさ、なぜと言つて、もしこの私の首を代《しろ》にフランスの城が一つ王の手に入るとなつたら、間違ひ無くこの首は消えて無くなるからね。」

法王から離婚許可書を獲得しようとする国王に対して、モアは全く協力しなかつたが、かといつて、それを責めもしなかつた。ただ大法官として精励し、国民の信望はますます高まつた。ヘンリーは離婚問題について、もはやモアを当てにはしなくなり、専らクロムウェルを頼りにした。勿論、クロムウェルは阿諛追従《あゆついしよう》の徒ではない。醸造、鍛冶《かぢ》、洗張り兼業の貧民の子として生れ、諸国を流浪して苦労を重ね豊かな経験を持つた彼はウルジーにその才能を認められて議会入りし（一五二三年）、間も無く小修道院取毀《とりこは》しの為の査察官となり（一五二五年）、ウルジーの推薦によつて国王の補佐役、私的相談係に昇進した。が、一五二九年のウルジー失脚により、彼の出世を嫉んでゐた徒輩の奸計によつて、ウルジーの巻添へにされさうになるや、彼は敵の意表に出で、王に実情を訴へ、再び議会入りし、最後には蔭で王と連携を保ちながらサマセット州トーントンの議席に収つた。が、早くも翌三〇年には国王評議府に入り、それから一年も経たぬうちに国政の枢機に参画するに至つた。

クロムウェルはモアとは対照的な現実家であり、徹底したナショナリストとして、ヨーロッパがもはやクリスト教的共同体とは言ひ難いもの、即ち力の均衡によるマキャヴェリ的世界に変貌しつつあるといふ事実にのみ著目し、それに即応する事を自己の行動の原理とした。イングランドは大陸の現実を直視せねばならない、イングランドの教会は大陸の専制君主の要求をではなく、自己の要求を反映せねばならない。クロムウェルはさう主張し、イングランド国王をイングランドの運命の最高決定者として、その至上権力を認める様に説き、著実にその目標に向つて国家経営に専念した。この点に関し、彼の措置は実に見事なものであつた。といふのは、彼はイングランドを大陸の君主の専制から救つたばかりでなく、自国の君主の専制からも救つたからである。彼が国王こそイングランドの運命の最高決定者といふ時、その国王は飽くまで議会の中における国王であり、国民の利益を代表する議会の意思を無視する事は出来ない。瞞著《まんちやく》と言へば瞞著であり、智慧《ちゑ》と言へば智慧である。そして、かういふ仕組は何もクロムウェルの発明ではなく、既に述べて来た様にイングランドの民族的慣習であり、彼はその認識と定著を計つただけの事に過ぎない。

インタナショナリストとして離婚に反対であつたモアも、ナショナリストとして離婚に賛成であつたクロムウェルも、直接にはこの問題に余り関与しなかつた。といふのは、ウルジー罷免以後、ヘンリー八世自身、ローマとの和解によつて事を解決しようといふ考へを半ば捨ててしまつたとしか思はれないからである。国王の離婚に法王の許可が是非とも必要であるが故にそれを要請して止まぬといふ事になれば、国権は宗権の下位に立つものである事を自ら容認した事になる。ヘンリーは多分さう考へたのであらう。ローマの権威に挑戦する最上の方法はローマを無視する事であり、法王の許可無くして禁制の離婚を断行するに限る。ここまで来れば、離婚は宗教改革といふ名の対ローマ戦略の為の単なる一環に過ぎない。ヘンリーが次こに打出した一連の法令の跡を辿つて見ると、さうとしか解釈出来ない。

一五三二年に出された聖職者初収入禁止令は、それまで直接ローマ法王庁に収めてゐた聖職者の初収入、或は教会の年間収入をイングランドの国庫に収める様に改めたものである。これによつてイングランドの教会は経済的にイングランド国家組織の中に組入れられ、ローマと絶縁、独立した。更に翌一五三三年の上告禁止令は、従来、聖職者が国内裁判の判決に不満な場合、ローマに上告し、法王庁の判決によつて無罪とされる場合が屢こあり、法王庁が最高裁判所の役割を演じて来た訳だが、その上告権を廃し、聖職者であらうと何であらうと、すべての事件はイングランド国王の裁判所によつて裁かれ、その判決を最終決定とする様に改めたものである。これによつてイングランド国民は聖俗を問はず完全にイングランド国法に随はねばならず、法律的にローマから独立する事になつた。しかも、この年、ヘンリーは別居中のカサリンと離婚し、アン・ブーリンと正式に結婚してゐる。これに対してクレメンス七世はヘンリー八世の破門を以て応じた。

ヘンリーは少しも痛痒《つうやう》を感じなかつた。寧ろ思ふ壺であつたかも知れない。破門によつて彼は縛《いまし》めを解かれ、事実上イングランド教会の最高権力者たる保証を得た様なものだからである。彼はその確認を求めるかの様に、翌一五三四年、国王至上令の成立を促した。今先の二つの法令がローマからのイングランドの経済的、法律的独立であつたとすれば、今度の至上令は政治的独立の保障と言へようが、考へて見れば、これは何も改めて立法の必要の無い既得権と言ふより既成事実であつた。離婚断行以後は猶更の事である。ただその既成事実をとかく曖昧にし、時には危くして来た法王の初収入取得権と法王庁への上告権が問題なのであつて、それを否認してしまつた以上、対内的にはもはや問題は無くなり、至上令の追討ちを掛ける必要は無かつた筈である。

殊に拙《まづ》いのはその附則として、王権を否認した者を死刑に処するといふ反逆罪の一項目を設けた事である。この悪法は次王エドワード六世の時、保護卿サマセット公によつて廃止されたが、その最初の犠牲者がトマス・モアであつた。ヘンリーは離婚問題が表面化して以来、何とかしてモアの同意を得ようと努力した。それも政治的な懐柔策としてではなく、自ら忠実なカトリックとして、誰よりもモアに精神的、神学的な支へを求めたのではなかつたか。が、モアは遂に同意を表明しなかつた。ヘンリーの執拗な訴へに対して、モアは明白な拒否こそ示しはしなかつたが、専ら沈黙を以て応じるだけで、ヘンリーも遂に諦め、モアとの接触を避ける様になつた。聖職者初収入禁止令の成立した一五三二年、モアは大法官を辞任した。それは宗教改革議会（一五二九—三六年）が国王の要請に屈したア事に対する抗議の表明であつた。そこまではよかつた、が、モアは翌三三年に行はれたアン・ブーリンの戴冠式にも出席せず、その翌年の一五三四年、アンの生んだ女子に王位継承権を認めるといふ議案に対しても賛意を表明しなかつた。これが国王至上令附則の反逆罪条項に触れ、モアは遂にロンドン塔に閉ぢ籠められた。処刑が行はれたのは翌三五年七月七日である。

宗教改革議会が国王の要請に屈したといふモアの非難は、彼の世界観からすれば当然の事である。しかし、たとへ国王の強権に屈服し、その至上権を認めたとしても、それが議会の承認のもとに初めて行はれたといふ事は見逃し得ぬ重要な事実である。それは議会の承認なくしては如何なる国王も強権を発動出来ないといふ事である。この様に立法府としての議会の機能が強化され、その自覚を促されたのは、他でもない、この宗教改革議会を通じてであつた。国家的独立が真の目的であつたイングランドの宗教改革は、議会を通じて推進されねばならぬと王に進言したのは、実はトマス・クロムウェルであり、モアがローマとの絶縁と見做して反対した幾つかの法令の立案者もやはりクロムウェルであつた。ナショナリストとしては当然であるが、彼のナショナリズムは必ずしも絶対君主制には繋らず、表向きは王の補佐役、代弁者として専ら王権拡張に努めはしたものの、彼の狙ひは王権を利用して国権を強化する事であり、随つて王権即国権に転化する歯止めとして議会の機能の確立とその運営の合理化に専念したのに過ぎない。少くとも結果としてはヘンリー八世はクロムウェルの思ふ壺にはまつたと言へよう。

尤もヘンリーは即位当初、議会、特に平民院には手を焼いた。政府提出の法案は屢〻拒否され、却下された。が、宗教改革議会を通じて七年間、八回の会期に亙る討論は、議員の経験を豊かにした。しかも、宗教改革を口実にしながら宗教をそつち退けにし、ひたすら国家的独立の栄光を目ざす作業において、人〻は改めて議会の中における国王に連帯感を持つ事が出来た。形式的にもせよ、平民院が独立したのはこの時期以後である。

議会の外でも、しかも議会の保証の下に宗教戦争は続いてゐた。例の初収入禁止令と呼応して、ヘンリーは修道院の解散、取毀しを仮借無く推進した。一五三五年には全国に査察官を派遣し、修道院長や修道士の素行を調査せしめ、その不行跡を摘発し、翌三六年、小修道院解散法を制定し、特に力の弱い小修道院を解散せしめた。目的は言ふまでもなくその財産の国庫没収と聖職者の孤立化にある。これによつて三百七十六の小修道院が解散の憂き目に遭ひ、一万名の失職者を出したが、政府はお蔭で年間三万二千ポンドの収入を得た。また大修道院に対しては、自発的解散を勧め、拒否すれば反逆罪を適用し、これを没収した。更に一五三九年、大修道院解散法を成立せしめ、目的完遂を計つた。これによつて自発的に、或は強制的に解散せしめられた大修道院の数は約二百、ほぼ八千の修道士が追放された。そしてこれらの土地は王室の財政逼迫《ひつぱく》のため売却されたが、大部分は新興の金持や市民の所有に帰し、その意味では、宗教改革の一環としての修道院没収は絶対王制の強化よりは近代市民社会の形成とその助長に寄与したのである。

イングランドの、或はヘンリー八世の宗教改革が大陸のそれとは全く異り、教義や信仰と何の関係も無い近代国家への脱皮の為の政治的ナショナリズムに過ぎぬといふ、もう一つの証《あか》しは一五三九年の六箇条令である。これによつて、イングランドもその国王も信仰の上では飽くまでカトリックである事が自ら何の躊《ため》らひも無く表明されたと言へよう。パンと葡萄酒《ぶだうしゆ》とをクリストの肉と血とに変化させる全質変化、告解、聖職者の独身などに疑問を懐き、それを否定する者は死刑に処せられると明記されてゐる。事実、金曜日に肉食した為に絞首刑に処せられた者もあり、プロテスタントの火刑は当然の事とされた。

ウルジーはアイルランドに殆ど関心を示さなかつたが、ヘンリーは一五三四年、アイルランドの議会にイングランドの方式を強制し、更に法王依存のこの国の貴族の一人に過ぎぬ現状には我慢出来ず、議会がヘンリーをアイルランド王として、且つアイルランド教会の長として仰ぐ事を要求し、アイルランドはその申出を受容れた。その代り、ヘンリーは、アイルランドの自治を認め、族長達には土地を分ち与へ、貴族に列せしめた。かうしてアイルランドとの関係は友好的に展開し、一五四二年、ヘンリーがスコットランドに遠征を試みた時、アイルランドは兵士を送つて彼を助けた。

一方、スコットランドに対しては、ヘンリーは寧ろ威圧政策を以て臨み、ジェイムズ五世（在位一五一三―四二）が事実上、神聖ローマ帝国皇帝カルル五世の人質同様の立場にあるのを見て、スコットランドに対するイングランドの宗主権を改めて主張し、反ローマ戦争の身方に引入れようとしたが、当時のスコットランド貴族は親英派と親仏派に分れて互ひに抗争し、五世王の后はフランス人、ギーズのメアリーであつたので、ジェイムズ自身はイングランドと友好関係を保たうと欲してゐたにも拘らず、メアリーを擁する貴族達に押し切られ、一五四一年、両者は戦争に突入した。翌四二年、ヘンリーはジェイムズを破り、それから一週間後、ジェイムズは急死した。次いで四三年、スコットランド内の親仏勢力を抑へる為の最も平和的方法として、第三の妻、ジェイン・シーモアとの間に出来た六歳の世嗣ぎエドワード（後の六世王）と未だ満一歳にもならぬジェイムズ五世の王女メアリー・ステュアートとの婚約を整へようとしたが、スコットランド側はヘンリーに併合の野心ありと見て、これを拒否した。ヘンリーはフランスのスコットランド介入を警戒し、直ちにカルルと結んで、フランスに兵を進め、四四年九月、ブーローニュを占拠したが、またもやカルルが同盟を裏切り、フランス攻略を中止したので、ヘンリーも止むを得ずフランスと和を結ばざるを得なくなつた。

ヘンリーは外交、戦争においては全くの失敗者であつた。彼が成功したのは宗教改革といふ名の独立戦争によりイングランドをヨーロッパ最初の近代国家として樹立した事と、その切掛けになつたカサリンとの離婚を手始めに五度の離婚と六人の妻を迎へた事と、この二つである。しかも、皮肉な事にその最大の協力者クロムウェルは、最大の対立者モアと同様、ヘンリーの命によつて処刑されてゐる。

一五三六年、クロムウェルはイングランド教会の長としての国王代理人に任命された。それに彼自身位、人臣を極めたと言ふべきであらう。当然、その出世を嫉む敵を作つた。それに彼自身の信仰に聊《いささ》か疑はしいところがある。反ローマとナショナリズムといふ点では国王と同じ立場にあつたが、彼は単に反ローマであつただけではなく、反カトリシズムであつたと思はれる節が無いでもない。一五三三年から二三年の間、フランスとスペインとの同盟がイングランドを脅してゐた時、クロムウェルはヘンリーの最も嫌つてゐたルター派のドイツ諸侯を利用して、二大カトリック国に対抗しようとした事があり、また一五三九年に六箇条令が議会を通過した直後、ドイツのクレーフェ公ヨハンの娘、即ちクリーヴズのアンをヘンリーの四番目の妻として迎へ入れた。が、ヘンリーはその醜貌を嫌ひ、その上、ドイツ諸侯との軍事同盟などもはや必要ではないと考へてゐたばかりか、事態がこのまま進行すると、単なる反ローマが反カトリシズムの勢力と結び附きかねぬといふ不安を懐いた。クロムウェルの敵達はこの機会を逃さず、教会の長としての国王の代理人が異端であると讒言《ざんげん》した。ヘンリーはそれを聴入れ、一五四〇年七月二十八日、クロムウェルを斬首刑に処した。

〔補遺〕エドワード六世・メアリー一世

エドワード六世（在位一五四七—五三）とメアリー一世（在位一五五三—五八）とがイングランドに君臨した僅か十一年半の年月は聳《そび》え立つ二つの巨峰ヘンリー八世とエリザベス一世との間を繋ぐ尾根の様なものである。十歳に満たずして王位に即き、殆ど病床に在つて保護卿サマセット公、ノーサンバランド公の言ふなりになつてゐたエドワードについて、或はジェイン・グレイを即位後九日で蹴落し、父王ヘンリー八世の達成した宗教改革の偉業を次〻に覆して、三四年の間にプロテスタント三百人を火刑に処するといふ平和時の英国史上最大の暴挙を行つて「血にまみれたメアリー」といふ綽名を貰つたばかりか、全国民の反対を押切つてスペイン王フェリペ二世と結婚し、イングランドをスペインの属領化したカトリックのメアリーについて、程度の差こそあれ、殆どすべての史家が非難の言しか述べてゐない。尤もエドワードについては、自らは何もしなかつたのであるから、非難は専ら二人の保護卿に向けられる。またメアリーについても、中にはもしこの女性があれほど深い信仰心を持つてさへゐなかつたなら、「血にまみれたメアリー」の綽名の代りに「血も涙もあるメアリー」といふ称号が贈られたかも知れぬと言つてゐる。

いづれにせよ、歴史上のヒーローやヘローインは持つて生れた器量や性格よりも、半ば以上はそれぞれの時代や環境によつて振附けられ押附けられた「役廻り」に左右される。すべては「巡り遭はせ」である。彼等は平凡人よりも選択の幅が狭い。ヘンリー八世とエリザベス一世とを二つの巨峰と呼んだが、それは中世と近世とを融合させ、リフォメイションとルネサンスとを一つのものとして同時進行させ、ナショナリズムとインタナショナリズムとを楯の表裏の如く分ち難いものとして完成させるといふ共同作業を親子で行つたのであり、その意味では二人は同じ裾野《すその》を持つ一つ巨峰、一つ山塊と見做さるべきである。そしてエドワード六世、殊にメアリー一世の失政は、その一大事業完成の為の時間稼ぎとしての整理期、準備期であつた。エリザベスがメアリーの代りにエドワードの跡を継いだとしたら、恐らくエリザベス朝の開花は見られなかつたであらう。エリザベスが宗教に無関心であり、殆ど信仰心無き女性だつたと言はれてゐるが、それは深い信仰心が、或はその表明が国王にとつて、特に女王にとつて、如何に悪しき結果を齎すかを、姉のメアリーがとくと見せて置いてくれたからではないか。

改革無き宗教改革の果実たるイングランド国教は確かにエリザベス時代に完成されたと言へようが、それは聖職者を薙《な》ぎ倒した父ヘンリーの分銅を、メアリーがもう一度カトリック的反動によつて逆振りして置いてくれたからこそ可能になつたのである。メアリーのカトリシズムはプロテスタントを震へ上らせた以上に、この国の伝統的信者たるカトリックに、追ひ詰められた篤信が過つて狂信に変貌する恐しさを教へたに違ひ無い。

またメアリーが夫のスペイン王の野心に媚《こ》びて対仏戦に巻き込まれ、フランスにおける唯一のイングランドの橋頭堡カレーを失つた事も、ヘンリーの遺業を継いだエリザベスに幸ひした。イングランドは今や国を挙げて求心的に自国の事に専念し、国外勢力と完全に手を切つて自国の平和を守つてくれる強力な君主の出現を迎へようとしてゐたのである。スペインの属領化したメアリーの時代の屈辱も、後に父王ヘンリーの創建した艦隊によつてスペインの無敵艦隊を撃滅するといふエリザベスの栄光の為に用意された食慾増進剤の如き役割を果したとも見られよう。

# 第八章　英国の球根・エリザベス一世

## 第一節　その天性と運命

エリザベス一世（在位一五五八—一六〇三）は十七歳年上の異母姉メアリー一世の跡を継いでイングランドの王位に即いた。未だ三歳に満たぬ時に母アン・ブーリンが姦通の罪によつて処刑されたが、如何に生後三箇月にして母から離れ弟エドワードと共にカサリン・パーの手に育てられたとはいへ、母親の処刑が、この特に感じ易い幼女に何の影響も与へなかつたとは考へられない。弟のエドワード六世の即位はエリザベス十四歳の時であり、姉メアリー一世の即位は二十歳の時である。エリザベスは人格、教養を兼ね備へたカサリン・パーの膝下《しつか》にあり、自分が王位に即く事など夢にも考へてゐなかつたに違ひ無い。一五四四年の法令で父ヘンリー八世の王位継承者はエドワードかメアリーの子（男性）と定められてゐた。メアリーはヘンリーの最初の后カサリンの娘であり、エドワードは三度目の后ジェイン・シーモアの息であるが、エリザベスは二度目の后アンの娘であつて、同じ女性であつてもメアリーよりは王位継承権から遠く、母后の順位ではエドワードより優位にあつても男性のエドワードとは勝負にならない。エリザベスはカサリン・パーを第二の母として、ひたすら古典的学芸に専念してゐた。ギリシア語、ラテン語、フランス語、イタリア語を習得し、後にはスペイン語まで自由に操る様になつた。イングランド独特の宗教改革といふ名の内政、外交に巻き込まれなかつた事は勿論、一般的な意味での宗教改革の精神は聊かもこの女性に影響を与へず、エリザベスは飽くまで古典と人文主義のルネサンスの子であつた。

一方、政治的闘争の暗影は母の処刑ばかりでなく、メアリー一世が即位の翌年スペインのフェリペ二世との婚約を公表した時、イングランドがカトリック国スペインの属国となる事を嫌つて謀反を起したサー・トマス・ワイアットがエリザベスを担《かつ》ぎ出さうとした為、エリザベス自身がこの謀反の中心人物ではないかといふ無実の嫌疑を懸けられ、一五五四年三月、ロンドン塔に幽閉された事がある。スペインは強硬にエリザベスの処刑を要求したが、証拠が全く無いので、二箇月後、塔から出され、サー・ヘンリー・ベディングフィールドの監視下に軟禁された事があり、一年後に漸く自由放免になつた。エリザベスも一度は断頭台に上る事を覚悟したのである。またメアリーがフェリペ二世と結婚して以来、国王評議府も議会も、イングランドをスペインとローマから独立させてくれる救世主として、挙《こぞ》つてエリザベスに期待を寄せた。人とはエリザベスがプロテスタントであると思込んでゐたからである。が、さう考へるのは単純過ぎよう。メアリーのプロテスタント弾圧がエリザベスをカトリック嫌ひにしてゐた事は殆ど疑ひを容れ得ぬ事実である。が、それはカトリックの教義とは何の関係も無い。或る史家はエリザベスの道徳的良心とその寛容の美徳をこの上なく評価しながら、宗教には何の関心も持たぬ、そして政治から宗教を閉出さうとした政治的天才しか見ようとしない。なるほど、エリザベスはルネサンスの子である。が、それは伝統的信仰と必ずしも矛盾はしない。政治から宗教を閉出さうと慎重に尽力した事は事実であるが、それも必ずしもエリザベスの無宗教、反カトリシズムを意味しはしない。いづれ後述するが、その治世中、エリザベスはカトリックよりもプロテスタントに手を焼き、前者よりも後者に辛く当つてゐる。

確かにエリザベスはイングランドが生んだ最高の政治的天才であつた。更に正確に言へば一個の天才であつたが、それよりは寧ろシェイクスピアの天才によつて作られた「リア王」や「テムペスト」の如き名作と同じく、造物主といふ天才によつて作られた「国王」の名作と言ふべきであらう。そして玉座に即くまでの二十五年間、政治的権力から全く遮絶され日蔭者として過しながら、一度は処刑の危機に遭ふといふ如き、謂はば消極的な形で現実政治の渦中に引込まれる吸引力に絶えず働き掛けられてゐたのだが、それがエリザベスを何よりも先づ人間通にしたのであり、その政治的天才の基底には勝負師的駆引の技術を以てしては到底読切れぬ本能的な人間洞察力が働いてゐた。利己心と愛情、私と公、冷酷と激情、峻厳と優しさ、懐疑心と信念、不信と愛、遊びと誠実、浮気と本気、コケットとシャーマン、現実家と理想家、ナショナリストとインタナショナリスト、君主と民主主義者、プロテスタントとカトリック、宗教改革者と人文主義者、政治家と芸術家、これら常人においては相容れない対立する両面を、二重人格者の如き分裂を破綻無しに兼ね備へてゐたのがエリザベスである。他人の心の窓をこじあけ、覗き見する事はしたくないと自ら語つたこの女性は、自分の本心を他人に見せようとはしなかつた。若年においては、それは或は意識的に努めた事であつたかも知れぬ。が、円熟して後は、極く自然の心の働きであり、女王は時と場合と相手によつて種〻の仮面を使ひ分けながら、己が人格の一貫性を、極く自然に保ち得た名優、即ち最初の近代人であつたと言へよう。

エリザベスにおいては、大事の場合、才能と運とが表裏同居し、運を掴む才能があつたのか、偶〻運よく事が運び、恰もそれが才能によるものの如く見えたのか、判定し難い事実が余りにも多過ぎる。動機と結果との関係においても同様の事が言へる。偶〻思附いた事が予想外の成果を挙げたり、専ら私利を目ざして行つた事が公益に通じたりする事が間〻ある。さういふ時、人は正しき、或は良き動機を懐いて、所期の結果を生んだと思込んだり、さう自己欺瞞したりし勝ちなものである。が、エリザベスの心意と行動においては、さういふ疑ひを入れる隙間が殆ど無いほど見事に両者が溶合してゐる。

例へば狂信的なカトリックで、自分に敵意を懐き続け、自分の跡を襲ふ唯一の資格を持つスコットランド女王メアリー・ステュアート（在位一五四二―六七）が、プロテスタントの貴族達によつて廃位され監禁された事があるが、エリザベスはその脱走に力を貸し、イングランドに招いて厚遇した。その後メアリーはイングランド内のカトリックを煽動《せんどう》してエリザベスの廃位を企《たくら》んだが、それにも拘らず、エリザベスはメアリーを監禁しただけで、殆ど国を挙げての処刑要求を卻け、脱走後約二十年、メアリーの命を守り続けた。そして遂にその処刑に踏切つたのは、もうこれ以上、重臣達の諫言《かんげん》を抑へ切れないと観念した時であり、カトリック国スペイン王のフェリペ二世のイングランド襲撃を目前にした時である。或はメアリーの処刑がフェリペにイングランド攻撃を決意させたとも言へる。結果としては、スペインに対するイングランドの敵意、戦意は決定的なものになり、平和愛好者エリザベスは全国民の支持を得て対スペイン戦の総指揮官になり、そして相手方に再起不能の打撃を与へ、エリザベスの栄光と信頼は最高潮に達した。

　この場合、メアリー処刑の時期決定は結果から見れば最も効果的であつたが、それをエリザベスが意図的に計量してゐたかどうかは解らない。言へる事は恰も意図的に計量してゐたかの如き最適の決断であり、それまでの不決断まで効果的に働いたといふ事だけである。動機と結果、心意と行動との間に隙間が無い所以《ゆゑん》である。エリザベスは自分の心を他人に覗かせなかつたばかりでなく、自分にも覗かせなかつたに違ひ無い。或は神にだけ覗かせてゐたのかも知れぬ。その計量し尽されたかの如き行動が実は甚だ衝動的であつて、結果が巧く行けば、それは天衣無縫にも見える。やはり慎重と無策、細心と大胆との間に紙一枚挿込む隙間が無いと言ふしか言ひ様が無い。

薔薇戦争が玉座に近い大貴族の消滅を促し、封建諸侯の力と権威とを弱めた後、テューダー朝最初の国王ヘンリー七世は専ら対内的秩序の恢復に努めたが、それは国王と国民との間に介在するあらゆる権力の排除を意味するものであり、もし薔薇戦争が無かつたなら、如何なる名君も、如何なる暴君も、これを達成し得なかつたであらう。国王と国民とを直結せしめる諸機構の整備は、その両者の協力によつて国家を形成するといふ近代民主主義の自覚を必要とした。それはナショナリズムと同時にまた個人主義の確立を齎《もたら》した。好運なる国王エリザベスはその祖父の遺産をすつかりそのまま譲り受け、更にそれを確実なものにしたのである。

ローマ、及びフランス、スペインの二大カトリック国との対外政策においては、父のヘンリー八世と姉のメアリー一世との、それぞれプラスとマイナスの相補作用のお蔭で、エリザベスは容易にイングランドの独立と国教の成立を完遂し得た。

女王は即位の翌年、即ち一五五九年に、メアリー一世によつて廃せられた国王至上令を復活した。同時に教式統一令によつて国教的儀式の徹底を計り、エドワード六世治下に採用され、メアリー一世によつて廃せられた英語の祈禱書の使用を恢復した。が、ヘンリー八世の時とは異り、ローマとの決定的な決裂、即ち破門は十一年後の一五七〇年であり、ピウス四世（在位一五五九—六五）もピウス五世（在位一五六六—七二）も容易に決断を下し得なかつた。その最大の理由は二大カトリック国、スペインとフランスとの対立に、緊張が激化した事にある。

メアリー一世の夫であつたスペインのフェリペ二世は、イングランド国民の予期に反して反ローマのエリザベスを援助したばかりか、国王至上令復活といふ彼にとつては最も望ましからぬ措置の後、それにも拘らず、新女王を支持し、多くの求婚者達と競つて自らも名乗りを挙げてゐる。エリザベスはあらゆる求婚者を態よく断つて、独身を守り通したが、そのままでは当然イングランド王位はスコットランド王に嫁した伯母の孫に当る現スコットランド女王メアリー・ステュアートの手に渡る事になり、しかもメアリーはフランス王フランソワ二世（在位一五五九—六〇）に嫁してゐる。フェリペ二世にとつてイングランドは必ずしも必要ではないが、それがフランスの支配下になる事は到底我慢し得る処ではない。姉の前王メアリー一世と同じく、エリザベスも自分の妻として迎へ、イングランドをスペインの属国として保持し続けようとしたのである。

エリザベスが生涯独身を守り続けた理由は色こあらうが、国内においては有能な寵臣セシル、レスター、エセックスなど、すべてに等分の「期待」を持たせて置かねばならず、同様に対外的にも諸外国に、殊にカトリック国であり、直接の脅威を受け易い隣国であるスペインとフランスとに対してはひたすら平衡を保たねばならなかつた事実を無視する訳には行かない。フランスはメアリーのスコットランドと一体化してをり、さうでなくとも絶えずスコットランド及び辺疆《へんきやう》貴族を唆《そそのか》してイングランドの裏口攪乱を策し続けてゐる以上、改めて警戒するまでもない明白な敵である。が、メアリー一世の死によつて漸くスペインの属領から脱し得たイングランド国民はフェリペ二世の媚笑《びせう》外交を何よりも恐れた。そのナショナリズムは固く腕を組んでエリザベスの身を衞つた。勿論、エリザベスにもその誘ひに乗る気は毛頭無かつたし、国民も自分達の敬愛する女王がその様な裏切りをしようとは夢にも考へてはゐなかつた。ただフェリペの懐柔策がイングランド国民の団結と忠誠を強めるのに大きな役割を演じただけの事に過ぎない。しかし、一方では自分達の女王に後継者の無い事に対する不安から彼等は免れ得なかつた。一五六二年、エリザベスが病床に倒れた時、国王評議府、議会は固より、一般国民の不安は正に極点に達した。そして病床から立直つたエリザベスは改めて臣下の忠誠を確保し得たのである。

## 第二節　スコットランド対策

一五五八年十一月にエリザベスがイングランド王位を継ぐまでは、この国が事実上スペインの属国であり、スペインを通じてローマの支配下にあり、即位の翌年の国王至上令の復活にも拘らず、フェリペ二世もピウス四世も直ちに対抗措置を採らなかつたばかりか、若い女王を戴く海の向うの小国を何とか懐柔し得ると考へてゐた。さういふ甘い考への根拠として、彼等がスコットランドを利用しようとしてゐたといふ事も無視出来ない。なるほど、スコットランド女王メアリー・ステュアートはフェリペの宿敵フランス王と結婚してはゐるが、スコットランドは数世紀に亙つて常にイングランドの宿敵であつた。フランスは常にそれを利用して来ただけの事である。フェリペもフランスがイングランドを属領化する事を虞れはしたが、イングランドに対するスコットランド人の抵抗意識をスペインの為に利用出来れば、これに越した事は無いと考へてゐたに相違無い。

しかし、ローマにとつては、スコットランドは決して有力な武器ではなかつた。スコットランド人の反ローマ感情はイングランド人のそれが政治的であるのと異り、遥かに宗教的なものであつた。国内のローマ教会の腐敗に人〻は愛想を尽かしてゐた。スコットランドの女王メアリーは早くからヴァロア朝の教育を受け、夫と共にフランス王室に在り、母のフランス人ギーズのメアリーが摂政としてスコットランドを支配してゐたが、ローマはこの細い一本の鉤針《かぎばり》によつてスコットランドと繋つてゐたに過ぎない。その鉤針が折れれば、ローマ自らは何も為し得ない。が、さうなれば、スペインがローマに代つて何でも為し得る可能性が生じるかも知れぬ。なぜなら、フランスもまた同じ鉤針によつてスコットランドと繋つてゐたのであり、それが折れればスコットランドをイングランドの後方攪乱に利用する事は殆ど不可能になるからである。

いづれにせよ、その一本の鉤針が折れる時がやつて来た。エリザベスの国王至上令復活と同じ一五五九年、ジョン・ノックスの宗教改革はパースに端を発し、偶像破壊を手始めにスコットランドの全都市を席捲した。彼はグラスゴー大学の出で、一五四六年のフランスの占領時、反仏のプロテスタント貴族に擁され、反カトリックの立場から抵抗運動を行つたが、直ぐに捕はれ、ガリー船の奴隷となつた事がある。エドワード六世の口添へによつて放免されたが、メアリー一世の即位後、ジュネーヴに亡命し、数年間のうちにすつかりカルヴァンに洗脳され、帰国したのが、一五五九年であつた。彼の指導した宗教改革は、他の諸国のカルヴァン派と異り、弾圧に屈せず、武器を以て起ち上つた。しかし、彼等は先王の未亡人であり摂政でもあるギーズのメアリーを中心とするフランス正規軍に対して、長期抗戦するだけの力も組織も戦術も無く、プロテスタント側の敗色は漸く濃くなつて来た。

エリザベスの寵臣、聡明なセシルはこれをまたと無い好機と考へ、女王にスコットランド内乱への介入を進言した。勿論、宗教といふ大義の為ではない。スコットランドからフランスを蹴落す為である。エリザベスは断を下した。イングランドの艦隊はフォース湾を襲ひ、陸兵はリースの手前でスコットランドのプロテスタントと合流し、偶こ摂政メアリーの死亡といふ事もあり、難なく勝利を博した。かうして一五六〇年七月に結ばれたエディンバラ条約によつてフランス軍は遂にスコットランドから撤退した。

しかし、スコットランド国内が平穏に帰する為には、力学的反動としての揺戻しをもう一度必要とした。フランス王室に在つたメアリー・ステュアートが夫のフランソワ二世病死の後、一五六一年、ヴァロアの寵臣や貴婦人の一群を引連れ、摂政無き後のスコットランドに乗込んで来た。スコットランド女王である以上、当然の事ではあるが、この女王はスコットランドの国王である前にカトリックであり、結果としてはフランスとローマの傀儡でしかなかつた。女王と国民との分裂・対立は火を見るよりも明らかであつたが、この女王の帰還はエリザベスの身辺にまで波及した。ヘンリー八世庶出のエリザベス女王を退位させ、八世王の姉のマーガレット、即ちテューダー朝開祖の七世王の長女の孫にしてその正統なる後継者メアリー・ステュアートにイングランド王冠を戴かせようといふ企みが燻《くすぶ》り始めた。スコットランドのプロテスタントは自分達の国王がイングランドの王冠を手にする事に何の文句も無かつたらうが、ただそれによつてカトリック女王メアリーの勢力が強化される事を何より恐れた。が、メアリーの方はイングランド北方のカトリック的封建貴族と結び、ハンバー河以北を支配下に置かうとして常に虎視眈眈《こしたんたん》としてゐた。エリザベスはその挑発に乗らぬ様、慎重に構へ、ひたすらイングランドの内政に力を注いでゐたが、メアリーの野心に対しては片時も警戒を怠らなかつた。

一方、未亡人メアリーの野心には処女エリザベスの慎重が全く欠けてをり、メアリーは忌はしい事件を相次いで起した。フェリペ二世の子、スペインの王位継承者、オーストリアのドン・カルロスと結婚しようとして果さず、今度は掌を翻す様に、自分には再従弟《はとこ》に当る、ヘンリー七世の曽孫ヘンリー・ダーンリー卿と結婚したが、二年後の一五六七年にはダーンリーの奇怪な死によつて再び未亡人となつた。ダーンリーは薄弱な性格の持主で、ただ母マーガレット（前記マーガレットの娘）が彼をメアリーと結婚せしめる事によつて、エリザベスの後のイングランド王位を狙つた政略結婚の犠牲者に過ぎず、メアリーには嫌はれ、メアリーもまたこの結婚によつてプロテスタント貴族との間の軋轢《あつれき》をますます激しいものにしてしまつた。ダーンリーの死は夫婦の不仲に附込みメアリーと親密になつたボズウェル伯の謀殺と見做されてゐる。しかも、さういふ噂が盛んに撒き散らされてゐる最中、即ちダーンリーの死後三箇月にして、メアリーは性急にもボズウェルと結婚してしまつた。ここに至つてプロテスタント貴族を中心とする反メアリー派は直ちにメアリーの廃位を決定し、満一歳のその子をジェイムズ六世としてスコットランドの王座に即け、メアリーを名のみの摂政となし、その身柄を監禁してしまつた。が、その翌六八年、メアリーはエリザベスの助力により脱出する事が出来た。

エリザベスの助力により脱出し、エリザベスの懐《ふとこ》ろに翼を休めたメアリーは、恩を仇で返す様に辺疆封建貴族のカトリック達を煽動し、エリザベスの廃位をもくろんだ。一五六九年のノーサンバランド公、ウェストマーランド伯の反乱、翌七〇年、七一年と二度に亙るノーフォーク公の反乱がそれである。それらの事件に呼応するかの如く、法王ピウス五世は一五七〇年、遂にエリザベスを破門した。その背後には陰に陽にスペイン王フェリペ二世の働き掛けがあつた事実を無視する訳には行かない。初めエリザベスに言ひ寄つて失敗したフェリペは、フランスと全く絶縁したメアリー・ステュアートに目を附け、これをイングランドの王位に即ける事によつて、スペインは再びこの島国を属国とし、フランスに対抗しようと考へたのである。七〇年のノーフォーク公の反乱は、メアリー・ステュアートとの結婚を計つたといふ程度の極く私的なものに過ぎなかつたが、彼は直ちに投獄された。しかし、脱走してフェリペ二世と通じ、今度は露はにエリザベス打倒のカトリック「十字軍戦争」を起さうとしたのである。

エリザベスはどの反乱に対しても敏速に対応し、緒戦でこれを破り、或は投獄し或は処刑した。それにも拘らず、諸この禍ひの根源であるメアリーに対しては、エリザベスは依然として寛大であり、ノーフォーク公の陰謀に際して議会が上下を挙げてメアリーの処刑を要求したにも拘らず、エリザベスはなほ彼等を拒否し続けた。ところが、嘗てメアリー・ステュアートの小姓であつたカトリックのバビントンといふ男がイエズス会系の秘密結社の一員として大陸に渡り、一五八六年、密かにメアリーからの密使に頼まれ、エリザベス暗殺をもくろむに至つた。幸ひにして寵臣ウォルシンガムのスパイによつて事は未遂に終りはしたものの、ここに至つてエリザベスも漸く決心し、メアリーを監禁、国民の厳しい要請に応じて、翌八七年、止む無く処刑に踏切つた。メアリーの庇護者フェリペ二世のスペインとの開戦が迫つてゐたからである。

## 第三節　対スペイン戦争

が、史上名高いスペイン無敵艦隊との決戦は、実は父王ヘンリー八世が用意しておいてくれた世界最初の近代的海軍といふ遺産あればこその成功であつて、勝敗は初めから分つてゐたのである。無敵艦隊の名は寧ろイングランド側にふさはしきものであらう。その指揮者フランシス・ドレイクは水夫見習から後に騎士の称号を授けられるに至つたが、一五七〇年頃にはエリザベスから拿捕《だほ》私船の特許状を与へられ、西インドのスペイン領を荒し廻つた「国王」海賊船の船長に過ぎなかつた。その後も七七年、女王の援助のもとにブラジルを始め南米東海岸に進出し、マジェラン海峡を通り、チリ、ペルーを北上して北米大陸の西海岸にまで達し、太平洋を横切つてアフリカの喜望峰を通過、二年十箇月を経て出港地のプリマスに戻り、イングランド人としては最初の世界一周を成し遂げた豪の者である。

スペインとの開戦において、彼の率ゐたイングランドの艦隊は舷側の砲門の一斉射撃の出来る世界最初の軍艦の名に値するものであつた。それに対してスペインは他の諸国と同じく奴隷に頼るガリー船に依存してゐた。開戦間際に急遽イングランド式軍艦を建造しただけの話で、質と経験における無敵のドレイクとそのイングランド海軍に太刀打ち出来る見込みは全く無かつたのである。それにしてもフェリペ二世がカトリック国から離脱したイングランドとその女王をそのまま許さうとしなかつた事は否定し得ないが、それに対するエリザベスの対抗措置は明らかに挑戦的であつた。侵略者はイングランドであり、国王の特許状を持つた海賊である。が、特許状は持つてゐても、それは私船であり、海賊であり、いざ開戦となるまでは正規の海軍ではないといふ言抜けは可能であつた。尤もエリザベスには言抜けをする積りは毛頭無かつたらしい。各地のスペイン領を掠奪しながら世界を一周して来たドレイクに騎士の称号を送つて、その功を賞讃した。フェリペ二世はよく我慢したとも言へる。が、実はエリザベスの暗殺を企んだり、イングランド侵略を真剣に討議したりして、あらゆる機会にイングランドの封じ込めを策してゐたのである。エリザベスの積極策はその締附けを撥《は》ね除《の》ける為のものであり、ウォルシンガムの進言に随つたまでである。

一五八八年七月二十九日のグラヴリーヌ沖海戦はイングランドの一方的な大勝に帰した。スペイン兵は嵐に追はれてスコットランドやアイルランドの海岸を廻つて敗走した。ドレイクの片舷斉射によつて破損しながら漸く逃れた難破船も嵐に翻弄され、岩だらけの海岸に叩きのめされて殆ど全滅した。百三十隻の巨船のうち故国に辿り著いたのはその半数に満たなかつた。ノルマン征服の時と同じに、また神風が吹いたのである。事実、イングランド人は「神が風を吹かせ、そして敵は追払はれた」といふ言葉を合言葉にして大勝利と幸運を神に感謝した。

かうしてイングランドは世界史形成過程の檜舞台《ひのきぶたい》において遂に主役を演じる時期を迎へたのである。ウェイルズもアイルランドもエリザベス朝後半を通じて漸くイングランドとの安定した関係への道を見出した。もともと両地域は非イングランド的ではあつても、反イングランド的ではなかつたからである。が、スコットランドは明らかに反イングランド的であつた。そのスコットランドのジェイムズ六世はエリザベスの跡を継いで平和裡にイングランド国王ジェイムズ一世を名乗り、イングランドとスコットランドとの併合が行はれたのである。それもエリザベスの治世中にすべて種を蒔かれた事である。多くの史家の言ふ様にジェイムズが狂信的なカトリックのメアリーと異り、プロテスタントであつたといふ事も事実ではあらうが、既に述べた様に、英国国教、殊にこの時代のそれを今日のカトリックとプロテスタントといふ概念で割切る事は出来ない。ましてエリザベスを単純にプロテスタント女王と見做してしまつたのでは、この人物を、そして当時の国民の心を理解し損ふであらう。カトリックもプロテスタントも大事の時には女王を支持した。エリザベスもカトリック信者を宗教の故を以て迫害する様な事は決してしなかつた。問題は凡そ五十年後の清教徒革命において実証された様にプロテスタント処遇の難しさにあつた。シェイクスピアの作品においても、カトリック批判は殆ど出て来ないが、清教徒の悪口には屢こ出遭ふ。シェイクスピアがカトリック的、或は国教的であつたといふ事も否定出来ないが、時代がさうであつたと考へた方が納得出来よう。

十九世紀に及んで七つの海に君臨した英帝国も、実はエリザベス朝といふ一つの球根のうちにその芽のすべてが内蔵されてゐたのであり、ブリテン島国家成立といふこの球根に育つまでの歴史こそ、その後の英国を形成する原型と言つて差支へあるまい。

# 第九章　ステュアート朝

## 第一節　王権と議会——ジェイムズ一世

約百二十年間、テューダー朝の国王は君臨し統治した。或は統治する事によつて君臨し得たのである。彼等は議会の中の国王であり、議会は国王の権威によつてその機能を果し、国民は自分達の安全を守る国王に忠誠と敬愛の念を懐いてゐた。勿論、エドワード六世とメアリー女王の治世下十年はその例外である。ステュアート朝二代目のチャールズ一世廃位の後、オリヴァー・クロムウェルの革命政府はコモンウェルスと自称したが、この言葉を共和国と解釈し得るか否かについては改めて後述するとして、テューダー朝のエドワード六世時代においても、強力な中央集権政府の確立を目ざす国王評議府、及びその統轄下にあつた行政担当者に対立して、自らコモンウェルス派と称する革新組織があり、この両者の対立を甘く見、その妥協と調和とに専念した保護卿サマセット公エドワード・シーモア（エドワード六世の伯父）はつひに失敗し、一五五一年から五三年までノーサンバランド公の称号を与へられてゐたウォリック伯ジョン・ダドリーに斃《たふ》され、処刑された。が、それに取つて代つて保護卿となつたノーサンバランド公は寛容なサマセット公とは異り、恰も薔薇戦争時代前の封建貴族の夢を追ふが如き権力主義者で、国王を無視し、瀕死の病床にあつたエドワード六世を強ひて次期王位継承の候補者メアリー、エリザベスを排し、ヘンリー七世の末娘の孫で自分の息子ギルフレッド・ダドリーの妻であつた才色兼備のジェイン・グレイに王位を譲るといふ遺書に署名せしめるといふ暴挙に出た。サマセット公の優柔不断と同様、ノーサンバランド公の専制的陰謀も国民の反感を買ひ、それが却つてメアリー女王の出現に有利に働いたばかりでなく、女王即位後、直ちに処刑される不運を自ら招く結果となつた。その巻添へを食つて半年後に死刑に処せられたジェインの不幸はともかく、エドワード六世時代の二人の保護卿サマセット公とノーサンバランド公の失政が、その間僅か五年とはいへ、ヘンリー八世といふ強力な国王死後のイングランドの王位を傷附けた事は否定し得ない。

それにも拘らず、国民は王政そのものに聊《いささ》かの不信感も懐きはしなかつた。「血にまみれたメアリー」にしても、国民はそのプロテスタント虐殺に独裁者の恐怖政治を見るよりも、スペイン王との結婚に自分達を外国に売渡す国王失格者を見てゐたのである。「テューダー朝の専制政治」といふ言葉は今日でも時折使はれはするが、それは決して妥当なものとは言へない。先に述べた様にヘンリー七世治下二十四年間にも議会は七回開かれてゐる。今日の目から見れば二十四年間に唯の七回、平均三年半に唯の一回では、余りにも少いと思はれるかも知れない。が、それも先に述べた様に、当時のイングランドにとつて最大の課題は国王と国民、治者と被治者との対立といふ事にあつたのではなく、薔薇戦争によつて大貴族の消滅した後の真空を埋め、荒廃した国土と秩序とを恢復する為の強力な治者、一国の代表者として国王の地位の確立、及びその行政組織の整備といふ事であつて、その点では、国民も、そしてその中で最も「進歩的な」ロンドン市民も、君主とその官僚機関と化しつつあつた国王評議府、特別評議府を支持したからである。自分達の入れ上げた金品がそれぞれの領主の恣意によつて行方知れずになる仕組よりも、一国が一人の王とそれを補佐する責任の明白な機関によつて統治され、たとへ妥協や敗北は免れぬにせよ、議会によつて承認されなければ税の取立てが不可能な仕組の方を歓迎するに決つてゐる。その意味における議会の中の国王といふ観念は何もテューダー朝に始つた訳ではないが、国王評議府、特別評議府の内部に権勢を持つた大貴族が少くなつたテューダー朝に至つて、漸くその効果を挙げる事が出来たのである。更にヘンリー七世と八世は残り少い大貴族を評議府から排除する様に努めた。それは王位を確立する為に国王自らにとつて望ましい事であると同時に、国民の側に立つ議会の力を強化する事に役立つた。議会は国王の権威に依存する事によつて成立し、国王は議会の意思と支持とによつて君臨、統治してゐるといふ訳である。

かうして国王の権威に頼る中央集権化と民主主義との精髄とも言ふべき議会政治と、一見両立し難き二つの「政体」が頗る好都合に「癒著」し、英国独自の政治哲学を完成し、「定著」させたのがテューダー朝の特色である。この事は度〻指摘して来た様に、第一に、ローマ法王庁を中心とする、或はそれを利用してこの島国を侵略しようとする諸外国の脅威に晒《さら》され、宗権からの国権の離脱、独立の念願が、独り君主のみならず、国民全般にとつて宿命的な情念と化してゐたといふ歴史的背景によつて初めて理解し得るものであらう。国権の独立はヘンリー八世の「国王至上令」に窺へる様に、国王の命令が法王のそれに優先するといふ事だけを意味するものではなく、また宗教の世俗化といふ事で割切れるものでもなく、アングロ・サクソン独特の民族性、即ち「人間は善かれ悪しかれ何よりも先づ人間的でなければならぬ」といふ、謂はば人間性の自覚であり、その意味で国権と人権とは手を携へて宗教的リゴリズム（完璧主義）に抵抗し得たのである。第二に無視し得ぬ事実はノルマン朝の成立で、アングロ・サクソン帝国の歴史らしい歴史はフランスのノルマンディー公ウィリアムによる征服に始つたといふ逆説とディレムマとであらう。征服者の子孫たるイングランド王は百年戦争が終る頃までフランス語を喋りながらこの島国に君臨し、しかも征服者の故国フランスを憎悪し敵視するイングランドのサクソン人に対して忠誠を誓ひ、その安全を守る為に絶えずフランスと事を構へ、またフランスの策謀に動かされてイングランドに侵略しようとするスコットランド、ウェイルズ、アイルランドなどを獅子身中の虫として片時も警戒を緩める事が許されなかつた。もしこれらの土地が、少くともスコットランドとウェイルズだけでも、ノルマン征服前からサクソンの国としてイングランドと同化してゐたなら、ノルマン征服はフランスによる英国征服となり、ノルマン朝イングランドは成立せず、この島国はノルマンディー公の分封としてブリテン公領が出現する可能性が全く無かつたとは言切れまい。

が、事実はさうはならなかつた。征服王の子孫達はイングランドだけを、それも初めはその南東部だけを領有するに過ぎず、同じ島の中には北西に手強い蛮族があり、背後に故国が今や敵として隙を狙つてゐる。テューダー朝の最盛期に君臨したヘンリー八世、エリザベス一世でさへ、国民とその代表である議会に対してフランス、ブルボン朝のルイ十四世の如き絶対専制君主にはなれなかつたのである。同時に国民も議会も、国王の権利を抑制し批判し得る権限を与へられてゐながら、その権限は国王の権威によつて保証されてゐる以上、その権威を傷附ける様な「反逆」は自己否定に終るだけであり、国王が忠誠を誓つてゐる国民を裏切る事になり、その支持を得られる筈が無い。ヘンリー八世の国王至上令も、それがたとへヘンリーの強要であり、議会は止む無くそれに屈したに過ぎぬとはいへ、ヘンリーはその承認を執拗に議会に求め、漸く承認されたものである。また当時の宗教改革議会を通じて、とかく国王特別評議府と馴合ひになりがちな貴族院中心の議会において、始めて平民院は独立し、コモン・ローに基づく審議・立法の機能を果し得る端緒を得たのである。ヘンリーはそれを認め、彼の要求はこの平民院によつて時に拒否され、時に修正された。

エリザベス時代においては、国王と議会との関係は更に巧く運んだ。メアリー・ステュアートの処刑も、スペインに対する宣戦布告も、決してエリザベスの独断によるものではなかつた。いづれの場合もエリザベスは自ら手を汚さなかつたばかりでなく、議会の激しい追及に止むなく屈するが如く最後の断を下した。良く言へば、力によつてではなく、国民と議会との支持によつて統治したのであり、悪く言へば寝業で彼等を組伏せたのである。一つの挿話がある。熱烈な清教徒のジョン・スタッブズは女王がカトリック国フランスのアランソン公と結婚しようとしてゐるといふ根も葉も無い噂を聞き、それに反対する抗議文を書いた事により右手切断の刑を受けた。が、女王を敬愛するこの忠誠の士は処刑台上で血の滴る腕を振りながら「女王万歳！」と叫んだといふ。それほどテューダー朝の国王と国民、国王と議会は母子の如く謂はば隠れん坊を楽しんでゐたのである。

この君臣の関係がスコットランドのジェイムズ六世（在位一五六七―一六二五）がイングランド王ジェイムズ一世（在位一六〇三―二五）として乗込んで来るや否や一朝にして崩れ去つた。このステュアート朝の祖ジェイムズ一世は小心者であり、それ故に自己の権力を事ある毎に顕示したがつた。しかし、王権の絶対性といふ様な事は、ルイ十四世の様に伝統に支へられ、またそれだけの実力の所有者である国王にのみふさはしく、今更、何の正当化も必要とはしまいが、小心でありながら「悪魔研究」の著者で神学者を以て自認してゐたジェイムズにして見れば、「王権神授説」を以て君主専制を正当化する事により、議会弾圧に乗出すしか無かつたのである。平たく言へば、スコットランドの田舎地主が開けた都会の娘と結婚し、横暴にも家長専制振りを発揮し、夫婦喧嘩に明け暮れしたのが、ステュアート朝の幕開き、ジェイムズ一世の治世であつたと言へよう。法と慣習、或は慣習の中から生れたコモン・ローの精神に培はれたイングランドの議会と国民は、敬愛すべき権威者としての国王とは違つた、彼等の常識では全く理解しがたい非人間的な絶対者の挑戦を受けて混乱し、そしてその混乱の中から反抗の火の手が挙つたのである。が、言ふまでもなからうが、このイングランドの議会や国民の反抗は過去の慣習や仕来りを尊重する守旧派の抵抗であつて、変革を望むものではなかつた。変革を目ざしてゐるのはジェイムズの方であり、それだけは阻止せねばならぬと人こは考へたのである。彼等の考へは間違つてはゐなかつた。ジェイムズは自らそれと意識しなかつたにもせよ、スコットランドにおける統治方式をそのままイングランドに押附けようとしたからである。イングランドの平民院の様なものはスコットランドには無く、議会はあつたにしても、それは数百年前ならいざ知らず、当時のイングランドにおいては差当り記録裁判所に近いものに過ぎなかつた。その公判記録は証拠として正式に登録されるばかりでなく、国王裁判所の権威をも併せ持つてをり、随つて議会は国王が自由に操り得る従順な手脚にはなり得ても、国王や政府の提案を審議、修正、反対する機能を持つものとは、ジェイムズの全く思ひも寄らぬ事であつた。彼は議会を敵視し、いよいよ「王権神授説」にしがみ附くに至つたのである。

スコットランド王としてジェイムズが恐れた唯一の存在は長老教会派《プレズビテリアン》の聖職者とその信徒であつた。といふのは、ジェイムズはカルヴァンの脈を引くプロテスタントではあつたが、長老教会派は更に過激なプロテスタントで、宗教改革より政治改革に強い関心を持ち、とかく国王の権威や権力に反抗の姿勢を示したからである。その苦い経験がイングランド王となつたジェイムズをして、国教会の内外における清教徒の言動に極度の警戒心を懐かせたのである。即位の翌年、一六〇四年には清教徒の聖職者三百人を非国教主義の罪によつてその職を剝奪し、その後、非国教徒の礼拝式はすべて非合法と見做され、処罰されることになつた。その結果、左右の差こそあれ、同じ立場に立たされた清教徒とカトリックとが足並揃へて国王の専制に反抗した。ジェイムズは先づカトリックを懐柔しようとして失敗した。エリザベス時代と違つて確かに民意は国王から離れてゐる。のみならず、議会からも離れてゐる。議会によつて掣肘《せいちゅう》される国王であり、国王によつて保証される議会である以上、国王が権威を失へば、議会もまたその存立の根拠を失ふ筈である。同様の事が国教についても言へる。エリザベス時代の国教会はその教義においても儀式においても、良く言へば包容性があり、悪く言へば不明確、曖昧であつたが、カルヴァン派のプロテスタントであるジェイムズ治下の国教は清教徒、カトリック、いづれをも刺戟する妥協性の無いものとなり、政治と宗教との相互依存、或は野合とも言ふべき国教そのものの弱味を露呈してしまつたのである。ジェイムズにはその間の事情が全く解らず、清教徒対策にカトリックを利用しようとして失敗したのである。

が、カトリック側も勇み足の失敗をした。民意がエリザベス時代よりも自分達に同情的になつてゐるのを見て、彼等は好い気に成り過ぎたのである。カトリックの中でも最も戦闘的なイエズス会の一部数人が一六〇五年十一月に国王を上下院もろともに吹飛ばさうとして議会の地下に火薬を仕掛ける陰謀を企んだ。その中の一人ガイ・フォークスの名がどういふ訳か今日に至るまで喧伝されてゐるが、その他に少くとも七八人は名前が解つてゐる。主謀者は修道院長のヘンリー・ガーネットと目されてゐる。未然に発覚し、彼等はいづれも翌一六〇六年に処刑された。その裁判においてガーネットは国教忌避の為にはエクィヴォケイション、即ち「相反する二つの意味に解釈出来る様な言抜け」を誓ひの言葉に使つてもクリスト者として許されると公言し、しかもその事を明記した秘密文書が発見された。シェイクスピアの「十二夜」（一六〇〇年作、一六〇六年改稿）第三幕第二場に「とんでもない、筋道立てて証明して御覧に入れませう、判断力と理性に賭けて」といふせりふが出て来るが、これがプロテスタントの裁判官に訊問されて、エクィヴォケイションを使ふ時のイエズス会員の決り文句だつたと言ふ。火薬陰謀事件そのものは勿論、このエクィヴォケイション是認の秘密文書はロンドン市民の反感を招いた。「十二夜」第三幕第一場には次の如き会話が出て来るが、これは明らかに彼等のエクィヴォケイションを当てこすつたものであらう。

道化　巧い……何といふ世の中だ！　近頃、利口な手合にとつては、言葉は伸縮自在の仔山羊の手袋同然――あつと言ふ間に裏返しにされてしまふ。

ヴィオラ　全くその通りだ、言葉を玩具《おもちや》にして楽しんでゐる連中に遭つては、どんな言葉も忽ち穢《けが》されてしまふ。

また「マクベス」（一六〇六年作）第二幕第三場に出て来る有名な呑んだくれの門番の長ぜりふに次の如き一節がある。

ほう、二枚舌のいかさま師かい。両天秤《りやうてんびん》かけやがつて、やたらに誓ひを立ててさ、神様のためには、嘘も方便とぬかしたつけが、その二枚舌ぢや、やつぱり天国にもぐりこめないつてわけか。

「マクベス」にはこの他にも第四幕第二場に母子の遣取りとして次の様な会話が出て来る。

少年　でも、謀反人つて、何のこと?
マクダフ夫人　それはね、誓つておきながら、嘘をつく人のこと。
少年　ぢや、謀反人つてみんな、さうするの?
マクダフ夫人　ええ、そんなことをする人は、みんな謀反人、さうして最後には縛首にされるの。

シェイクスピアはこの頃国王所属劇団に属してゐたので、ジェイムズ一世に対する追従《ついしょう》からこれらのせりふを書いたとも考へられるが、見物の大部分である民衆の人気に何より心を用ゐた筈で、もし彼等がイエズス会のエクィヴォケイションを是認してゐたら、わざわざこの様な当て込みを書きはしなかつたであらう。偽証、偽誓の是認が宗派を超えてクリスト教徒の反感を買つた事は確かな事実であらう。のみならず、この火薬陰謀事件はその後の英国史を通じて、国民の大部分を反カトリックにした決定的事件と言へる。とすれば、これこそジェイムズにとつて、清教徒を身方に引入れる好機であつた。が、ジェイムズは彼一流の神学と彼一流の国教主義に固執し、頑固なカトリックを切捨て、返す刀で清教徒をも弾圧し続けた。一六二〇年、メイ・フラワー（さんざし）号が沢山の清教徒を載せ、アメリカ大陸に向つたが、その意味では現在のアメリカ合衆国の文化と政治の指導理念の動因はジェイムズ一世であつたと言へよう。しかも、火薬陰謀事件で反カトリックになつた国民を、清教徒弾圧によつて彼等の同情者とならしめたとまでは言へないにしても、残存する清教徒の勢力増大の歯止めとして無力なものにしてしまつた。その意味では、嗣子のチャールズ一世を断頭台に送つた清教徒革命の地ならしをしたのはジェイムズ一世であつたと言へよう。

彼は政治家であるよりは学者であり、敬虔なクリスト教徒であつた。今日でも最も権威のある英訳聖書の編纂は一六一一年初版のキング・ジェイムズ・ヴァージョンである。多くの史家に倣つて、これまでジェイムズを専制君主と見做し、議会との抗争に力点を置いて来たが、それは多少言ひ過ぎの嫌ひが無いでもない。王権神授説といふのも絶対王制権力慾の為の口実とばかりは言へず、敬虔なジェイムズは心からそれを信じてゐたのかも知れぬのである。神を後楯にしなければ落著いて玉座に腰を下してゐられぬ小心な、随つて政治的には無能な「名君」だつたのではないか。時代に恵まれた有能な名君エリザベスの寛容に呑込まれ、均衡のうちに包み隠されてゐた牙《きば》が、ジェイムズの時代に悉くその覆面を剝《は》がれてしまつたのであつて、清教徒とイエズス会といふ左右の過激派の抗争も、王権と議会との対立もそれぞれ剝《む》き出しにされた二つ牙であり、それらに再び衣を被せるといふ大事業を、スコットランド国王に期待するのは無理といふものであらう。王権神授説がたとへ自己正当化の口実であるにしても、やはりそれが必要な情勢だつたと言へよう。聊かエリザベスが時代に恵まれてゐたと同程度に、ジェイムズは時代に禍ひされてゐた。

因縁話めくが、神はスコットランドのジェイムズをイングランドに送込んで、エリザベス時代にその母メアリー・ステュアートが受けた不遇の復讐を果させたのかも知れぬ。彼が小心だつたのは、それ故にイングランドとの国境を跨《また》ぐと忽ち威張り始めたのは、イングランド国王になる緊張感と無関係ではあるまい。彼は性来小心であつたのかも知れぬが、それよりは事勿《ことなか》れ主義の平和主義者であつた。内政においては勿論、外交においてもさうであつた。内政において諸この牙の乱立を裁き得なかつた彼は、エリザベス時代にカトリック国の指導者スペインを破つたイングランドの陸海軍の牙を、すつかり抜取つてしまつたのである。以後三十年間、続くチャールズ一世、二世の時代を通じて、グレイト・ブリテンは海洋国家としての実を失ひ、折角、ヘンリー八世、エリザベス一世とテューダー朝が築き上げたこの島国の大陸カトリック国に対する勢威を全く無に帰せしめてしまつた。ジェイムズ一世の時に始りチャールズ二世時代の終りまで続いた三十年戦争（一六一八—四八年）はスペインに替つてオーストリアが主導権を握りはしたものの、二大カトリック国の謂はばエリザベスのイングランドに対する復讐戦であつたが、ジェイムズはそれに対して何らの為す術も無く、前哨戦とも言ふべき大陸ライン河岸の戦ひで、義子のプファルツ選挙侯フリードリヒを援助しようとせず、フリードリヒは大敗を喫し、妻エリザベス、王子モーリッツ、ルパートと共に放浪生活を強ひられた。かうしてジェイムズは大陸におけるグレイト・ブリテンの橋頭堡をオーストリア、スペイン両軍の蹂躙に委ねてしまつた。

## 系図5

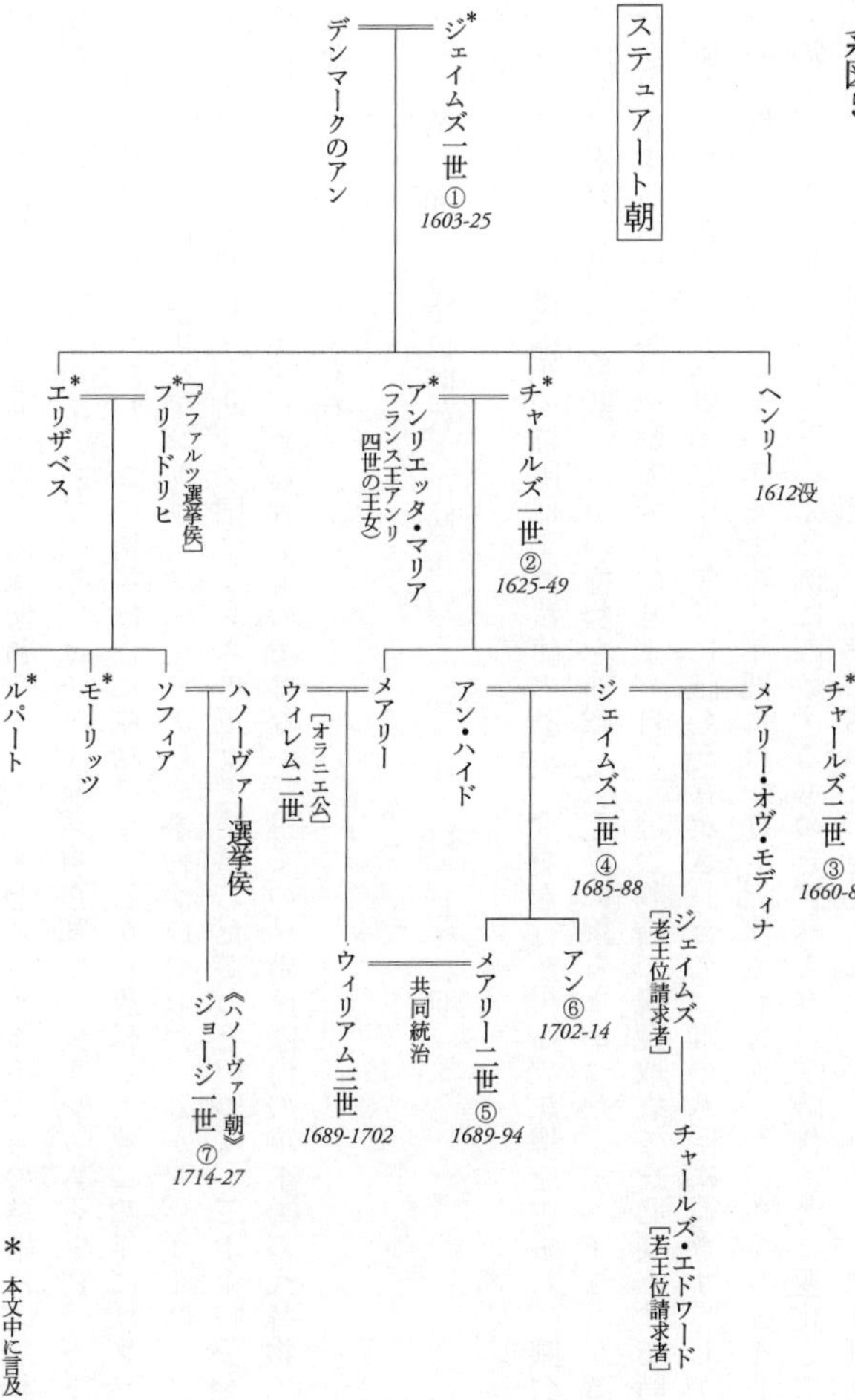
ステュアート朝
ジェイムズ一世* ① 1603-25
デンマークのアン
ヘンリー 1612没
チャールズ一世* ② 1625-49
アンリエッタ・マリア*（フランス王アンリ四世の王女）
フリードリヒ*［プファルツ選挙侯］
エリザベス*
チャールズ二世* ③ 1660-85
メアリー・オヴ・モディナ
ジェイムズ二世 ④ 1685-88
アン・ハイド
メアリー
ウィレム二世［オラニエ公］
ハノーヴァー選挙侯
ソフィア
モーリッツ*
ルパート*
ジェイムズ［老王位請求者］
チャールズ・エドワード［若王位請求者］
アン ⑥ 1702-14
メアリー二世 ⑤ 1689-94
共同統治
ウィリアム三世 1689-1702
《ハノーヴァー朝》ジョージ一世 ⑦ 1714-27

＊ 本文中に言及

彼の平和主義が思附いた唯一の方途は世嗣のチャールズとスペイン王女との結婚による和解策でしかなかつた。が、一六二三年にはチャールズ自ら寵臣バッキンガムと共にマドリッドまで乗込んでゐながら、この術策は遂に成功せず、しかも急転して翌二四年にはフランス王アンリ四世の王女アンリエッタ・マリアとの婚約が成立した。しかし、オーストリア、スペインと同じカトリック国フランスの王女と結婚したからといつて、三十年戦争をブリテンに有利に展開せしめられるものではない。王子の結婚は陸海の軍事力の代替物にはなり得なかつたのである。

## 第二節　大空位時代と王政復古――チャールズ一世・二世

ジェイムズ一世は国王の権限により法律の廃止、変更を行ひ得る立法権を主張し、議会は国王の浪費、宮廷の腐敗、奸臣《かんしん》の権勢を非難し、互ひに譲らなかつた。ジェイムズが議会を召集するのは公私いづれの場合にせよ、自分だけの判断で税金取立てを必要とする時に限られてゐた。彼の治世の二十二年間に議会が召集されたのは唯の八回に過ぎず、しかもその間一六一四年から二一年までの八年間には一度も召集されなかつた。ヘンリー七世の治世下二十四年間に七回といふ前例に匹敵するものと言へようが、時代は既に変化してゐた。テューダー朝が温めれば雛《ひな》に孵《かへ》る殻に納つた卵だとすれば、ステュアート朝は割れた卵であり、流れ出した白身はもはや形を成さず、黄身への求心性を失つてゐる。前者においては、概して言へば、議会召集の必要が無かつたから召集せずに済んだのであるが、後者においては召集すれば必ず争ひになるから召集してはならぬといふのが実情であつた。随つて八年間の空白の後、ジェイムズの死の四年前に開かれた一六二一年の議会では議事の審議その事よりも先づ議会の意義と権利、その背景を成す国民の自由といふ本質的な事柄が問題になり、「抗議書《プロテステイシヨン》」が提出されたのも当然であらう。さういふ空気の中でチャールズ一世（在位一六二五―四九）は成人した。しかもカトリック国フランス王アンリ四世の王女アンリエッタ・マリアを后とし、今やその兄がルイ十三世としてフランスの王位に即いてゐるのである。チャールズがフランスの影響を受け、絶対王制に傾倒し、イングランド内のカトリック勢力を恢復しようと計つたとしても決して不思議はない。彼の頭の中にはプロテスタント＝議会＝反逆といふ図式が少年の頃から出来上つてをり、その為にフランスへ傾斜したのかも知れない。多くの史家は彼を父ジェイムズと同じ位、或はそれを上廻る専制主義者と見做す。議会との軋轢といふ点では確かに史実がその証人として物を言ふ。左にその経緯を箇条書にして列挙して見よう。

第一回議会（一六二五年）　議会側は父王ジェイムズの流儀を根絶せんとして、国王が必要とする「御用金」、或は税金を向う一年間といふ期限附きで承認。といふことは、国王としては毎年定期的に議会を開かねばならぬ事になる。議会がその年の国王の要求を承認したのも、そこに狙ひがあつた。が、チャールズは翌一六二六年、議会を解散、自ら権限を主張して税金を取立てようとした。それに対して有力な中産階級、地主達の中に納税を拒否する者が出て来た。

第二回議会（一六二八年）三十年戦争の真最中でもあり、チャールズにはどうしても金が必要であつたので、遂に議会召集に踏切つたが、議会側は先王在位の晩年に開かれた一六二一年の議会の時と同様に、一この議事に入る前に先づ議会の意義と権利を強調し、しかも前回の如く「抗議書」といふ形ではなく、飽くまで請願といふ形を採り、史上有名な「権利請願書《ペテイシヨン・オヴ・ライト》」を提出し、チャールズも戦費その他の必要な金を引出す為に止む無くこれに署名し、目的を達するや直ちにこの議会を解散してしまつた。

その後十一年間、議会は開かれなかつた。チャールズはすべて父王ジェイムズの歩んだ道をそのまま踏襲してゐるかに見える。彼は寵臣ストラトフォード伯ウェントワースの進言に随ひ、自国民には諦めを附け、必要な財源をアイルランドから絞上げようとした。しかし、国内に諦めを附けたといつても、厳密に言へば、議会に諦めを附けたのであつて、機会と可能性さへあれば、その都度、非合法に色こな税金を課し、時には成功し、時には手痛い反抗に出遭つた。その最も厳しい一例は一六三五年、議会の協賛を得ぬ船舶税徴収を違憲として拒絶した下院議員ジョン・ハムデンのそれである。当時、海岸沿ひの港市は沿海を海賊や他国の艦船から防衛する為に船とその乗組員を提供する事になつてをり、これを拒否するのは国民の義務不履行である、故に税金を出せといふ訳である。国家的見地から見れば、これは正当な言ひ分である。事実、チャールズはこの船舶税を基にして海軍再建の切掛けを作つたのである。が、ハムデンの言ひ分にも一理はあり、彼自身、海軍の再建、増強に反対ではなかつたが、その前に大事なのは議会の再建、その権力強化であると考へたのである。この事件は一六三七年から一箇年、法廷に持込まれ、ハムデンの敗北に終つたが、同時にチャールズも国民の信頼を愈ミ失ふ事になつた。

この時期にもう一つ見落す事の出来ぬのは、極端に清教徒を嫌つたキャンタベリー大司教ロードに宗教上の難問のすべてを委ねた事である。彼は何とかしてカトリックの勢力を挽回しようと志した。といつて、イングランドのナショナリズムを刺戟する様なローマ法王への帰属を考へてゐた訳ではない。寧ろエリザベス時代に国民の大部分の合意を得てゐた国教を、理論的にも形式的にももつと明確なものとしたいと考へただけの事である。ロードは優れた聖職者で、もしエリザベス治下にあつたなら、その志は良き結実を見たであらう。が、今はその時機ではなかつた。彼の良き動機も、結果としては清教徒の反感を強めるだけの悪しき結果を招くに終つた。ロードもストラトフォード伯も後に開かれた長期議会によつて処刑された。

チャールズは父王ジェイムズと同様、㈠政治においてはイングランドの議会はスコットランドのそれの様に国王評議府に直属すべきものと考へ、㈡宗教においてはスコットランドの教会はイングランドのそれの様に国権に従属すべきものと考へた。そして、㈠イングランドにおいて議会と決定的な不和に陥つたと同様、㈡スコットランドにおいては長老派教会の手強い反撃に遭つた。直接の原因はロードの英訳祈禱書をスコットランド教会に強制した事である。一六三八年、スコットランドは遂にチャールズに対して反乱を起した。

短期議会（一六四〇年）ストラトフォード伯の智慧でスコットランド反乱鎮圧の為の軍資金を出させる為に十一年ぶりに召集されたものだが、この政府議案は全員一致で拒否されてしまつた。

長期議会・第一会期（一六四〇年十一月—四一年八月）ピムとハムデン、ハイドとフォークランドの如き強力な指導者が下院を率ゐ、コモン・ローの精神を完徹し勝利を収めた。如何なる税金も議会の承認を経ざるものは非合法である事、王権は議会の枠内においてのみ正統である事が決議され、宣言された。なほ後にチャールズ処刑の裁判に際して問題になるが、コモン・ローに随へば、三権分立前の当時において、議会は最高の法廷であり、如何なる法も最高裁判所としての議会によつてしか変更は許されないのである。が、チャールズにはそれが理解出来なかつた様である。ローマ法、即ちユスティニアヌス法が頭にこびりついてゐて、君主の意思こそ法の根源だと彼は考へてゐた。

長期議会・第二会期（一六四一年十月—四二年一月）この議会開催の直接原因はアイル

ランドに反乱が起り、その鎮圧の為の戦費調達が最大の議題となつた。が、この時も、議事そのものよりも原則論が優先した。詰り、正規軍、民兵を召集し統轄するのは一体誰であるべきかといふ事である。従来の慣習では勿論、コモン・ローの精神から言つても、軍の統轄指揮権は国王にある。教会や行政府の支配権についても同様である。が、下院の猛者達は「大抗議書《グランド・デモンストランス》」を提出し、この会期の劈頭《へきとう》、既に国教会は国家至上主義を認める長老教会主義によつて議会が改革する事を定め、国王の介入を禁じてをり、行政府、即ち国王評議府、殊に特別評議府の顧問官は議会において承認を得た者に限るとして、国王の手足を完全に捥《も》ぎ取つてしまつてゐた。それなら、軍事においても同様にせねばならぬ。もし、指揮権が国王に委ねられる事を認めたとすれば、国王は議会に対して何の遠慮も譲歩も要らなくなる。この議会で決議した事にしても何時破棄されるか知れたものではない。何としてもこの軍事指揮権を下院の手に奪取しなければならない。彼等がさう考へてゐる矢先、それを察知したチャールズは一六四二年一月三日、ピム、ハムデン、ヘイズリック、ホリス、ストロードの五議員に対し逮捕命令を出し、翌四日には自らウェストミンスターに乗込んだ。が、その報せが来ると直ぐ五議員はテムズ河を越えて姿を消した。

その半年後にはイングランドは国を挙げての大内乱に突入したのである。王党派、国教派を騎士軍《キャヴァリア》と呼び、議会派を坊主頭《ラウンド・ヘッド》と呼んだ。前者は貴族、高位聖職者、大商人に支持され、後者は清教徒、一般市民、小地主によつて支持された。

　内乱は一六四六年まで約四年間続いた。結果は、恰も下級将校ナポレオン・ボナパルトがフランス大革命を通じて次第に主導権を握つて行き、遂に皇帝にまで成上つたのに似て、緒戦のエッジヒル戦に騎兵隊長として参加したオリヴァー・クロムウェルの目ざましい働きに議会軍の指揮者達は気押され、二つの大きな決定戦、ネイズビー（一六四五年六月十四日）、オックスフォード（一六四六年六月二十四日）の戦ひにおいてもクロムウェルに功を建てさせ、一六四九年のチャールズ一世処刑後、内乱の余波収束期に出来た「革命政府」は完全に彼の支配下に属し、かうして一六五三年にはクロムウェルがコモンウェルス保護卿の地位に就く事によつて、内乱の収束を見る事になつた。

　チャールズとクロムウェルの人物、業績の評価は当然ながら反比例する。一方が白なら他方は黒とされる。が、業績においてチャールズを白とする史家は殆ど無いが、同様に人物においてクロムウェルを白とする者も極く稀にしか見当らない。彼は権力慾の強い野心家であり、王制を倒しながら、そして共和制を意図しながら、終ひにはジェイムズやチャールズと同じ様に、或はそれ以上に議会を蔑視する独裁者になつてしまつた様である。その詳細については私自身、自ら納得し得る様な洞察力も無ければ知識も無い。また、それほど数多くの資料に当つた訳ではないが、余りにも毀《き》誉《よ》褒貶《ほうへん》まちまちのこの二人の人物について、私を納得させてくれる史書に出遭はなかつた。唯一つ私が言ひ得る事は、オリヴァー・クロムウェルとその子リチャード・クロムウェルの「革命政府」時代のコモンウェルスといふ言葉を共和国と訳すのは妥当ではないといふ事である。確かにコモンウェルスは特にクロムウェル時代のリパブリックを意味するが、王制下の現在の英国もコモンウェルスであり、エリザベス二世も「吾等のコモンウェルス」といふ言葉を屡こ口にする。随つて当時の国民全般は勿論、クロムウェル自身もコモンウェルスを君主制を否定するものとしての共和制とは理解してゐなかつたであらう。それは飽くまで政府、政治制度が今日で言ふ代議制民主主義の原則に随ふべきだといふ考へ方であり、王制とは、少くとも王の存在とは矛盾せず両立し得るものと思つてゐたのではなからうか。貴族は存在してゐたし、クロムウェルは王制を前提とする貴族の称号「卿《ロード》」を冠し、ロード・プロテクターと呼ばれた。これを吾が国では「護国卿」と訳してゐるが、少こ問題がある。中世を通じて、殊に薔薇戦争の前後には幼少の王に最も近い叔父がロード・プロテクター（保護卿）に任ぜられた。テューダー朝においてもサマセット公、ノーサンバランド公はヘンリー八世の後を継いだ幼少のエドワード六世のロード・プロテクター、即ち保護卿であつた。なぜ、クロムウェルの場合のみ、それを「護国卿」と訳すのか、その理由を詳らかにしない。「革命政府」は臨時政府であり、今は在るべき王が存在しない空位時代であつて、その適任者が出て来るまでは、幼王が適齢に達するまでと同じく、「保護卿」が必要である、当時の人こはさう考へてゐたのではなからうか。勿論、人こが待つてゐたのはチャールズの嗣子チャールズである。

一六六〇年、チャールズは賢臣エドワード・ハイドによつて整備された王政復古の土台石の上に快く登り、チャールズ二世（在位一六六〇―八五）となり、ハイドに助けられて立憲君主制と国教会の基礎を固め、清教徒に対しても議会に対しても復讐を禁じ、名君として終りを全うした。そして、勝ち誇つてゐた清教徒はその得意時代の狂信的態度と横暴が国民の怨恨を助長し、復讐を俟《ま》たずして衰退して行つたのである。

最後に今日まで評判の悪いチャールズ一世について、バートン編の「空しき王冠」（福田逸訳）に出てゐる当時の資料を二つ、及びウォリック城内の一室に飾つてあるチャールズ自身の「自戒十二訓」を左に載せて置く。前者のうち一つは信用すべきエドワード・ハイドの人物評であり、もう一つは処刑前の裁判記録である。

(一)　エドワード・ハイドの「内乱史」より

王の人柄に簡単に触れておくことは無駄ではあるまい、せめて後世の人ゝにこの国が当時蒙《かうむ》つた計り知れぬ損失を伝へておきたいのである、といふのは、内乱によつて処刑された王は当時の国民の習俗や信仰に対して、最も厳格な法でさへ与へ得ぬほどの偉大な影響力を持ち得たかもしれぬ模範的な人物だつたからである。が、国王としての彼の美点に言及する前に、先づ一人の人間としての彼の個人的資質について語つておかう。彼こそは、もし正直な人間といふものが存在するとすれば、中でもこの称《ほ》め言葉に最もふさはしい人であつた——公正を心から愛してゐたので、如何なる誘惑も、彼に正しいと信じ込ませるほど巧みな姿になつて現れぬ限り、彼を邪悪な行動に駆り立てることは出来なかつたであらう。彼には生れながらの優しさと憐れみの心があり、その為、酷薄な事がどうしても出来なかつた。彼は時間通り規則正しく礼拝を行ひ、遊山や狩りに出掛けるにしても——決して朝早くからではないが——必ず礼拝堂での祈禱を済ませてから後と決つてをり、その為、狩猟日となると、宮廷礼拝堂所属の牧師達は特別早朝から待機してゐなくてはならなかつた。彼は、いつ、如何なる時に作られたものであらうと、詩を読むのを大いに楽しんだが、神を冒瀆したものや不潔なものを敢へて彼に献上しようといふ気には誰もならなかつた。その種の才人が王の愛顧を得ることは絶対になかつたのである。王が正に夫婦愛の鑑《かがみ》ともいふべき人物であつた為、人こはそこまで王を見倣ひはしなかつたにしても、さすがに自分の気儘《きまま》な生活を自慢話の種にするやうなことは誰もしなかつた。

国王としての美点には汚点が混ざり、その為、折角の美点も存分にその光を発揮することも出来ず、結果として当然手にし得べき果実を充分に実らせることも出来なかつた。彼は生れつき気前の良い性《たち》といふ訳ではなかつた、が、それにしては夥《おびただ》しく人こに物を与へた、にも拘らず、そんな時にも、彼の態度に余りにも躊《ため》ひがちな様子が見えるので、貰ふ方にして見ればそれほど有難味を感じなくなつてしまふのである。彼はあくまで威儀正しく自らを持《じ》したので、宮廷はまことに整然としてをり、誰一人として自分が顔を出す謂はれのない場所に姿を現さうとする者はゐなかつた。誰かに謁見を許す場合、前以てその人物を充分に観察した、そして新参者や余り自信たつぷりな人物を寵愛することをしなかつた。国王評議府においても訴へには我慢強く耳を藉《か》し、さういふことには日頃から自らを慣らせたのだ。そして常に正しい判断を下し、調停者の役割も手際よく果した。その結果、もし裁判所任せにしておいたら、頑固な気質のぶつかり合ひのため手間取りがちな訴へ事を、彼は説得によつてよく処理してのけたものである。彼は実に恐れを知らぬ人物ではあつたが、特に意慾的性格の持主といふ訳ではなかつた。優れた理解力を持つてはゐたが、そのことに充分な自信を抱いてゐたといふ訳でもなかつた――その為、始終、自分の考へを変更し、それが屢こ改悪になつてしまひ、更に彼ほど正しい判断を下せぬ者の忠告に従つてしまふことがよくあつた。それ故、幾つかの事件が立て続けに起つたりすると、優柔不断な人物になつてしまふ。もし彼がもつと粗野で国王にふさはしい性格を有してゐたなら、遥かに多くの尊敬を贏《か》ち得てゐたことであらう、また、悪に対して何らの荒療治を施さなかつたのも、彼の性格の慈悲深さと心の優しさの故であり、かうして彼はどんな流血沙汰に巻き込まれても、出来るだけ穏かな道を選ばうとし、厳しい助言には、それが如何に筋の通つたものであらうと、つひに耳を藉さうとしなかつた。彼が終生スコットランド人に度外れの愛情を懐き続けたのも、その土地に生れ、そこの人こに育てられたからであつた。

それこれ合せ考へてみると、三つの民族が挙《こぞ》つてクリストの教へに背くやうな真似をしなかつたなら、何も一人の偉大な王をあの様な醜悪な最期に追ひやつたりせずに済んだことであらう、その点さへ納得できれば、次の事実は火を見るよりも明らかであらう、といふのは彼が天日の下であれほど酷《むご》く殺された正にその瞬間においてすら、彼は自分に先立つ諸王達と同じ様に、多くの臣下に敬愛され、三つの民族の大部分の人こに尊敬され慕はれてゐたのである。

㈡　一六四九年一月の裁判記録より

王は帽子を被つたまま法廷に入り、廷吏は職杖を以て先導した。ハッカー大佐、及び三十余名の士官、紳士が王の護衛として附いて来た。

クック法務次官　裁判長閣下、イングランドの平民院、及びその国民に代つて、私はここに出頭せるチャールズ・ステュアートを、恐るべき反逆罪及びそれに次ぐ数この大罪を犯したる者として告発します。ついてはイングランド平民院の名において、先づ訴状を被告に読み聴かせて下さるやうお願ひします。

王　待て。

裁判長　いや、当法廷は罪状の朗読を求める、何かおつしやることがあるなら後にされたい、弁明は許されてをります。

訴状朗読

イングランド平民院は、ここに議会を召集し、当法廷に高等裁判所としての権威を認め、チャールズ・ステュアートを、暴君、謀反人、殺戮者、及び国家《コモンウェルス》に対する公敵として裁き、且つ判決を下すやう命じた、よつて、吾等はここに彼を告発する、即ち、彼は現議会及び国民に対し反逆の意図と悪意を以て兵を起し、その結果この国の何千といふ民衆を死に至らしめ、国土の大部分を荒廃に導き、中には全くの廃墟と化せしめたものもある。

裁判長　さて、被告は今、御自分に対する訴状の朗読をお聴きになつたはずである……当法廷は、イングランド平民院に代り、それに対する被告の答弁をお聴かせ願ひたい。

王　その前に教へて貰ひたい、如何なる権力によつてこの身はここへ召喚されたのか。是非教へて貰ひたい、如何なる権威によつて、つまり法的権威によつて——といふのは、この世には不法なる権威が横行してゐるからだ、街道筋の追剝ぎや強盗共の如き——ともあれ教へて貰ひたい、如何なる権威によつてこの身は引摺《ひきず》り出され、あちこち引廻されたのか（それも何処かさへ知らされもせぬ）、それが如何なる合法的な権威によるものか、教へて貰へれば、敢へて弁明しもしよう。次の一事を忘れてはならぬ、この身は汝等の王なのだ、歴とした合法的なる王なのだ、汝等が如何なる罪を自らの頭上に招くか、またさうすることによつて如何なる神の裁きをこの国の上に招かうといふのか——それをとくと考へてみるがよい——よいな、とくと考へてみることだ、今のそれよりも遥かに大きな罪を犯すに至る前に……それまではこの身も己が責務を裏切ることは出来ぬ、この身は神に対し、また歴史を持つた合法的なる血筋に対し、責務を負はされてゐるのだ——この身はそれを裏切り、新たなる不法な権威に対して答弁する訳には行かぬ、それ故に先づ疑念を晴らして貰ひたいのだ、さすれば、一同の前にこの身の答弁を聴かせもしよう。

**裁判長** もし被告が最初に召喚された際、当法廷が暗黙のうちにお教へ申し上げたことをお察し戴けさへすれば、仰せの権威が如何なるものか、よくお解りの筈。その権威が被告に要求してゐるのです、イングランドの国民の名において、他でもない、被告を王に選んだ国民の名において答弁を要求してゐるのです。

**王** いや、それなら断る。

**裁判長** 被告が当法廷の権威を認めぬとしても、審理は続けねばなりませぬ。

**王** イングランドは未だ嘗て選挙制による王制を採用したことはない、ほぼ千年近く世襲の王国を維持してきた。だからこそ、教へて貰ひたいのだ、如何なる権威によってこの身はここへ召喚されたのか。この身は全国民の自由の保護者を以て自ら任じてゐる、この身に偽りの判決を下さうとしてここに集つた誰よりもな。

**裁判長** 被告がその責務を如何に全うされたかはよく分つてをります、が、唯今のお答は、そのお口ぶりから察するに、当法廷そのものの正当性を問題にしておいでらしい、が、それは現在のお立場にふさはしいものとは思はれません。そのことは今までにも再三御忠告申し上げた筈でございます。

**王** この身がここに参つたのは、法廷に万事を委ねよう積りからではない、この身が平民院の特権の代表者である、その特権が正当に認められたものである以上、ここにゐる誰よりもその資格を主張し得よう。ここには議会を構成すべき貴族院所属の諸公が一人もゐない……これが王を王の議会に招《よ》ぶといふことなのか？　これが公の信義の名において誓約を破棄するといふことなのか？　とにかく合法的な権威が何であるか、先づそれを見せて貰ひたい、神の言葉、聖書によつて認められ、吾が王国の法令によつて認められた合法的な権威を、それを見せられれば、この身も答弁しよう。

**裁判長**　だが、既に被告は異議を申し立てそれに対する回答は既に与へられてをります。にも拘らず、なほ弁明なさらぬとあれば、当法廷としても今後の審理の進め方を考へ直さねばなりません。それまでの間、被告をここへお連れして来た方こは、お戻りにも責任を持つていただきたい……

一六四九年、一月二十二日、月曜

**裁判長**　さて、被告も覚えておいでの筈だが、前回、当法廷において訴状の朗読が行はれました、そこには恐るべき反逆罪のみならずこのイングランドの国土に対する数この大罪も含まれてをりました。引続きその訴状に対し弁明をお願ひしたことも覚えておいでの筈です。が、その時、被告は当法廷の正当性に関して疑義をお示しになり、更に、如何なる権威によつて当法廷へ連行されたのか解せぬと仰せになり……

**王**　前回、この場において、この身は確かに異議を唱へた、また地上の如何に強力な法の力を以てしても王を裁くことは出来ぬと主張した。それは何もこの身の場合だけではない、イングランドの国民すべてが同じ自由を保有してゐる、諸君が何をどう主張しようとも、この身の方が遥かに彼等の自由を代表してゐるのだ。さうであらう、もし法なき権力が法を作り、この王国の基本法を容易に変へ得るといふことになれば、イングランドの臣民にして、己が生命と財産を確《しか》と己が所有と呼び得る者など、一人もゐなくなるであらう。さう思へばこそ、この身は前回この場において、如何なる法と権威とによつて諸君がこの身を審問しようとしてゐるのか、その理をつまびらかにしたかつたのだ……

翻つてこの身が支へとなす理とは何か、それは国民の生命、自由、財産の保全について、先づ第一にこの身が神に対して、次いで吾が国民に対して負うてゐる良心と義務に他ならない——余は答弁などしようとは夢にも思はぬ、この法廷の合法性が納得出来るまでは、絶対に……

**裁判長**　お言葉を遮る様でまことに心苦しうはございますが、敢へて申し上げねばなりません、被告の言動は裁判所の審理にふさはしいものとは申し上げかねます、被告はあくまで当法廷の権威に関して論議を続け、反論を加へようとしておいでになる、それも犯罪者として既に告発されてゐるにも拘らずに。

**王**　この身には分らぬ、如何にして王が犯罪者たり得るのか。それはさておき、法律といふものは余の知り得る限り、凡ゆる人間は——犯罪者であらうと何であらうと——よいか、何人が如何なる審理に対して異議を申し立てようと、それは合法的に許されてゐるのだ、そのことを忘れないで貰ひたい、故に、この身もそれを要求する、しかも、それだけの理があればこそこの身の異議申立てに耳を藉すやう要求する、もしそれを拒否すると言ふなら、諸君は人間の理性を拒否することになるのだ。

**裁判長**　法廷の司法権にまで異議を唱へることは許されません。どうしてもさうしようとおつしやるなら、敢へて申し上げますが、あの連中が力を以て御異議を郤《しりぞ》けませう。彼等はイングランド平民院の権威によつてここに列席してゐるのでございます、今日まで王位を継承していらつしやつたすべての王も、そして被告もまた彼等に対し責任を果して戴かねばなりません。

**王**　断る、先例を見せてくれ。

**裁判長**　法廷が被告に向つて語りかけてゐる間は、口を挟んではなりません。

**王**　いや、裁判長、一言、イングランドの平民院は未だ嘗て裁判所になつたことはない。是非、教へて貰ひたい、さうなつてしまつた経緯を。

**裁判長**　これ以上この問題を繰返し論ずることは許されません。

法廷の書記が以下の如く読み上げる

イングランド王、チャールズ・ステュアート、ここに汝をイングランド国民に代つて、反逆罪及びその他の罪により告発する。法廷の厳命に従ひ、被告はこれに対して直ちに答弁を行はねばならない。

**王**　いつでも答弁しよう、如何なる権威によつて諸君がこの審理を行つてゐるのか分り次第すぐにも。

**裁判長**　他に何もおつしやることがないなら、では諸君――囚人を当法廷に連れて来た方こにお願ひする――お戻りにも責任を持つていただきたい。

**王**　頼みがある、聴いてくれ、この身が弁明せぬのも、それ相応の理があつてのこと、それを説明するだけの猶予を与へてはくれぬか。

**裁判長**　いや、それは囚人の頼むべきことではございません。

**王**　囚人？　何を言ふ、この身はただの囚人ではない。

**裁判長**　当法廷はその審理の権限に関し熟慮し、その結果既にその審理を有効なものと認めました、従つてあくまで弁明を拒否なさるお積りなら、それを被告側の法的義務不履行として記録することに致します。

**王**　法廷はこの身の主張する理に、つひに耳を藉さうとはしなかつた。

**裁判長**　いや、それがどのやうな理であれ、最高の司法権を否定するものには耳を藉すことはできません。
**王**　理に耳を藉さうとせぬ司法権といふものがあるなら、一つそれを見せて貰はう。
**裁判長**　それは終始ここで御覧になつてきた筈でございます――このイングランドの平民院において。そして次回、ここへお運びいただいた折には、なほ一層よく法廷の意思がお分りいただけることと存じます――その上、恐らくは、その最終的な判決をも。
**王**　先例を示して貰ひたい、今までにいつ、何処の平民院がこの様に裁判所の役割を果したことがあつたらうか。
**裁判長**　廷吏、囚人を外へ。
**王**　では、裁判長、覚えておくがよい、王は臣民の自由の為に己れに理のあることを主張することさへ許されぬといふ事実を。
**裁判長**　その様な言葉を使ふ自由もお許しする訳には参りません。国民の法と自由にとつて被告がどれほど良き友であつたのか、それについてはイングランドと世界とが判決を下しませう。
**王**　裁判長、もう一言、臣民の自由と法にこそこの身は責めを負つてゐる、この身は武器で吾が身を守りもした、が、未だ嘗て国民に向つて武器を取つたことは一度もない、それは法を守らんが為だつたのだ。

**裁判長** 法廷の命令は守らねばなりません。今後、告発に対して何の答弁も許されますまい。

**王** なるほど、さういふ事か。

判決

イングランド平民院はここに議会を召集し、当法廷に高等裁判所としての権威を認め、チャールズ・ステュアートを、暴君、謀反人、殺戮者、国家《コモンウエルス》に対する公敵として裁き、且つ判決を下すやう命じた、これに基づき、チャールズ・ステュアートは既に三度当高等裁判所法廷に召喚された。

被告はイングランド国王として際限なく専横なる権力を自らの掌中に収め握らむとの邪悪なる目論見から、議会及び国民に対し反逆の意図と悪意を以て兵を起し、その結果この国の何千といふ自由民を死に致らしめ、多くの家族に離散の苦しみを与へ、国土の大部分を荒廃に導き、中には全くの廃墟と化せしめたものもある。かくして被告は過去においてのみならず、現在に至るもなほ、右に挙げたるごとくこの国に対して、非道にして残虐極まりなき血塗《ちまみ》れの戦、反逆、殺戮、強奪、焼打ち、掠奪、荒廃、災厄を齎《もたら》せる元兇であり張本人であることに変りはない。

従つて、以上の事実に関して慎重かつ充分なる審議を重ねたる結果、当法廷はその判断と良心に基づき、確信を以て、被告がその邪悪なる目論見と右に告発されたる罪状について、すべて有罪と認める。

ここに当法廷は宣告する、被告、前記チャールズ・ステュアートは、暴君、謀反人、殺戮者、及びこの国の善良なる民衆に対する公敵として、斬首の刑に処さるべし。

㈢　チャールズ一世の書斎より発見された自戒十二訓

教会の儀式を冒瀆すること勿れ。
人に祝杯を強要すること勿れ。
国事に容喙《ようかい》すること勿れ。
争ひを仕掛くること勿れ。
誤れる意見に固執すること勿れ。
人に悪徳を奨むること勿れ。
悪友を近附くること勿れ。
秘密を洩すこと勿れ。

人と競ひ争ふこと勿れ。
愚痴を口にすること勿れ。
食事に時間を掛けること勿れ。
賭事に手を出すこと勿れ。

ジョン・バートン編

# 空しき王冠

福田逸訳

## プロローグ

かうなれば、いつそこの大地に坐し、諸〻の国王達の哀れな最期を物語るにしくはあるまい。中には己が玉座を奪はれた王もある、戦死した王もある、また、自ら玉座を奪つておきながら、その相手の亡霊に悩まされ通した王もある、己が妃に毒を盛られた王もあれば、眠りこけてゐるうちに殺された王もある。一人として、非業の死を免れた者はゐない——それといふのも、生ける王の顳顬《こめかみ》を取巻くあの空しき王冠の中には死神といふ道化役が棲《す》みついてゐるからだ、そいつが、王者の栄光をあざ嗤《わら》ひ、その栄華を嘲弄し、ほんの一時《いつとき》、ほんの一《ひと》場《ば》だけ王の役割を演じさせ、人〻を恐れ戦《をのの》かしめ、その目なざし一つで人を殺させる、お蔭で当人は自惚れと虚栄心を吹込まれ、己が命を守るだけの外壁に過ぎぬこの生身の肉体を難攻不落の鉄壁とまで思ひ込んでしまふ、かうしてすつかり良い気にならせておいてから、最後の土壇場にあの道化めが姿を現し、小さな針のほんの一突きで、その城壁を貫き通し、「王よ、さらば」と捨てぜりふを吐いてのけるのだ。

（シェイクスピア「リチャード二世」第三幕第二場）

# ノルマン朝

一九三〇年、W・C・セラーズとR・J・イートマンは「一〇六六年及びその後」[*1]と題する英国史を著した。著者によればそれは「誰でも知つてゐる筈の史実すべてを盛り込んだ」英国史であるといふ。以下はその英国史からの抜粋である。

一〇六六年といふ年にもう一つ英国史上特筆すべき事件が起つた。即ち「ウィリアム征服王一〇-六六《テン・シックスティ・シックス》」の出現である。これはまた「ヘイスティングズの戦ひ」と呼ばれ、この年、ウィリアム一世（一〇-六六《テン・シックスティ・シックス》）はヘイスティングズ近郊センラックの戦闘に勝利を収め、イングランドを征服したのである（一〇-六六《テン・シックスティ・シックス》[*2]）。

イングランドに上陸したウィリアム征服王は、海辺に身を横たへ砂を二口嚥《の》み込んだ。これは彼が最初に示した征服の行為であつて、それは南部での話であるが、その後北部もまた彼の手により略奪された。

ノルマン・コンクェストは良き事であつた[*3]。何故なら、これを最後に英国は他民族に征服される憂き目に遭はずに済み、お蔭で大国《トップ・ネイション》[*4]になり得たからである。

＊

ウィリアム・ルーファス（赭顔王《しやがんわう》）は始終腹を立て顔を真赤にしてゐた。そこで当然人気がなかつた。それ故彼の死は良き事であつた。

＊

ヘンリー一世はその手蹟《しゆせき》が見事なので有名であつた。そのため俗にヘンリー・ボー・ジェスト[*5]（優雅な手つき）と呼ばれてゐた。王は息子ウィリアムをこよなく愛してゐたが、そのウィリアムは乗船ホワイト・シップ号が難破し溺死してしまつたのである。息子を失つたヘンリーは自らを慰めるために乗馬用の馬《バルフレイ》[*6]を無闇に食べた。これは悪しき事であつた、何故なら王はその為に死に、今度こそ二度と笑顔を見せなくなつたからである。

＊

スティーヴンが王位に即くや、直ぐ人こはこの王位継承が過ちであり、スティーヴンといふ洗礼名が彼にふさはしくないこと[*7]に気づいた。とにかくイングランドはひどい混乱状態に陥つたのである。

スティーヴン自身、自分の素姓のあやしい事を意識してゐた。そして伯母[*8]のマティルダまで彼を欺《あざむ》き、自分こそ真の国王であると表明し始める始末であつた。ところが程なくスティーヴンの方もそのマティルダ[*9]といふ洗礼名がこの女にふさはしからぬ命名である事を発見し、当人も、自分の名が果してマティルダなのかモード[*10]なのか、自信をもつて言ひ切れないといふ事実を知るに至つた。からして以後スティーヴンとマティルダ（或はモード）とは、「神も天使もまどろみ給ふ」間も、雪の中を寝間著姿で互ひに相手から逃げ隠れしつつその治世を過したのであつた。

（「一〇六六年及びその後」）

（＊1）この書物は著者の言ふ通り英国人なら誰でも知つてゐる歴史的事実を述べたものであるが、諧謔と冗談で読ませる戯書である。

（＊2）一〇六六の繰返しは小中学生が英国史で最も重要な年として繰返し叩き込まれて来た事に対するパロディー。

（＊3）「良き事」は後出の「悪しき事」と対応し、小中学生が歴史や人物について、善か悪か、白か黒かの判断を下したがる習性を真似た冗談。

（＊4）大国（トップ・ネイション）も小中学生の口にする決り文句を借りながら、爾来、英国が二度と他国の侵略を受けなかつた事を暗示したもの。

（＊5）ボー・ジェストといふのは著者の洒落、後出ボークレルクが正しい。いづれもラテン語。ボークレルクは「優れた学者」の意味。偶ここの戯書の書かれた十年前の一九二〇年に、P・C・レンの書いた本の題名にボー・ジェストといふのがあり、これは北アフリカのフランス外人部隊を描いた通俗的な少年文学であるが、当時大層人気があつたので、それに引掛けて笑はせようとしたのであらう。ヘンリー一世はアルフレッド大王以来、文盲に非ざる最初の王であつた為ボークレルクと呼ばれたのを、「字がきれい」と片づけたのも冗談である。

（＊6）これも後出「八つ目鰻《うなぎ》」＝ランプレイの洒落である。

（＊7）聖スティーヴン（ローマ法王）と同名だからである。

（＊8）実際は後出の如く従姉である。恐らく著者の間違ひであらう。

（＊9）聖マティルディス（ドイツ女王）と同名だからである。

（＊10）モードはマティルダの愛称。マティルダは神聖ローマ帝国皇帝ハインリヒ五世の后であり、当時はモードと呼ばれてゐた。

## ウィリアム一世

ノルマン朝の国王達に関する吾〻の知識は当時の年代記作者に依存してゐる。彼等が吾〻に残してくれた国王達の肖像は、作者の偏見にも拘《かかは》らず、それぞれ一致してゐる部分が多く、それゆゑ可成り正確な描写と考へてよいと思ふ。「アングロ・サクソン年代記」はウィリアム一世について次の様に書いてゐる。

> 吾が主イエス・クリストの生誕より千八十七年後、即ちウィリアムによる英国統治が始つて二十一年目、王は不運の事故に遭つて病み、死去したのである。
>
> あゝ！　現世の繁栄とは如何に当てにならずまたはかなきものであらうか。嘗ては強大な王であり、数多《あまた》の土地を領有してゐたウィリアムには、今やその広大なる領地のうち僅か七フィートの土地が残されたに過ぎない。嘗《かつ》ては金銀宝玉をもつて己が姿を飾り立ててゐたウィリアムも今や土くれに身を蔽《おほ》はれたまま地下に横たはつてゐる。
>
> （「アングロ・サクソン年代記」）

　ウィリアム一世は人並みの身長と体軀ではあつたが獰猛《だうまう》な容貌の持主であつた。額は禿げ上つてをり、その腕力の逞しさは屢〻《しばしば》人〻の驚嘆の的となつた程であり、その剛弓は他の誰にも扱ひかねるものであつたが、彼独り疾駆する馬上に身を委ねたまま見事にそれを引絞つたといふ。突出した腹部が王者としての風格を損つてはゐたものの、その立居振舞には威厳があつた。健康そのものであつたから、死の床に就くまでは一度として重い病にかかつたことがなかつた。王はまた狩猟をことのほか愛したため、既に述べた様に、何マイルにも亙《わた》る土地から住民を立ち退かせ、その土地を原野と化し、他に気晴しが無くて暇な時、そこで存分に狩猟を楽しめる様にしたのである。

　金銭に対するウィリアムの渇望は、責められて然るべき唯一の欠陥であらう。彼は蓄財の機会を一切逃さず、その為には全く手段を選ばなかつた。金が手に入るといふ誘惑を前にすると、彼はその

偉大な尊厳にふさはしからぬ数〻の事を、いや、殆どあらゆる事を口にもし、行ひもした。この点について彼を弁護しようとするならば、或る人が言つた様に、「多くの人間に恐れられる者はまた多くの人間を恐れざるを得ない」と言ふほかはあるまい。

（ウィリアム・オヴ・マムズベリ「英国史《ヒストリア・アングロラム》」）

## ウィリアム二世

ウィリアム一世の後を継いだのは息子のウィリアム二世ルーファス（赭顔王）であつた。

　ウィリアム・ルーファスは卓越せる偉大な精神の持主であつた。が、時が経つにつれ、過度の峻厳がこの偉大なる精神を曇らせてしまつた。実際、悪徳が美徳に取つて代つて、いつとは知れず彼の身中に忍び込み、遂には王自身悪徳と美徳との区別が出来なくなつてしまつたのである。世人は長

い間、王が一体どちらに傾くのか、王の気性が善悪どちらの方向を指向するのかを訝《いぶか》つてゐた。最初のうち、大司教ランフランクが生きてゐた間は、王もすべての悪事を控へてゐたから、彼こそは王者の鑑とならうと思はれたのである。大司教の死後暫くの間、王は頗《すこぶ》る気紛れな態度を示したために、美徳と悪徳との間で見事な釣合ひが取れてゐた。が、遂に晩年に到るや、王の美徳への情熱は冷めてしまひ、数多の悪徳の芽は次第に成熟していつたのである。すなはち寛大は放蕩と化し、雅量は傲慢に、峻厳は冷酷に化したのであつた。

　外出した時や公の会合の席上では、王は尊大な表情となり、見物人には脅迫的な目なざしを投げ掛け、言葉を交はす相手には見せかけの峻厳と威嚇的な口調をもつて接するのであつた。恐らくは貧困と反逆とを怖れたのであらう、王は富に執著し愈〻《いよいよ》残忍になつていつた。一方、家庭内で親しき人〻と共に食卓に著く時など、王は羽目を外して浮かれ騒ぐのであつた。王は、自らの不名誉とならぬ様、自分の犯した過ちは自ら謔《おど》けながら非難してすべて冗談事で済ませてしまつたのである。王は、また、物の値段を負けさせることも出来なければ、その値打を判断することも出来ない男だつた。しかし商売人は王に品物を好きな値段で売りつけ、兵士は欲しいだけの給料を要求しかねぬものである。王はしきりに、自分の衣裳の値段が法外なものである事を願ひ、もしそれらが廉《やす》い値段で入手出来たと知らされると、必ず腹を立てた。実際、或る朝のこと、王は新しい長靴を履きながら侍従にその値段を尋ねた事がある。侍従は「三シリングでございました」と応へた。すると王は憤然として猛り狂つて叫んだ、「この野郎！　俺はこれまでそんな廉物の靴を穿《は》いてゐたといふのか。とつとと消え失せろ、一マルク銀貨に相当する靴を買つて来るのだ。」侍従は王のもとを辞《じ》し、前のよりは遥かに廉物の靴を持参して、これは陛下御注文通りの品物でございますと言つた。「その通りよ」と、王は応へた、「これこそ国王にふさはしき履物だ。」かくしてウィリアムの侍従は王の衣裳代として好き勝手な請求をし、お蔭で自分の欲しい物を何でも著服する事が出来た。

（ウィリアム・オヴ・マムズベリ「英国史」）

彼は己が王国を治めるに当つても、部下や隣人に対しても頗る苛酷であり、また、実に恐るべき存在であつた。邪悪な顧問官達の助言、それは常に王を喜ばせる様なものであつたが、その様な助言に心を動かし、また貪慾から、略奪を恣《ほしいまま》にし不法な税金を課し、それが絶えず国民を激怒の渦に巻き込んだ。従つてウィリアムの時代には正義は廃《すた》れ、神と人間に対する凡《あら》ゆる種類の悪が鎌首を擡《もた》げ始めたのである。神や心正しき人この憎む悪事がウィリアムの治下のこの国では日常茶飯事になつてしまつたのだ。それゆゑ、彼は殆どすべての人民から憎まれ、また神の憎み給ふ存在となつたのである。この事は彼の最後が証《あか》ししてゐるとほりだ。何となればウィリアムは悔い改める暇もなく、己が悪事を贖《あがな》ふこともなく、罪業の只中に死んでしまつたからである。

収穫祭も過ぎたある朝、ウィリアム王は狩猟中、部下の一人の放つた矢に射殺されたのである。その後、彼はウィンチェスターに運ばれ、統治する事十三年にして大聖堂に葬られたのである。

数人の農夫が荷馬車に王の亡骸を載せ、ウィンチェスターの大寺院まで運んだが、途中ずつと馬車からは血が滴《したた》つてゐたといふ。偉大な人物が多く見守るうちに、大聖堂の中央、塔の真下にウィリアムの亡骸は埋葬されたが、彼の死を歎き悲しむ者は殆どゐなかつた。しかも翌年、この聖堂の塔が崩壊するといふ事件が起つたのである。この事件についてはあれこれと取沙汰されたものだが、それについては何も触れずにおかう、この私が取るに足らぬ事柄を信じてゐるかのやうに思はれては心外だからである——第一、たとへウィリアムがそこに葬られなかつたとしても、いづれ塔は崩壊したであらう、といふのは、もともとそれは出来が悪かつたからである。

（「アングロ・サクソン年代記」）

## ヘンリー一世

ヘンリー一世については、すでに十四世紀に「大学者《ボークレルク》」といふ綽名《あだな》がつけられてゐるが、事実、父親や祖父とは異りヘンリーは優れた教養の持主であつた。が、その人となりについては吾こはやはり年代記作者達の記述に頼らねばならない。

ヘンリーは中背であつた。髪は黒ことしてゐたが額の辺りはかなり禿げてゐた。眼は穏和に輝き、胸部は筋骨逞しく、肉附きの良い体軀の持主であつた。陽気に振舞つてよい場合には謔《おど》けもし、国王としての種こ多様な仕事に追はれてゐる時でも、人前で不機嫌になるといふ事もなかつた。ヘンリー王は自ら剣を取つて闘ふ様な事はせず、「母は私を司令官として産んだのであつて、一兵卒としてではない」といふスキピオ・アフリカナスの言葉を身を以て示して見せたのであつた。それゆゑに彼は昨今の如何なる国王にも劣らぬ智者であつた。また、彼は疑ひもなくイングランドにおける彼のあらゆる前任者をも凌駕してゐたと言つてよく、剣によつてよりはむしろ思慮分別によつて戦ふことを好んだのである。出来る事ならば王は流血の惨を見ることなく敵を屈服せしめ、流血を避け得ぬ場合にもそれを最小限度に食ひ止めようとした。生涯を通じて、王は不純なる情慾から己が身を遠ざけてゐた。つまり、王の私生活について良く通じてゐる人この証言では、王が女性の追従に魅せられた事があつたとしても、それは淫蕩の情に身を任せるが為ではなく、世継を得んが為であり、世継を得られる可能性がない場合、王は決してその場限りの交はりをしようとはしなかつたさうである。この点において、王は己が性向を制御して情慾の奴隷となることはなかつたのだ。食事も質素なもので、種この珍味を心ゆくまで食べるといふよりも、むしろ単に空腹を癒《いや》す程度のものであつた。酒にしてもただ喉の乾きを癒す為にだけ飲んだのであり、王自身にも或はその身近の者にも度を越した飲酒を忌み嫌つてゐた。王は熟睡はするものの、自分の鼾《いびき》の為に屢こ眠りを妨げられた。また、王の雄弁は苦心の賜物であるよりもむしろ即興といふべきものであり、流暢ではなく落著いた語り口であつた。

（ウィリアム・オヴ・マムズベリ「英国史」）

偉大なる国王ヘンリーが没した途端、誰の死後にも起る事ではあるが、世人はヘンリーの人柄に関して自由に論評を加へる事となつた。或る者はヘンリーが三つの輝かしき天賦の才に恵まれてゐたと主張した。第一は聡明である。その思慮分別は深く、洞察力は鋭く、雄弁は堂こたるものだつたといふ。第二は戦闘に於ける成功である。他の多くの優れた功績はさておき、何はともあれフランス王を打ち負かしたではないかといふ。第三はその富である。この点に関しては彼は前任者のすべてを遥に凌《しの》いでゐたではないかといふ訳である。ところがこれとは異つた観方をする者もあつて、さういふ連中は三つの忌はしき悪徳をヘンリーの中に見出してゐる。まづ第一に王の貪慾であり、己が財産は莫大なものであつたのに、先王達に倣《なら》ひ王の監視人達による調査の網を張り廻らし、国民から苛酷な税を執拗に取立てたではないかといふのである。第二は王の残虐性であるが、王は嘗て血縁のモートン伯が捕はれてゐた時、伯の両眼を抉《えぐ》り出した事がある。もつとも、この恐るべき行為は、ヘンリー王の死が王の秘密を明るみに引《ひき》摺《ず》り出すまでは知られずに済んでゐた。そして第三に王の淫蕩な性格であつて、ヘンリーは、ソロモンの如く、常に女性の誘惑の虜になつてゐたといふ。かういふ評判は遠慮なく国外に広められた。しかし、ノルマン人の残虐な行為を体験したばかりの騒然たる時代にあつては、ヘンリー王が如何に専制的な振舞に及ばうと、或は王として為すべき正当なる権利を行使するに当つて何を為さうと、いづれにせよ王の一切の行為は、他の国王の振舞に較べれば甚だ立派なものと思へたのである。

　王は八つ目鰻《ランプレイ》を貪《むさぼ》り食つた。しかしそれは、王の大好物であつたにも拘らず、王の体質に合はず、ヘンリーは食当りばかりしてゐた。侍医達が八つ目鰻を食べる事を禁じた時も、王はその賢明な忠告を入れようとはしなかつた。或る時、この御馳走は王の気分を不快にし（こんな物を食べれば不快になるのも当然であるが）、年老いた彼の肉体から致命的なまでに熱を奪ひ、突如激しい発作を惹き起した。王の身体は踠《もが》き苦しみ、この頗る有害な発作を抑へようとして高熱を発した。が、彼はどうしてもこの発作に耐へ得ず、かくして偉大なる王は十二月一日、死去したのであつた。

（ヘンリー・オヴ・ハンティントン「英国史《ヒストリア・アングロラム》」）

## スティーヴン

ヘンリー一世の息子ウィリアムは乗船ホワイト・シップ号が難破した際に死に、娘のマティルダがヘンリーの後を継いだ。が、彼女の王位継承権の要求に対して、従弟のスティーヴンから異議が出て、ここに内乱が勃発する事になる。

このスティーヴン王の治世には、抗争と悪事と略奪が国中に蔓延した。といふのも貴族達がたちまち反逆者となつて彼に楯突いたからである。謀反人共はスティーヴンが愛想よく穏和で、人を罰することのない無頓著な人間だと見て取るや、恐るべき悪行の限りを尽したのであつた。彼等はスティーヴン王に対して臣下の礼を取り、忠誠を誓ひはしたが、その誓ひは一つとして守られはしなかつた。それらは偽誓であり、誓ひはすべて破られた。詰り勢力のある貴族達は皆、数多の城を築いて王に対する反抗の砦となし、国中をさういふ城で満した。彼等は築城の為、不幸な人民に苛酷な労働を強ひ、城が構築されると、そこに悪魔の如き邪悪な部下を配したのである。かうして貴族達は、夜となく昼となく、少しでも財産を持つてゐさうな人こを男女の別なく捕へ、その財産を奪ふ為に投獄し、言語に絶する拷問の責苦を味ははせたのだが、それは殉教者ですら未だ嘗て体験したことの無い程の恐るべき拷問であつた。足を縛り逆吊りにして下から悪臭に満ちた煙で燻《いぶ》したり、両手の親指もしくは頭を縛つて宙吊りにし、両足に鎖帷子《くさりかたびら》をぶら下げたりした。或は結び目を作つた綱を頭に巻きつけ、それが脳に食込む迄締めつけたり、蟇《ひき》蛙や毒蛇の潜《ひそ》む土牢に閉ぢ込めて殺したりした。かうして何千人もの人民を餓死させたのである。

何と言つたら良いのであらうか、この貴族達がこの国の不幸な人民の上に加へたすべての蛮行《ばんかう》と残虐行為を如何にして語り得ようか。それはスティーヴンの在位、十九年の年月に亘つて続き、次第に酷くなつて行つたのである。如何なる国もこれ程の苦痛に耐へた事はあるまい、そしてまた異教徒といへどもこれ程恥づべき行ひを犯した事は無いであらう。

かくして十九年間、詰りスティーヴンが王として留つてゐた間中、この蛮行は続けられ、さういふ行為ゆゑに国内は腐敗堕落し暗闇の世界となつたのであつた。そして人こはあからさまに言つたのである、クリストも天使達も今は眠つておいでだ、と。（「アングロ・サクソン年代記」）

## プランタジネット朝

人こはそれぞれの世代に合せて歴史を書き変へる。一六七五年に騎士ウィンストン・チャーチル[*1]は自分が書いた英国史の序文として次の様な文章を書いてゐる。

ヘンリー二世は、プランタジネット家なる一族の最初の国王であり、英国が嘗て戴いた王の中で、最も偉大な王であつた。が、同時に彼はまた最も不幸なる王でもあつた。この彼の悲劇をいやが上にも悪名高きものとしたのは、他でもない、その悲劇が彼自身の臓腑から生じた事にある。即ち、彼の死因は専ら、彼自身が命を与へ、手塩《てしほ》に掛けて育てた者達、即ちその親不孝な息子達に帰せらるべきもので、その彼の跡を襲ひ、王座に即いた長男のリチャード一世クール・ド・リオン（獅子心王）は父王に対する不孝を弟から激しく詰《なじ》られ、死際には弟の非難を尤《もつと》もな事と考へざるを得なくなり、出来る限り父王の墓の近くに埋葬されたいと願つた。彼岸において一刻も早く父に会ひその許しを乞はうと望んだのである。がその弟のジョン王[*]はラックランド（無領地王）といふ綽名で呼ばれてゐるが、彼は兄にも増して思ひ遣りに欠けてをり、兄同様の罪業を重ねながら、しかもその罪の意識が彼には少しも無かつた。彼はさんざん世間を苦しめ、己れもまた苦しんだ揚句、王冠の名誉を保つ事も出来なければ、それを平和裡に譲渡する事も出来なかつた男で、それにしては奇蹟と言ふ他はないが、頗る激情に動かされ易い王子であつたその息子のヘンリー三世は能くも長くその治世を持ち堪《こた》へたものである、とはいふものの、その間、唯ごまかしに明け暮れしながら五十六年の歳月を全く無為に過しただけのことである、と言ふより、更に始末の悪い事に、危機に瀕した王制を覆《くつがへ》すのに手を貸す為、ただ漫然と時を過しただけと言ふべく、この最悪の事態を防ぎ得たのは一人の高潔なる人物の支柱があつたからで、それは彼の息子にして後継者たる

エドワード一世であり、彼こそは父が遺した王国以上に偉大な王国を治めるにふさはしい人物であつた。彼は機を見るに甚だ敏であり（これこそ叡智を示す疑ふべからざる徴してあるが）、父、祖父そして曽祖父の統治が惹き起した紛争を悉《ことごと》く鎮め、当然、幸福のうちに、しかも栄光に包まれ、安らかに死ねたと言へようが、遺憾ながら、その息子の

エドワード二世は彼の期待に応へられず、もしこの人物に誇るに足る栄光があるとすれば、それはこの子にしてこの親ありとは思へぬ父を持ち、この親にしてこの子ありとは思へぬほどの息子に恵まれた事だけで、その息子の

エドワード三世は勇敢であり、また幸運に恵まれてゐた。その幸運が一際大きなものに見えるのも、一種の運命的な対照によるものであつて、エドワードは二人の不運な王に挟まれた形で王位に即いた。といふのは、彼の前には不運な父親がをり、彼の後にはこれまた不運な孫がゐたからで、その孫の

リチャード二世*は、甚だ幸運であつた父、俗にブラック・プリンス（黒太子）と呼ばれてゐるエドワードの最も不運な息子であつた。阿諛《あゆ》追従の徒と真の友とを見分けられなかつた彼は、（曽祖父と同様）軽信といふ欠陥がいかなる禍ひを招く

かを示す恰好《かつかう》の例と言ふべく、従弟に迫られて退位するに至つたが、その従弟の

ヘンリー四世*は、エドワード三世の四男に始るランカスター家最初の国王であり、王と言ふよりも偉大な臣民とでも言ふべき人物であつて、人こは彼が野心からといふよりは寧ろ憐れみから、また家名を挙げんが為といふよりは寧ろ虐げられた祖国を救はんが為に王冠を手にしたものと考へた。従つて神もこれを嘉《よみ》し給ひ、輿論の支持を強化し、お蔭でランカスター家は、(可成り長く中断した事がありはするものの)以後久しく続いたのである。彼の息子の

ヘンリー五世*は、かうして名声の唯中に王位に即いたが、その王冠を戴く以前から既に人民は彼に忠誠を誓つてをり、この様な名声は彼に先立つ王達が嘗て経験した事の無いものであつた。栄光のみならず運に恵まれたといふ点において、彼の場合、他とは比較にならぬ特異なものであつた。といふのは彼はフランスの百合とイングランドの薔薇とを結合して一つの冠を作り、それを息子の頭上に戴かしめたのだが、その息子の

ヘンリー六世*は幼少の頃、生れながらに持ち合せた名声や幸福を理解出来なかつた。そして長ずるに及んでも名声や幸福を軽蔑してゐたので、誰もが彼は王よりも聖職者に向いてゐると考へた。もつともヨーク家の連中だけは、この男を聖職者よりは寧ろ犠牲《いけにへ》に向いてゐると考へてゐた。からして傴僂《せむし》のリチャードが彼を殺害し、自家の為に王位への道を切り開いてやるといふ事になるのだが、その長兄の

エドワード四世*はエドワード三世の五男に始るヨーク家から出た最初の王であり、ヘンリー四世が見事に赤薔薇を咲かせたのと同じくらゐ長きに亙つて白薔薇を咲かせたのだが、もし敵方の陰

謀よりも身方の野心によつて不幸な目に遭はされさへしなかつたなら、もつと長い間白薔薇を咲かせ続ける事が出来たに違ひない。彼の二人の息子
の

エドワード五世*とそのあどけない弟と、この二人を殺害したのは、人非人の（しかも二人の保護者を自称してゐた）叔父の

リチャード三世*であるが、彼はグロスター公時代、先にはこの二人の父親を王座に即ける為に一人の王を殺し、今度は己れ自身を王座に即ける為にこの二人を殺した訳である。しかし、リチャードが簒奪した王位も束の間の夢に過ぎず、自然と神意は申合せでもした様に、この男に跡継ぎを与へなかつた。その為、彼は近親を酷《むご》く扱ひ、とどの詰り、サクセス（＝成功・継承者）を捷《か》ち得なかつた為と言ふよりは寧ろイシュー（＝結末・子女）を欠いた為に、王冠はランカスター家*の手に渡る事となつた。

（＊1）前出の「一〇六六年及びその後」とは異り、これは戯書ではない。「人とはそれぞれの世代に合せて歴史を書き変へる」といふのは、以下一読してわかるやうに諸王の人物像を政治的権力闘争や統治能力の点からみることをせず、もつぱら親子・夫婦・男女関係を通してその運、不運について述べてゐるが、この書は王政復古《レストレイション》時代に書かれたものであり、この時代は文学作品からも窺はれる通り、人この関心が主としてそのやうな人間関係に注がれてゐたためであらう。

（＊）シェイクスピアの王朝史劇の主人公は殆どすべてがこれらプランタジネット諸王に限られてゐる。参考までに治世順に作品名と創作年代を掲げて置く。

「ジョン王」（一五九四―九六）

「リチャード二世」（一五九五）……対立者として後のヘンリー四世、ヘンリー・ボリングブルックが登場。

「ヘンリー四世」第一部（一五九七）

「ヘンリー四世」第二部（一五九八）……終幕にハル王子がヘンリー五世に即位。

「ヘンリー五世」（一五九九）

「ヘンリー六世」第一部（一五八九―九〇。改稿一五九

一—九二）

「ヘンリー六世」第二部（一五九〇—九一）……後のエドワード四世、リチャード三世が、それぞれエドワード、リチャードとして登場。

「ヘンリー六世」第三部（一五九〇—九一）……第三幕でエドワード即位、リチャードはグロスター公になる。

「リチャード三世」（一五九二—九三）……第四幕でエドワード五世兄弟はリチャードに殺害され、終幕に次のテューダー朝の祖ヘンリー七世リッチモンドが登場し、リチャードを斃《たふ》す。

## ヘンリー二世

ヘンリー一世の娘マティルダとプランタジネットと呼ばれるアンジュー伯ジェフリーとの息、ヘンリー二世はイングランドに強力な統治を再現する事となつた。

ヘンリー二世の顔は少こ赤味がかつてをり、胸幅は広く、背は低く、しかも肥つてゐた。そのため彼は肉体訓練に励み、肉を殆ど口にしなかつた。彼は俗にヘンリー短外套《ショート・マントル》王と綽名されてゐたが、それはアンジューの地で著用されてゐた短い外套を初めてイングランドに持ち込んだからであつた。その気質について言ふなら、彼はこの上なく高邁な精神の持主であつて、屡こ「全世界の大をもつてしても、勇者の心を満すには足りぬ」と言つてゐた。彼の習慣は絶えず行動してゐる事であつた。従つて、たとへ実際戦争がなからうとも、それを捏上《でつちあ》げさへしたであらう。事実、彼は始終ノルマンディーやブルターニュへ軍隊を派遣し、自分もそれと行を共にし、かうして日頃から軍隊を整備して置く事によつて、兵士には訓練を、そして自分には鍛錬を課したのである。子供達に対しては、彼は甘さと厳しさとを合せ持つてゐた。その甘さの為、自分の存命中息子ヘンリーに戴冠式を行はせ、一方、その厳しさの為、他の息子達をして自分に弓引かせる事となつた。彼はどちらかと言ふと迷信家であつて、信仰の深い人間とは言へない。その事は生前のベケットよりも死後のベケットに対する彼の態度によく示されてゐる。彼の男女関係は至極ふしだらで、それも妻以外の女性に手を著けたといつた程度の事では済まされず、息子の許婚者にまで手を出したのである。彼が娶《めと》つたエレノアはギュイエンヌ公ギョームの娘であり、フランス王ルイ七世の后であつた。ルイ王は彼女を聖地へ連れて行つたと言はれるが、エレノアはそこで甚だ聖ならざる振舞に身を委ね、日こ淫蕩な生活に明け暮れしたといふ。しかもそれは至極悪質の淫蕩であつて、或るトルコ人を相手に己が肉慾を満してゐたと言はれてゐる。

（サー・リチャード・ベイカー「イングランド王年代記」）

后《きさき》エレノアは病気になつて
　死ぬのでないかと怖くなり
修道士二人をフランスより招き寄せ
　急ぎ懺悔《ざんげ》を済ませて置かうと思ひ立つ

王ヘンリーは一人、二人、また三人《みたり》と
　重だつた家臣をすべて呼び集め
「紋章院総裁《アール・マーシャル》よ、わしは后の懺悔が聴きたい
　わしと一緒に来てくれぬか」

「全くもつて畏れ多きことながら！」
アール・マーシャルは跪《ひざまづ》いてさう言つた――
「お后が何と仰せにならうとも
決して誰もお咎めにならぬ様」

「わしの命、わしの王国にかけて誓ふ
　わしの笏《しやく》と王冠にかけて誓ふ
后エレノアが何を言はうと
決して文字に記し残しはせぬ」

「そちらは修道士の衣を纏《まと》へ
　わしもまた同じ装ひに身をやつし
揃つて后エレノアを訪ねよう
　姿はいづれも同じ修道士」

かくて二人は修道士になりすまし
　白亜宮《ホワイト・ホール》に辿り著き
鐘を鳴らしたところ、聖歌隊がこれに和し
　松火が二人を照し出したといふ

二人は后の前に進み出で
　恭《うやうや》しく跪き、かう言つた
「全くもつて畏れ多きことながら！　恵み深きお
后様
　何故かくも急いで吾等をお招き下されしや」
「そちたちはまことフランスの修道士か」と后
　「察するところ、どうやらさうらしい
もしイギリスの修道士とあらば
　いづれ絞首刑は免れぬものを」
「お察しの通り」と二人は答へた
　「吾等はいづれもフランスの修道士
この地では如何なるミサにも立会はず
　港より直ちにこちらへ馳《は》せ参じたばかり」
「これまでに犯した数〻この罪業の
　最初の悪事を打明けませう
私の処女を奪つた殿御はアール・マーシャル
　金色の裳《もすそ》の中《うち》を優しく撫でてくれました」
「まことに業深き罪なるかな」と王は答へた
　「神よ、お后の罪を許し給へ！」
「アーメン！　アーメン！」とアール・マーシャ
ル
　その心は重く、やつと二言、三言
「ついで犯した忌《いまは》しき罪業は
　それも隠し立てする気はありませぬ
毒をたつぷり効かせて小箱にもり
　ヘンリー王を殺してやらうと企みました」

「まことに業深き罪なるかな」と王は答へた
　「神よ、お后の罪を許し給へ！」
「アーメン！　アーメン！」とアール・マーシャル
　「吾もまた共に祈らん」

「ついで犯した忌しき罪業は
　それも露《あら》はに申上げませう
麗しきロザムンドに毒を盛つたのもこの私
　麗しきウッドストックの館の中に忍び込み」

「まことに業深き罪なるかな」と王は答へた
　「神よ、お后の罪を許し給へ」
「アーメン！　アーメン！」とアール・マーシャル
　「吾もまた共に祈らん」

「あれ、あそこに、見えませう、童《わらべ》が一人
　ほら、いま、球を投げたのは
アール・マーシャルの一番上の男の子
　私は誰よりもあの子が大好き」

「あれ、あそこに、見えませう、童《わらべ》が一人
　ほら、いま、球を受取つたのは
ヘンリー王の男の子」と后は言葉を続け
　「私は誰よりもあの子が嫌ひ」

「あの子の頭は牡牛に似てゐる
　あの子の鼻は猪に似てゐる」
「そんなことはどうでもよい」とヘンリー王
　「だからこそ、わしにはあの子がかはいい」

やにはに王は僧衣を脱ぎ捨て
　真紅の装ひを現した
后は泣き叫び、両手を絞り
　まんまと謀られたと言ひ放つ

王は左の肩越しにアール・マーシャルを

凄じき眼附きで睨《にら》みつけ
「あの誓さへ無かつたなら
貴様は絞首刑だ」と言ひ放つ
（俚謡《りそう》「后エレノアの懺悔」）

王は常軌を逸した肉慾に身を委ね、妻のみでは飽き足らず、多くの妾を囲つてゐた。就中《なかんづく》、一人の娘を寵愛し、その類稀な美しさゆゑに世界の薔薇と呼んでゐたが（一般人民もこの女をロザムンド＝「美しき薔薇」と名附けてゐたくらゐで）、その美が一時《いつとき》のはかないものであつたにせよ、その女は確かに比類の無い絶世の美人と言つてよかつた。ヘンリーはこの女の為、オックスフォードのウッドストックに迷宮の如き館を建ててやつたが、それは王の指令無くしては誰も彼女に会へぬ様にする為であつた。が、人この噂によると、后は遂に一本の絹糸を頼りに女を捜し出したさうだが、その糸は王がロザムンドの部屋から出て来る時に足に著けたまま引摺《ひきず》つて来たものだといふ。

后は頗る残虐な方法でロザムンドに仕返しをしたので、ロザムンドはその後長くは命を保ち得なかつた。（ホリンシェッド「イングランド年代記」）

この女はゴッドストウの尼僧院に埋葬され、墓石には次の様な詩が刻まれてゐたといふ。

世界の薔薇、浄き花にはあらねども、
今、ここに眠る、その美は借りものなりき。
この奥津城《おくつき》の暗黒こそ終《つひ》の栖《すみか》、
仮の世の美しくかぐはしき館、今いづこ。
美しき女人なりしも、今は悪臭を放つのみ、
この女人に想ひを馳する人こには、こよなき鏡ならん。
（ジョン・ストウ「年代記」）

## リチャード一世

リチャードは父ヘンリーが母親を幽閉する以前、ジョン、及びその他二人の兄弟

と同様、既に母親の側に立つてをり、父が死んでしまふと、直ぐさまフランス王に対し臣従の礼を示した。しかし、自らイングランドの王位に即いて初めて、彼はフランス王に関する己れの認識が間違つてゐる事を思ひ知らされるに至つた。

リチャードは背が高く均整の取れた体格の持主で、顔立ちは整つてをり、髪は明るい鳶《とび》色で、腕は長く、体中の関節は柔軟敏捷、腰が高く、脚は程よい釣合ひを保つてゐた。精神的な面について言へば、彼の悪徳とされてゐるものは殆ど単なる事あれかしの想像に過ぎず、よく取沙汰されてゐる気紛れについても、その確証はどこにもない。一方、彼の美徳は明白であつて、その行動のすべてが勇敢な人物だつた事を示してをり（それ故にこそ獅子心《クール・ド・リオン》といふ異名、或は綽名で呼ばれてゐる）、しかも彼は聡明で、物事に捉はれず、慈悲深く、公正で、取りわけ深い信仰心の持主であつて、正にクリスト教界の為に生れて来た様な国王であつたが、誕生に際して天宮図に障害が生じ、さうはならずに終つた。自分の父親に対する忘恩を悔いる想ひが死に至るまで彼に附き纏つてゐた。そこで彼は死に際して悲歎の中に改めてその事を想起し、出来る限り父王の近くに埋葬されることを望んだ。恐らくさうする事によつて出来るだけ早く父親に会ひ、来世において許しを乞はうとしたのであらう。

（サー・リチャード・ベイカー「イングランド王年代記」）

リチャードは治世十年間を通じて僅か六箇月しかイングランドに留つてゐなかつた。名だたる戦士として——それ故クール・ド・リオン（獅子心王）といふ綽名の由来がある訳だが——彼は、第三次十字軍遠征の際、自ら聖地に向けて出発した。エイカに至り、その地を奪取したものの、イェルサレムはサラディン王の手中に委ねたままに終つた。帰国の途次、オーストリア公に捕はれ、デュレンシュタイン城に監禁されてゐた時、彼は腹違ひの妹、シャンパーニュのメアリーに次の様な唄を書き贈つてゐる。

誰も言つてはくれぬこの身の不幸の訳を、
　何故この地に囚れの身となつたのか。
かうして今はただ心傷み、不遇をかこつのみ。
　仲間は大勢ゐるのに、誰も助けてくれはせぬ。
恥を知れ、身代金惜しさに揃ひも揃つて知らぬ顔、
　二冬、この身を苦しみのさなかに投げ置くとは。

## ジョン

ジョン・ラックランド（無領地王）は国王不在のお蔭で権威の弱まつた不毛の王冠を受け継いだ。彼は教会及びロンドン市民の支持を得てゐた貴族達に迫られて「大憲章《マグナ・カルタ》」を止むを得ず容認した。

彼は背丈は並みで、稍《やや》肥り気味であつたが、不機嫌で気難しい顔をしてゐた。彼の性情について言へば、その生れつきの資質と運命との折合ひが巧く附かなかつたと言つてよからう。生来は日こ安穏に過す事を何より望んでゐながら、運命は常に彼を葛藤の中に引摺り込んだからである。彼は正式の戦闘によるよりも寧ろ不意打ちによつて敵を打ち負かした。この一事を以てしても彼が雷《いかづち》よりは稲光に似た性質の持主である事が解らう。人を威嚇する時の彼の言葉ほど真実味のあるものはなく、それといふのも、彼が話をする時、寛容に欠けることはあつても、残忍さを伴はないことはなく、人を威嚇した時には必ず実行されたからである。彼は自分が実行する気のない事については十分承知してゐたであらうから、約束については用心深かつたに違ひない。彼は栄耀栄華にも艱難辛苦にも向いてをらず、順境にあつては傲慢となり、逆境にあつては意気銷沈してしまふ性《たち》で、

かういふ男には平凡な運命こそ最もふさはしかつたと言へよう。彼はまさに気紛れそのものの男で、熟慮を重ねた上でなければ何事にも手を附けぬかと思ふと、時には唐突に何でもかでもやつてしまふ。時に甚だ信仰深くなり、また時には凡《およ》そクリスト教徒とは言へぬ様になる。その金銭に対する貪婪《どんらん》といふ点では、その金で何をしたかを知る者は一人もをらず、要するに金を集める時には大騒ぎを演じ、使ふ時には独り静かにといふ訳である。上機嫌の際には底抜けの大酒呑みであつたが、病気で不機嫌な時には、殊に臨終の床で高熱に悩まされてゐた時など、未熟の桃や甘口のビールを欲しがつてきかなかつた。彼の業績を顧みれば、吾〻は彼を立派な王と見做《みな》さざるを得ぬにしても、その行動を顧みればとてもさうは言へない。彼の業績には先にも述べた如く敬虔なものが甚だ多いのに、その行動になると、王冠を手に入れた手段も決して公正なものとは言へないばかりでなく、それを保つに名誉を以てせず、それを譲渡するに平和を以てしなかつたとしか言ひ様がない。それにしても、彼には多くの美点があり、その上、特筆すべきは彼の子孫が今日まで続いてゐる事だが、それを考へると、吾〻は彼の記録を名誉あるものとしなくてはならないであらう。

（サー・リチャード・ベイカー「イングランド王年代記」）

## ヘンリー三世

ヘンリー三世は教養のある人物であり、四十年[*1]に亙つてこの国を統治した。

ヘンリー三世は小造りだつたが、良く引締つた、頑健な体軀の持主であつた。片方の眼瞼《まぶた》は殆ど瞳を覆はんばかりに垂れ下つてゐた。さて、問題はその内なる資質だが、勿論、彼は思慮分別を十分備へてゐた、が、それは王としてよりも寧ろ人間としてであつたと言へよう。詰り、臣下を支配する術よりも己れの人生を支配する術に長けてゐたのである。彼は深い信仰心の持主といふより、どちらかと言ふと敬虔な人柄の持主で、説教に耳傾けるよりもミサに与《あづか》る事に喜びを見出してゐた。詰り、彼自らフランス王に語つた様に、友人といふものは屢こ便りを貰ふより一度だけ会ふ方がよいといふ訳である。彼の精神は確乎たる基盤の上に立つてゐたとは言へず、突発的事件に遭遇する度に彼はいつも激しく動揺した。愛するにつけ憎むにつけ、彼の態度は一貫性に欠けてをり、彼の勘気を蒙《かうむ》らぬほど寵愛された臣下もゐなければ、全然好意を示された事の無いほど憎まれた敵もゐなかつた。ヒューバート・ド・バーグに対する態度こそ、さういふ彼の愛憎の表裏を示す好例であつて、一時ヒューバートは王の寵愛を一身に集めてゐたが、その後、惨めにもその寵愛を失ひ、彼以上に王から憎まれてゐる者はゐないとまで言へる程ひどい目に遭はされたが、後に再びその寵愛を得る事となつたのである。

ヘンリーは面目よりも金を手に入れたがつた。さもなければ彼は、ノルマンディー及びアンジューの二大公領をフランス王に売り渡し大金を得る様な真似はしなかつたらう。しかし、さういふ彼も平穏よりはやはり名誉の方を欲しがつた。さもなければ、貴族相手に彼等の自由を保証する憲章をめぐつて長く争ふ筈は無く、その争ひも実質的な事柄に関するものではなくて、結局は面目に関るものに他ならなかつた。ところで彼の最も顕著な美徳、しかもそれあればこそ一層卓越せる人物と見做されたもの、それは何かと言へば、王者には殆ど期待出来ぬもの、即ち禁慾である。

（サー・リチャード・ベイカー「イングランド王年代記」）

（＊1）　在位期間は五十六年だが、九歳で即位、久しく良臣の補佐の下にあり、親政はほぼ四十年。

# エドワード一世

エドワード一世はその座右の銘として「余は余の約束を守る」といふ一句を念頭に置き、その通りに実行しようと努めた点で偉大であり、また「スコットランド平定の鉄槌王《てっついおう》」としても有名であつた。彼はブリテン統一に成功したが、ウェイルズに攻め入つた時、ウェイルズ人が使つてゐた長弓にいたく感心し、その結果、以後頑健な臣下に許される娯楽は弓術のみとするとの布告を発した。

彼は背が高く、それも普通の男性より肩と頭が擢《ぬき》ん出て見えるほどで、その為にロングシャンク(長脛王)と呼ばれてゐた。顔は浅黒く、頑健な体軀をしてはゐたが、贅肉はなくすらりとしてをり、見栄えのする容貌の持主で、一旦、怒りを発すると、その眼は炎の様に燃え上つた。頭髪は黒ことした捲毛であつた。彼の性情について言へば、戦闘において平穏であつたのに反し、平和の時には戦闘的であり、牡鹿やその他の野獣を槍で刺殺すといつた狩猟を殊の外好んだ。貞節であることにおいてはエドワードは父王ヘンリー三世同様であつたが、武勇においては父を遥かに凌いでゐた。彼は二つの優れた能力を備へてゐたが、そのいづれか一方だけにせよ、これを備へてゐる人物にはさうはお目に掛れるものではないし、両者共となつたら滅多に、いや決してお目に掛れないであらう。それは即ち、彼自身の内なる判断力と他者の判断に喜んで耳を傾ける度量とである。彼は易こと激情に身を任せる様な事は無かつたが、一旦激情に駆られたとなると、スコットランド人を相手にした時の様に、容易な事では怒りを和らげはしなかつた。スコットランド人に対して、彼は最初は忍耐を以て、最後は峻厳を以て臨んだのである。彼が人民に課した多くの税について非難する事も出来ようが、結局はそれを善政によつて人民に還元した事により、正当化してもよからう。といふのは、未だ嘗て如何なる王も自分の金をエドワードほど自分自身の名誉の為に、或はその王国の利益の為に使つた例《ためし》が無かつたからである。が、彼の大いなる不幸は彼の最大の天恵のうちに宿つてゐた。といふのは、后のエレノアによつて恵まれた四人の息子の中、三人まで彼の在世中に死んでしまつたからである。三人とも彼の死後まで生き延びるにはふさはしい王子達であつた。しかも、唯一人、第四子が彼の死後まで生き延びる事が出来たが、その男はこの世に生を受ける値打ちさへない人間だつたのである。

（サー・リチャード・ベイカー「イングランド王年代記」）

### エドワード二世

エドワード二世は即位後、間もなくフランスのイサベラと結婚したが、寧ろ寵臣ピエール・ガヴェストンの方を愛してゐた様である。イサベラはエドワードの懇願にも拘らず、二人の間に生れた息子を連れてフランスへ帰つてしまつた——次の手紙は父がその息子に送つたものである。

愛する息子、エドワードへ

要するに、今のところ帰国出来ぬと言ふことだが、どうやらその理由は母にあるらしい。とにかく、この身にとつては頗る面白くない事だ、母親が許してくれぬからといつて、お前は息子としての当然の義務、しかもそれを遂行せねば多くの禍ひを惹き起しかねぬ義務を放置して顧みようとしない。

息子よ、言ふまでもなからうが、お前の母が夫たるこの身の命に従ひ、時を得て帰国してゐてくれさへすれば、どれほど深い慈しみを受けてゐたる事か。悲しむべきことにこの身はあの女の悪行の数〻を知り尽してゐるのだ。お前の母は大つぴらに恥づる色もなく、しかも、己が行ひが己が義務に反し王冠の繁栄を阻む事になるのを十分知つてをりながら、かのモーティマーに執著し、片時もその側を離れない、この身にとつては謀反人でもあり、不倶戴天の敵として断罪され、私権を剝奪されたあの男を館の内と外とを問はず常に連れ歩き、この身と王冠と、そして吾が王国の正当なる掟を無視して憚らない、相手は——人もあらうに、この身の愛する義兄のフランス王がこの身の求めに応じ、この身の敵としてその領土より追放したあの悪党なのだ！　それ以上の悪事を、いや、それ以上の悪事などといふものありとすればの話だが、それをあの女は犯してゐる、といふのは、この身の敵、モーティマーをお前の顧問となし、お前と附合せ、お蔭でお前は行住坐臥、あの男と一緒にゐる姿を大つぴらに衆目にさらして顧みず、お前自身とこの身と双方に罪を犯し恥辱を与へ、つひには、お前が至高の義務として受取り、保ち、維持して行かねばならぬ吾が王冠と、この王国の法、及び慣習を乱し歪めようとしてゐるのだ。

　よいか、息子よ、かくの如く恥づべき役割を演じ続けるのはもう止めにするがよい。お前の父は決して喜びはせぬ、いや、母親の為にせよ、お前はこの身に不快の念を抱かせてはならぬ。敢へて命ずる、父に逆らはず、時を移さず、この上、何の言ひ訳もせず、即刻帰国するがよい。お前の母の手紙によると、お前さへ帰国を望むなら、自分は敢へてそれに反対せぬと言つてゐる。

　それなら、問答無益、母の為にせよ、また他に如何なる理由があるにせよ、帰国をためらふ事は無い。神の御力により、父の命令はお前に利益と名誉を齎《もたら》すであらう。父の祝福を受けたいと思ふなら、そしてこの身の非難と怒りを免れたいと思ふなら、弁解はもはや無用、即座に帰国するがよい。

　后はモーティマーを愛人とし、彼はエドワードの子供達の生命の安全をかたにエドワードを恐喝して退位に追込むのに手を貸したのである。

エドワード　レスター、心優しい言葉でこの身が慰められるものなら、とうの昔にお前の言葉でこの胸の痛みも癒されてゐたらうに、お前はこの身にいつも変らぬ優しさと思ひやりを示してくれたからな。民の悲しみは直ぐにも治せよう、が、国王の悲しみとなるとさうは行かぬ。森の鹿は、傷つけば薬草を探し求めて傷口を癒す。しかし百獣の王たる獅子ともなれば、深手に怒り狂ひ、前肢《まへあし》でその傷口を引き裂き、卑しい土に己が血を吸はせまいとして空高く駆け昇る。この身とて同じ事、あの野心家のモーティマーはこの身の不屈の精神を抑へつけようとし、不貞の后、不実なイザベル（イサベラの英語読み）はこの身を牢獄に閉ぢ込めた、それも、畢竟《ひつきやう》、俺を恐れての事、この猛り狂ふ激情が自らの心を食ひ荒し、この恨みと蔑みに翼を与へ、何度でも大空に駆け上り、奴等の非道の仕打ちを神こに訴へようとしてゐるからだ。が、自分こそ王なのだと思ふ時、やはりモーティマーやイザベルの裏切りに復讐してやらねばとも考へる。だが、王とは一体何なのだ、一度《ひとたび》権力の座を追はれれば輝く陽光の中に立現れる全き影法師に過ぎぬではないか。臣下の貴族共が国を治め、この身に残されたのは、ただ王といふ名あるのみ。頭上に王冠を戴いてはゐるものの、俺は奴等の、モーティマーの、そして不貞な后の思ひのままになつてゐる。后が王の新床を恥づべき行為で穢してゐるといふのに、俺はこの煩《わづら》ひの洞穴に囚れの身となり、その傍《かたは》らに仕へるのは悲しみのみ。

（マーロウ「エドワード二世」第五幕第一場）

牢獄から牢獄へと引摺り廻された揚句、彼は酷たらしく殺された。その最期は他のあらゆるイングランド王に較べて最も悲惨なものであつた。

かうしてエドワード王は一三二七年、九月二十二日に殺された。彼は善良で思ひ遣りのある人物として知られてゐたものの、特に聡明な人物といふ訳ではなかつた。若い頃何度か軽い罪を犯したこともあれば、後に悪友と交り、その唆《そそのか》しにあつて遥かに兇悪な行ひに走つたこともありはしたが、悔い改める事によつて、それらの罪の穢れを清めたと言はれてゐる。確かに彼には嘗ての生き方を悔いねばならぬ当然の理由があつたのだ。といふのは、彼の軽率で気まぐれな失政の為、彼の治世中、二十八人もの貴族や騎士が（法の裁きに従つて）斬首刑に処せられたからである。

　その他、数〻の禍ひが限りなく王の上のみならず王国全体に降りかかつた。詰り、彼が賢明で思慮深い側近を選び、重用するだけの判断力と慎重さを欠いてゐた為、彼の寵遇を受けたのはそれに附け込んで私腹を肥さうとする様な手合ばかりで、彼等は専《もつぱ》ら己が利得のみを追ひ求め、野心の趣くままに強奪、略奪の限りを尽した結果、民衆も貴族も、自分達の国王に示すべき忠節や恭順の念と何処かではぐれてしまつたのである。

　しかし、かうしてエドワード二世の統治と生涯について、その最後を締め括るに当り、私は以下の事実を見逃す訳にはいかない。といふのは、王の名誉と称号を剝奪した連中は、最後に彼をバークレイ城へ密かに連れ戻し、王がその獄中にある時、（誰かも書いてゐる様に）后は衣服など身の囲りの品と共に優しい、情の籠つた手紙を書き送つてゐるにも拘らず、一度も王を訪ねようとはせず、王には彼をひどく憎んでゐる人〻の機嫌を損ねる事を虞《おそ》れて敢へて訪ねないのだと思ひ込ませたのであつた。ところが、かうして色よい言葉で王の苦難に対して良心の呵責《かしやく》を感じてゐるかの様に見せ掛けておきながら、一方では（明らかに）共謀者と諮り、王殺害の工夫を凝らし、陰謀を廻らしてゐたのである。

　その後、彼等はさういふ遣り口では、事は決して巧く運ばぬと考へ、或る晩、王が寝台でぐつすり眠つてゐる部屋にいきなり押入り、（誰かも書いてゐる様に）重い羽根蒲団、或はテーブルを投げつけて王を捻ぢ伏せ、王の肛門に角笛を突き差し、そこから灼熱した焼串を突込んだといふ、また（他の誰かの説によると）トランペットの管を通して鉛職人の用ゐる真赤に焼けた鉄棒を突込んだともいふが、それが王の内臓にまで達したと看て取るや、彼等はその棒を抉る様に上下に動かし、内臓を焼けただれさせ、しかも、外面は傷一つ認められぬ様細心の注意を払つた。王の悲鳴はバークレイ城内は勿論、町中の多くの人〻に憐憫の情を喚び起した。殺人者達が王を殺さうとした時に発した王の悲しげな叫びをはつきりと聞いた何人かの人〻は、その声に眼を醒まされ（彼等自身、さう言つてゐるが）、王の悲鳴によつて事の真相を知り、王の魂が神の御許に召される様、心から祈つたといふ。

（ホリンシェッド「イングランド年代記」）

## エドワード三世

エドワード三世は父王の退位に伴ひ王位に就いた。

この王は、数多《あまた》の天賦の才に恵まれてゐたばかりか、その上品な容姿のお蔭でずゐぶん得をしてゐた。元来、先見の明と鋭い洞察力を兼ね備へてをり、人に対しては寛大、穏和、真に節度を弁《わきま》へた冷静な人物といふべきであつた。体軀はがつしりしてをり、背丈は程良く、高すぎも低すぎもしなかつた。顔は色白で男性的、眼は活き活きとして輝きに溢れてゐた。年を取つてから頭が禿げたが、却《かへ》つてそれが年にふさはしい風格を与へ、少しも容貌を傷つける事にはならなかつた。軍事的知識に関しては天晴れの名将で、それは王の為し遂げた大計画や立派な業績がその事を十分に語り証してゐる。

彼が頗る寛大な心の持主であり、穏和な人物であつた事は、多くの例が示してゐる通りであつて、実に彼ひとり、あらゆる王の中で性格上の欠点の無い、或は少くとも極く些細な欠点しか有しない人物であつたと言へよう。しかしながら、その彼にしても、不運に見舞はれなかつたわけではない。なるほど四十年間といふものは実に手際よく世を治め、何事を為さうと常に幸運であつた。が、後半生において彼は、驚くべき運命の変転に遭遇しなければならなかつたのである。現世の定めとは常にそのやうなものであつて、栄耀栄華は滅多に永続きせず、それが俗世の行為の楫取《かぢ》りをしてくれる事も滅多に無いのだ。といふのは、王はその治世の初期、それも親政に乗り出して間も無く、スコットランドにおける失地奪還に成功したからであり、敵を徹底的に叩きのめしたこの大勝利によつて、ブリテン島全地域を制御する手綱をそれぞれ左右の手に握り、スコットランドの各地に総督を配置し、その治下の官職、土地、生計の手段は己れの意のままに操つた。

しかし、晩年、彼を最も悲しませたのは、かの高潔なる人物、即ち彼が最も大事にしてゐた息子、プリンス・エドワードを失つたことである、それといふのも、この王子には優れた支配者としての資質のすべてが備はつてゐたからである。だが、今や晩年を迎へた彼の上にそれこれと襲ひ掛つて来た不幸は、嘗て自分が父王の王位を簒奪した不孝の罰として当然の事かも知れぬが、それも他に強ひられ、その勧めに応じただけで、彼としては止むを得ず行つた事だと言へぬこともない。とにかく、それを思つて良心の呵責に苛《さいな》まれたのか、或は他に原因があつたのかは判然としないが、(誰かも書いてゐる様に) どうやら彼はこの世の無常といふ事に想ひを致し、つひには (通説の如く)、来生における生といふものを考へるやうになつたのであらう、その為、彼は純粋な信仰心からウェストミンスターに聖スティーヴン教会及び附属カレッジを、ケンブリッジにはキングズ・ホールと呼ばれる教会とカレッジを創設したのであつた。(ホリンシェッド「イングランド年代記」)

エドワード三世はソールズベリー伯爵夫人を誘惑しようとした――これは当てにはならぬがシェイクスピアが書いたと言はれてゐる作品に出て来る当てにならぬ話である。以下は作者不詳の「エドワード三世」といふ戯曲からの引用であるが、ここに引用した部分も含めて、この戯曲が何箇所かはシェイクスピアの手が入つてゐるものだと言ふ学者がかなりゐる。

**エドワード**　おゝ、ペンとインクと、それに紙だ、用意は出来てゐるような、ロドウィック？

**ロドウィック**　はい、いつでも、この通り。

**エドワード**　では、夏の日射しを避け、ここに並んで坐し、木蔭を吾が会議の間としよう。この胸の内にひそむ未だ熟さぬ青い想ひには、この秘密の集会所、青い木蔭こそ何よりふさはしい、ここで胸の重荷を下すとしよう。さあ、ロドウィック、輝かしき詩神ミューズを喚び出し、お前のペンに魔力を授けて貰ふがいい。人の涙を描く時には、その言葉に次こと甘美な歎きを籠め、韃靼《だつたん》人の眼にも涙を溢れさせ、石の心を持つスキト人にも憐れみの情を呼び起す様にしてくれ。

**ロドウィック**　お相手は、そのお手紙はどなたに差上げるので？

**エドワード**　相手はあの人だ、その前では如何なる美女も恥ぢて顔を紅らめ、如何なる賢者も心迷はされる、その姿こそこの世のありとある美徳の精髄と言へよう。頼むぞ、書出しはいやが上にも美しく、精一杯努めてくれ、麗しい人の為ともなれば、麗しいといふ言葉も及ばぬ麗しい言葉を編み出して貰ひたい、お前が褒め称《たた》へようとして、どう足掻かうと、当の相手の美の一つ一つに翼が生え、そのお前の褒め言葉の遠く及ばぬ高みに羽撃《はばた》く様に。さあ、始めてくれ、俺は暫く物想ひに耽《ふけ》るとしよう。だが、忘れずに書き留めて置いて貰ひたい、この俺がどれ程燃え盛り、どれ程悩み、どれ程遣るせない思ひでゐるか、それもこれもあの女の美しさの為なのだ。
**ロドウィック**　では、お手紙のお相手は御婦人で？
**エドワード**　おい、ロドウィック、この俺がわざわざお前の手を借りてまで褒め称へようとする相手が馬だとでも思つてゐたのか？
**ロドウィック**　となりますと、その方の御身分や御境遇を伺つて置かねばなりませぬ。
**エドワード**　あの女の身分となると、譬《たと》へて見れば、まあ、玉座だ、それに較べれば、この身の身分は差詰め足台、あの女に踏みつけられるが分相応。さあ、書いてくれ、俺はあの女に想ひを馳せるとしよう。その声は楽の調べ、ナイティンゲイルの啼き声そのまま、――いや、まさしく楽の調べさながら、夏の恋に胸踊らせる若者が、日焼けした恋人の言葉に耳を傾けるとき聞えて来る様な。それにしても、俺はなぜナイティンゲイルの事など口にしたのだ？　あの鳥は不義の歌を口遊《くちずさ》む、譬《たと》へが悪い、少〻辛辣に過ぎる。その髪の毛は、蚕《かひこ》の紡ぎ出す絹よりも柔かく、ひたすらあの女の自惚鏡のお役を勤めるこの目には、それが一際美しく、琥珀色に輝いて見えるのだ――あの女の自惚鏡のこの目を虜《とりこ》にするには何の造作も要らぬ、いや、あの眼の美しさを見事描き出せと言はれれば、やはり鏡に例を借りねばなるまい、あの女の両の眼は燦〻《さんさん》たる陽の光を一杯に受入れ、その激しい照り返しが俺の胸を貫き、俺の心を燃え立たせるのだ。あゝ、この上は詩の力に縋《すが》つて、吾が魂を自由奔放な恋の世界に解き放つてやるしかない！――おゝ、ロドウィック、そのお前の黒いインクを美しい黄金色に見事変へてくれたか？　さあ、読んで聴かせてくれ、早く、そしてこの空ろな耳をお前の甘美な歌の調べで満してくれ。
**ロドウィック**「いやましに美しく操正しく、今や夜の女神さながら」――

**エドワード**　待て、その一行、間違ひが二つある、ひどい間違ひだ、誰にも直ぐそれと解つてしまふ、今、お前はあの女を青白い顔をした夜の女王に譬へたが、月といふものは闇の帳《とばり》を張りめぐらされてゐればこそ、初めて光り輝いて見えるのではないか？　その様なものに何の値打がある、一度《ひとたび》日輪がその面を擡《もた》げれば、燃え尽きんとする蠟燭よろしく、忽ち影を薄め跡形も無く消え失せてしまふではないか？

**ロドウィック**　で、もう一つの間違ひとおつしやるのは？

**エドワード**　もう一度今の処を読み直してくれ。

**ロドウィック**「いやましに美しく操正しく」――

**エドワード**　俺には操の正しさなどといふ事をとやかく論《あげつら》つて貰ふ積りは無かつた、それではあの女の心中に秘められた宝物にうつかり手が出せなくなるといふものだ。さうだ、こつちは怪我をしたくない、さうしてあの女を穢したい、それが俺の本心なのだ。貞節なる月の女神など と、その件《くだり》は削つてしまへ、二度と耳にしたくない、それより、あの女を日輪に譬へるがいい、その輝きは日輪も遠く及ばぬと、さう書くがよい。その完全無欠なる事、正に日輪と優劣を競ひ、日輪の如く豊穣にしてこの世のあらゆる甘美なる物を産み出し、日輪の如く凍てついた冬を溶かし、日輪の如く爽やかな夏を燃え上らせ、日輪の如く見る者の眼を惑はせる。かうして日輪に擬《なぞら》へ、日輪の如く大らかで施し好きの女に仕立て上げるのだ、日輪はどんな賤しい雑草にも頰笑みかける、何も香り高い薔薇の花だけを特に選びはしない。さあ、後はどう続ける積りだ、月の女神の件《くだり》の次は？

**ロドウィック**「いやましに美しく操正しく、今や夜の女神さながら
亡き人の想ひに心乱れず、猛き気性は」――

**エドワード**　心乱れず！　その猛き気性がどうしたといふのだ？

ロドウィック「かのユデト[*1]も及ばじ。」
エドワード　おい、好い加減にしないか！　その後に剣とでも持つて来るがいい、それで俺はあの女を口説いて、お蔭で首を斬り落されるといふ寸法だ。消せ、ロドウィック！　次を聴かせてくれ。
ロドウィック　まだそこまでしか出来てをりませぬ。
エドワード　さうか、御苦労だつた。結構良く努めてくれた、だが、出来となると、一向映えない、苗床ですつかり萎《な》えてしまつたらしい。拙い事をしたものだ、激戦の模様なら指揮官に語らせ、暗い牢獄に閉ぢ込められた苦しみなら囚人に語らせるに越した事は無い。死の苦痛は病める人間に、宴の馳走は飢ゑた人間に、火のありがたさは、体の冷え切つた人間に、そして幸福はそれを味はつた事の無い不幸な者に語らせるにしくは無い。恋にしても同じ事、その想ひを歌の調べに載せるとなれば、恋する者の舌に及ぶものは他にあるまい。ペンと紙をくれ、俺が自分で書く。

エドワードの浮気も妻のフィリッパ・オヴ・ヘイノートに熱を上げてゐる間は治つてゐた。が、妻が死ぬとアリス・ペラーズに血道を上げるやうになる。この女は王が死んだ時、その遺骸から宝石を一つ残らず剥ぎ取つたといふ事で有名になつた。

例の議会[*2]の後、高齢から来る甚しい衰弱に長いこと苦しめられてゐた王の容態は急激に悪化する。その衰弱の原因は老人によく見られる類のものではなく、慾情に身を委ねた若者特有のものに帰せらるべきだと言はれている。が、この病気を癒《いや》すのは、老人の場合、なかなか難しく、若者の場合の様には行かない。なぜなら若者は熱に浮かされてゐるとしても、老人は冷ましたいほどの熱が無く元こ冷え切つてゐるからである。さういふ訳で、この国王におかせられても、自然の支配下にある分泌液と健康を保持する熱とが今や殆ど使ひ果され、その精力はすつかり衰へ切つてゐたのである。事実、大抵の人が知つてゐる事だが、王の肉体の病気は、それまで王の前から遠ざけられてゐたあの浮気女アリス・ペラーズに対する慾情によつて自ら悪化を招いたものと言へる。その後はつきり解つた事だが、彼はアリスを喚び寄せ、そのくされ縁に再び身を任せてしまつたのである。その間、王の衰弱は愈〻ひどくなり、侍医達にも見放され始めた、但し上記の高級娼婦は自分の娘のイサベラと共に一晩中王と臥床《ふしど》を共にし、終始その側を離れなかつた。

　クリスマスに王はハヴァリング・アット・バウアで過したが、その滞在中、極度の衰弱に苦しみ通した。翌年五月二十二日、王は死の徴候を示し始めた。侍従達は、いや、王自身も、死が間近に迫つたことを知つた。それから間もなく、王は己が魂を神の御許にお還ししたのである。

（年代記作者未詳）

（＊1）旧約聖書外典の「ユデト書」に出てくる。アッシリア王ネブカドネザル麾下《きか》の将軍ホロフェルネスがユダヤのベツリヤを襲つた時、美しき未亡人ユデトは単身敵陣に乗込み、ホロフェルネスを誘惑し、酒に酔はせて殺した。

（＊2）一三七六年のグッド・パーラメント（善き議会）。これにより、エドワード三世の長子エドワード黒太子と辺疆貴族とに対する民衆の抗議が勝利を納めた。

## リチャード二世

リチャード・オヴ・ボルドーはブラック・プリンス（黒太子）の息子である。洗練された人間だつた彼は人生の外面的な華やかさに執著し、その現実には余り関心を持たなかつた。（ハンカチーフは彼の創意だと信じられてゐる。）彼を退位せしめ殺害したのは彼自身の従弟、即ちランカスター公にしてダービー伯であつたヘンリー・ボリングブルックである。

偶〻王が晩餐の食卓に就いてゐた時のことであるが、王は殆ど何も食べなかつた、胸塞がる思ひで食慾が全くなかつたのである。城の回りは武装した人こで一杯だつた。そこで従弟に向つて野原に屯《たむ》ろしてゐる数知れぬ連中は一体何者なのか教へてくれと迫つた。「奴等が手に入れたいと欲してゐるのは、一体何なのだ?」と王は尋ねた。「連中が手に入れたいと欲してゐるのは、あなたの身柄です、」ダービー伯が答へる、「あなたをロンドンへ連行しロンドン塔へ閉ぢ籠めてしまはうといふ訳です。他に手立てはありますまい、連中の言ふこと以外に、もはや逃げ道はありますまい。」「さうらしい、」従弟の言葉に怖気《おぞけ》をふるつて王は応へた、「頼む、その手でこの身の安全を守つてはくれぬか? 奴等の手にさう易こと吾が身を委ねたくはない、解つてゐるのだ、奴等は俺を憎んでゐる、ずつと以前からさうであつた、何といふ事だ、奴等にとつては、この身は王であるといふのに。」すると伯が言つた、「なるほど、それではお身柄を私の捕虜としてこの手にお委ねになるより他に手立ては無いと思ひます。あの連中も王が私の捕虜になつたと聞けば、別に何の危害も加へは致しますまい。しかし、その為には御自身もお伴の者も私と一緒にロンドンへお出で頂き、私の捕虜としてロンドン塔にお入り頂かねばなりません。」

王は自分が窮地に逐ひ詰められたことを見て取り、激しい屈辱感に襲はれた。このままではロンドン市民が自分を殺しかねないと思つたからである。そこで王は己が身を捕虜となしダービー伯に委ね、自ら縛につき、何事も伯の命に従ふことを約した。

伯は即座に、荒馬に鞍を置き中庭に引き出させ、城門を開くやう命じた。その時多くの武装した将兵や射手が雪崩れ込んで来た。それに対してダービー伯は次の如き厳命を下した。死罪の極刑を免れたいと思ふ者は、何人といへども城内の財物を略奪し、暴行を働くが如き無法な真似をしてはならぬと。これは凡ゆるものが伯の庇護と管理の下にあるといふ事を意味し、この厳命は固く守られ、それに敵へて逆らはうといふ者は誰もゐなかつた。

かうして用意万端整ふまでの間、王と伯とは中庭で親しく話を交はしてゐた。私が聞いたところでは、リチャード王はマットといふ名のグレイハウンドを飼つてゐたといふが、この犬はいつも王の側を離れず他の人間に懐《なつ》かうともしないで、王が馬で出かける時など、係の者がこのグレイハウンドを放してやると、いつも王めがけて驀《まつしぐ》らに駆け寄つて、じやれつき、跳び上つて王の肩に前足を預けたといふ。ところが王と伯とが中庭で話してゐる時、嘗て王によく跳び掛つたこのグレイハウンドは王には眼もくれず、ダービー伯、即ちランカスター公のところへやつて来て、昔、王にしたと同じ様な愛著を示し、その意を迎へるが如く振舞つた。グレイハウンドのことを知らなかつた公は王に向つてその犬が何を求めてゐるのかと尋ねた。「従弟よ、」と王は答へた、「これはあなたにとつてはさいさき良い前兆であり、私にとつては禍事《まがごと》の兆しを示すものなのだ。」

「だが、どうしてそれがお解りになる？」と公は尋ねた。「私にはよく解つてゐる、」王はさう言つた、「このグレイハウンドは、今日、あなたをイングランドの王として歓び迎へようとしてゐるのだ、いづれあなたは王となり、私は退位させられよう。それを犬は本能によつて嗅ぎわけたのだ。この犬はあなたのものだ、奴はあなたに附いてゆき私を見捨てるのであらう。」公は王の言葉の真意を察し、グレイハウンドに愛撫の手をさしのべ、犬もこれより後、二度とリチャード王には従はうとせずランカスター公に従つたといふ。

（サー・ジョン・フロイサート「年代記」）

## ヘンリー四世

リチャード殺害について、その罪の意識は生涯ヘンリーの脳裡を去らなかつた。

ヘンリー　お前はリチャード王がまだ生きてゐることを知つた、しかも、そのことを喜んでゐる。

修道士　仰せの通り喜んでをります、誰もがその友の生きてゐることを知つて喜ぶのと少しも変りませぬ、私はリチャード王に仕へる身にございます、その点は私の一族とて同様、王は私共を助け支持して下さいますので。

ヘンリー　お前はリチャードが生きてゐると大つぴらに喋り騒ぎ立て、民衆を刺戟し私に楯突かせようとしてきた。

修道士　まさか。

ヘンリー　それなら、お前の心中に潜む真実をあるがままに話して見るがいい、もしリチャード王と私が戦場で闘つてゐるのを見たら、お前はどちらの側に附くつもりか？

修道士　当然、王の側に。私はどなたよりも王の恩義を蒙つてをりますので。

ヘンリー　お前は、私は勿論、私の支配下にある諸侯が斃《たふ》れることを望んでゐるのだな？

修道士　まさか。

ヘンリー　もしお前の方が勝つたら、この私をどうするつもりだ？

修道士　その時はランカスター公にお留り願ひたいと存じてをります。

ヘンリー　お前は私の身方ではない、となれば、その首は無きものと思ふがよい。

（年代記作者未詳）

ヘンリー王　如何に多くの国人が、その最も貧しき者共にしても、今、この時、深い眠りに身を委ねてゐる事か！　おゝ、眠り、安らかな眠り、自然の恵み給ふ優しき乳母、そのお前をいつ俺が脅したといふのか、お前はなぜさうまで頑なにこの目蓋の帳《とばり》を下してくれることを拒み、五感の働きを忘却の淵に沈めてくれようとはしないのか？　そのまま燻《くすぶ》つた茅屋《ばうをく》に閉ぢ籠り、寝心地の悪い粗末な藁《わら》の臥床《ふしど》に身を横たへ、夜虫の羽音に熟睡を妨げられるより、この香を薫《た》きこめた身分高き者の閨《ねや》の内、豪華なこの天蓋のもとで、妙なる楽の調べを子守唄にして深いまどろみに身を委ねる気にならぬのだ？　おゝ、物憂い眠りの守護者、お前は下賤の者と共に安んじてその穢はしい寝床に身を横たへながら、なぜ王の臥床を騒こしい時計の小箱に、早鐘を打つ火の見櫓《やぐら》にしたまま平気でゐられるのか？　お前は目もくらむ様な高い帆柱の上の舟乗りの目蓋を優しく撫で、逆巻く荒波を揺籠に安らかなまどろみに誘ひこむではないか、その残忍な荒波を天にも届けとばかりにのた打ち廻らせる大風の中でも、いや、死者も眠りから醒める程の耳をつんざく大嵐の中でも、その舟乗りには安らぎを与へてやらうといふのか？　どうしてそんなことが出来るのか、片手落ちにも程があらう、そんな大嵐の時でさへずぶ濡れになつた舟乗りに安らぎの一時をくれてやりながら、どうしてお前はこれほど静まり返つた夜、しかも、かうして眠りに必要なありとあらゆるものが備はつてゐるといふのに、王に限つてそれを拒まうとするのか？　それなら、どうにも仕方は無い、幸福《しあはせ》な人民共よ、皆、それぞれの寝床に身を委ねるがいい！　王冠を戴くこの頭《かうべ》を委ねるものは、ただ不安の枕あるのみ。

（シェイクスピア「ヘンリー四世」第二部第三幕第一場）

シェイクスピアにとつてラファエル・ホリンシェッドの「年代記」は甚だ有用な資料であり、彼はその記述を忠実になぞつた。

死を目前にしたヘンリーは、（誰かも書いてゐる様に）病床の枕の上に王冠を置いた。突然、激烈な痛みが王を襲ひ、やがて彼は恰《あたか》も凡《あら》ゆる生気に見捨て去られたかのやうに横たはつてゐた。その様子を見て囲りの人こは王が既にこの世を去つたものと心から思ひこみ、その面《おもて》を麻布で覆つた。

王の嫡男である世嗣ぎの王子はこの報せを聞くや、病床に入つて来て、王冠を取りあげ、立去つた。が、父親は突如昏睡状態から脱し、直ぐに王冠が無くなつてゐることに気附いた。しかも、世嗣ぎの息子がそれを持ち去つたことを知り、王は彼を呼び寄せ、なぜ王子としてそのやうな誤つた振舞に及んだのか問ひただした。王子は少しも臆せずに堂こと答へた、「父上、私も他の方こも皆、父上がお亡りになつたものと思ひこみ、したがつてこの私は父上の正統なる継承者として、もはや父上のものではなく私のものとなつたあの王冠を頂戴しただけのことです。」だが、吾が子よ、（王は深い溜息を吐いて言つた）わしがあの王冠に対しどれ程の権利を持つてゐるか、それは神が御存じの筈だ。それなら、（王子が応へた）父上が王としてお亡りになれば、私はその栄えある花の冠を戴き、父上同様、剣を以て凡ゆる敵からそれを守り通してお目にかけませう。その言葉を聞いて王は言つた、「私は全てを神の御手に委ねよう、後は万事お前に任せる。」

王が最後の病に倒れたのは、聖エドワード廟《べう》で祈りを捧げてゐた時のことであつたが、その様子は恰も今生の別れを告げ、そのまま永遠《とは》の旅路につくかのやうであつた。王の発作が余りにも突然でひどかつた為、人こは王が今にも息を引きとるのではないかと恐れ、（出来ることなら）何とか救ひたいと思ひ隣の部屋に王を運んだ。その部屋はウェストミンスター僧院長の部屋であつたが、人こは王を火の側の粗末な藁蒲団《わらぶとん》に寝かせ、意識を取戻させるために凡ゆる手立てを講じた。やうやく、王は再び口がきける様になり、自分が見慣れぬ場所にゐることに気附くと、その部屋には何か特別の名があるのか知りたがつた。臣下の者がそれに答へ、「イェルサレムの間」と呼ばれてゐることを伝へた。それを聞いて、王は言つた、

「天にまします父こそ称《たた》ふべし、さうではないか、私は今この部屋で死なうとしてゐる、嘗てこの身に下された予言通りにな、イェルサレムでこの世を去るといふ。」

　この王は背丈は低かつたが、均整がとれ引締つた立派な体軀の持主であり、その動作は敏捷かつ活潑で、勇猛果敢な気性を有してゐた。晩年には甚だ穏かになり、嘗て多くの人の恨みや悪意を買ひはしたものの、身分の上下を問はず王国の凡ゆる人この敬愛を受けるやうになつた。

　とはいへ、彼の行ひについての本当のことを述べれば、彼が王冠を手に入れてからは、人民に強制せざるを得なかつた小作税、特別税、或は強制取立てといつた苛酷な税の為に、或はまた、彼が王位を簒奪するのを見て憤激した者や、幾度となく謀反を起した者に対する処罰の為に、彼は自分の全生涯を費しても（たとへもつと長生きが出来たとしても）つひに根絶し得ぬほどの憎しみを買ふこととなつたのである。しかも、疑ふ余地の無いことだが、彼の臣下達が同じ苦い杯を生涯、味はひ続けねばならなかつたことは当然の理《ことわり》と言へよう、彼等は喜び勇んでヘンリーと手を携へ歓呼の声を挙げて、自分達の正統なる王リチャードの退位を実現させたのであるから。が、そのリチャードの主な欠点は何かといへば、それはただ、身方に対して甚だ寛大であり、敵に対して甚だ慈悲深かつたといふことでしかないからである。

（ホリンシェッド「イングランド年代記」）

ジェイン・オースティンは十五歳の時に短いが甚だ気勢の籠つたイングランド国王史を書き、その題を「私見と偏見に捉はれた無智なる歴史家」による「英国史」と名づけてゐる。この書はヘンリー四世から始つてゐる。

ヘンリー四世は一三九九年、大いに御満悦の態でイングランドの玉座に即いた。それに先立つて彼は従兄に当る先王リチャード二世を説き伏せ、自分に王位を譲らしめ、余生をポンフレット城で過させたのであるが、後にリチャードはどういふわけかこの城で殺されてしまつた。ヘンリーは妻を娶つたと考へられてゐる、といふのは彼には間違ひなく四人の息子がゐたからである。しかし、読者に対して彼の妻が誰であつたかお教へするのは、私の力の及ぶところではない。いづれにせよ、彼も永遠に生きてゐた訳ではなく、病に倒れると、彼の息子、即ちプリンス・オヴ・ウェイルズがやつて来て王冠を持ち去つてしまつた。それで王は長こと喋つたわけだが、それについては読者にシェイクスピアの戯曲を読んで戴く他はあるまい。一方、プリンスの方は王よりも、もつと長こと喋つたのであつた。かうして二人の間で事の決著がつくと、王は息絶え、その後を継いだのは当の息子のヘンリーであつた。

（ジェイン・オースティン）

## ヘンリー五世

ヘンリー五世は、定評ではイングランド王の中で最も偉大で英雄的な人物の一人といふことになつてゐるが、それにしても思ひやりのない無法者であつた。戦争に関する彼の考へ方は後世の考へ方にずつと近いものであり、その為、国外では悪評しか得られなかつた。

このヘンリーは、国王としては非の打ちどころのない生涯を送り、君主として万人に愛され、誰にも軽蔑されることもなく、さらに統率者としては、運命の女神に顔を背けられたり、不幸に見舞はれたりするやうな憂き目にも一度も出遭はなかつた。民衆は厳正な裁判官として敬愛もし、服従もしてゐたので、（またその上、甚だ慈悲深い面もあつたので）彼の方でも、悪事を罰せずにおくことも無ければ友情に報いずにおくことも無かつた。謀反人にとつては恐怖の的であり、反逆の鎮圧者といふべく、その美徳は誰もがこれを認め、その資質は正に賞讃に値すべきものであつた。

頑健かつ敏捷な肉体といふ点では、若い頃から彼に匹敵する者は殆どをらず、たとへば組打ち、跳躍、駆けくらべ、いづれにしても、彼の右に出る者は一人もゐなかつた。大きな鉄棒や重い石を投げても彼は大抵誰よりも優れてをり、寒さに縮み上ることもなければ、暑さに負けて懶惰《ものぐさ》になることもなかつた。どんな激戦においても、彼は滅多に兜《かぶと》を被らなかつた。重い鎧も軽いマントの様に著こなし、飢や渇きなど、窮地に追込まれた時にも凜として耐へぬいた。負傷にも怯《ひる》まず痛みをじつと怺《こら》える様はまことに男らしいものだつた。悪臭にも鼻を背けず、煙や埃にも目を閉ぢようとはしなかつた。飲食においても彼ほど節度を弁へた人はゐない、贅沢な食事は摂らず、貴族や軟弱な胃腸の持主よりはむしろ武人にふさはしい食事を好んだ。真心の持主でさへあれば誰でも彼に会ひ、食卓を共にすることを許され、その席で秘かに或は公然と自分の考へを述べることを許されてゐた。また将兵同士あるいは民衆の間に起つた重大な争ひ事にも喜んで耳を藉《か》し、自ら断を下すこともあれば、或は、その決を他者に任せることもあつた。睡眠時間は甚だ短かつた。が、その眠りは深く、深夜、如何に兵士達が歌ひ騒がうと、吟遊詩人達が楽器を掻き鳴らさうと、その熟睡の妨げにはならなかつた。勇気といふ点では正に無敵であり、その意思は聊《いささ》かも揺ぐことなく、慎重にしてかつ大胆であつたので、臆病の方が彼から閉め出しをくらふ有様であつた。警鐘を耳にするや、彼は常に誰よりも早く鎧を身につけ真先に陣頭に立つて指揮をしてゐた。戦《いくさ》の時には彼は甚だ先見の明もあり勇敢でもあり、かつまた幸運にも恵まれてゐた為、敵がどう動いてゐるかといふことだけではなく、敵が何を言ひ、何をしようとしてゐるかについて、確かな情報を得ることが出来た。一方、彼にとつては計略とか策略など殆ど無用であつた、何事にせよ実行されるぎりぎりの段階まで秘密裡に運ばれねばならぬといふことだけである。

彼が軍隊の指揮統率に大変熟練してをり、身方の士気を鼓舞する天賦の才に恵まれてゐたので、フランス人は彼が戦に敗れることなどありえないと思ひ込んでゐた程である。かくも智に優れ、思慮深く、しかも政略に長じてゐた彼は決して博奕《ばくち》を打つやうな暴挙に出ることなく、何事にせよ、いざそれを行動に移さうとする場合、事前に凡ゆる可能性を十分に討議し見通しをつけて掛るのが常であつたが、一度、決断を下すや否や、有らん限りの努力と勇気をもつて己れの目的遂行に邁進した。突如として襲ひ掛る禍ひに即座に対処するその手際の良さ、深刻な苦難から自分自身、或は民衆を救出するその方策の見事さ、それについては、彼の行為そのものが証しに立つてでもくれぬ限り、言葉を以て納得のいく様に説明することなど、到底出来る筈のものではない。淫蕩や貪慾の焔《ほのほ》を彼は自らよく抑へた。これは国王といふ地位や彼の若さ、或はその権力を考へると、まことに類稀な美徳といはねばならず、最上級の讃辞に値するものである。心の動きも外面の表情も起伏が少く、勝利に際して有頂天になつたり、好い気になつたりすることもなければ、敗北や不運に遭つても沈み込んだり、くよくよしたりすることもなかつた。気前のよさ、寛大さといふ点では誰にも劣らず、人この勲功に報いる場合も、彼ほど偏見や私心に捉はれず公正な態度を以て、それぞれの功績を評価した人物は他に見当らない。彼はよくかう言つてゐた、私が金を欲するのは蓄へるためではない、人に与へるためなのだ、と。

（ホリンシェッド「イングランド年代記」）

ヘンリー王　何事も王の責任といふわけだ！吾この命も、魂も、借金も、夫の身を案ずる妻も、いたいけな子供達も、いや、一人一人の罪までも、何もかも王に責めを帰するがいい！この身は凡ゆる責めを負はねばならぬ。何といふ辛い務めなのだ、双子のやうに権力ある者には必ず附いて回る。それが解りもせぬ癖に、とやかく文句を附ける阿呆めが！　奴等には己れの腹痛《はらいた》を感ずる能力しかありはしないといふのに。限りない心の安らぎ、国王ともなれば、それさへ棄てて掛らねばならぬのか、それを平民共は難なく手に入れてゐるといふのに！　そのくせ国王にのみ許され、連中には手の届かぬものといへば、形式ばかりの儀式だけ――ただ公の儀式だけではないか？　それなら、一体お前は何者なのだ、儀式といふ名の偶像でしかあるまい？　神だとすれば、一体何の神だといふのだ、お前を崇《あが》め奉る者共より遥かにこの世の辛酸を嘗《な》め尽してゐるではないか？　どれだけ地代を貰つてゐるといふのだ？　どれだけの収入があるといふのだ？　おゝ、形式ばかりの儀式、せめてお前の値打を教へてくれ！　さうか、ただ憧れの的になつてゐるといふこと、それがお前の値打といふだけのことなのか！　詰り、それは地位、身分、外観だけに過ぎず、ただそれだけで世の人こに畏怖の念を抱かせてゐるのではないか？　それなら、お前は人こに恐れられてゐる分、恐れてゐる連中より遥かに不幸な境涯といふことになる。お前がいつも呑みほす酒も、恭順といふ美酒ではない、毒を含んだ追従《つい》《しよう》の杯ではないか？　おゝ、一度、病の床に倒れてみるがいい、偉大なる権力者達、そしてこの儀式といふ奴に治療を命じてみることだ！　激しい熱が追従者の甘い言葉で消えてなくなるとでもいふのか？　腰を屈め頭を下げられただけで熱病が癒《い》えるといふのか？　乞食にその膝を曲げろと命ずることは出来ても、その膝の健康まで左右出来まい？　いや、出来るものか、お前は奢《おご》り昂ぶつた夢に過ぎぬ、巧みに王の機嫌を取り、ただ一時《いつとき》のまどろみを与へてくれるだけのこと。正にこの身は王だ、王として貴様の正体を見抜いてゐる、俺には分つてゐるのだ、国王の安らぎは戴冠式の聖油になどありはせぬ、手に持つ笏や宝珠にもない、剣、職杖、王冠、或は金と真珠をちりばめた王衣にあるのでもない、王といふ存在を晴れがましく見せかけてくれる虚ろな敬称、王が腰をおろす玉座、この世に高く聳える岸壁を越えて打寄せる栄耀栄華の高潮、いや、そんなものの中にあるのでもない、絢爛豪華な儀式、儀礼、そんなものの中にはありはせぬ、たとへそれらが束になつて王者の臥床に送り込まれて来ようとも、王たる者にはあの惨めな下司下郎に与へられる安らかな眠りは決して訪れはしないのだ、あの連中、五体だけで満足し、心は空つぽ、身を粉《こ》にして稼いだパンを腹一杯詰め込んで眠りこける。地獄の申し子、恐しい夜といふものを一度も見たことがなく、下僕の様に、日の出から日の入りまで、日輪の下で汗を流して駆けずり廻り、夜ともなれば天国に眠りを貪る、翌日も夜明けと共に起き出で、日の神ハイペリオンがその馬車に乗るのを手伝ふ、かうして年から年中一日も休まず、さうなのだ、あの連中は愚劣な儀式などといふものに関りを持つことなく、労働に熱中し夜は安らかに眠る、さうして国王などより遥かにましな生涯を送るといふわけだ。

（シェイクスピア「ヘンリー五世」第四幕第一場）

この王は王位を継ぐと、甚だ品行方正で円満な人物になり、昔の放蕩仲間と全く手を切つてしまつた。やがてこの国王はフランスに関心を向け、進んで彼の地に乗り込み、有名なアザンクールの戦ひを自ら陣頭に立つて指揮した。その後彼はフランス王の娘キャサリンと結婚したが、この王女はシェイクスピアの描写によれば甚だ感じのよい女性である。かうして生涯いいことづくめの彼もやはり最後には死んでしまひ、そしてその後を継いだのが息子ヘンリーであつた。

（ジェイン・オースティン）

## ヘンリー六世

ランカスター家のヘンリー六世は一四二二年、僅か一歳の幼児として王位に即いた。彼はその不安定な王座を一四六一年まで保ち続けたが、同年ヨーク家のエドワード四世が彼を捉へ王位を奪つた。

彼はこの上なく率直な心の持主で、自分の犯した過ちを実に素直に認めた。自分に守れぬ約束をしたこともなければ、故意に人を傷つけたことも無かつた。清廉潔白と公明正大とが公務万般にわたつて彼の行動を律してゐた。自らが信仰に篤いのは勿論のこと、人〻の中に宗教に対する畏敬の念を育《はぐく》まうと努めた。自分を訪ねて来る者、殊に若者に向つて、徳を求め悪を退けるやう熱心に説き、スポーツや世の慰み事を愚かなものと見做し、暇さへあれば聖書や旧約の歴代志に読み耽つた。礼節を重んじた彼は公の礼拝に参列する時も、廷臣達に命じ剣や槍を帯びずに礼拝堂に入る様にし、中では言葉を交はして他の人〻の祈りを妨げることを禁じた。

彼は女性と同席するのを好んだが、母の象徴とも言ふべき頸《うなじ》を露はにしておく様な淫らな衣裳を黙つて見過せなかつた。「ちよつ、ちよつ、何といふことだ！」彼は叫んだ。「全く恥を知るがいい。」また、徳を積まうとしてゐる若者を励ますのを好み、彼が創設したイートン校からウィンザー城に家来を訪ねてやつて来た学生達とも屢〻親しく言葉を交はしたものである。さういふ折、彼は大抵次の言葉で会話を締め括り、金を贈つてやつた。「立派な人間になるのだ、忍耐強く従順にな、そして何より神の教へに耳を傾けるがよい。」

彼は貧者にも恵み深く、召使達の中で子供に囲まれた父親の如く生活した。また自分に逆らつた者共をも快く許してやつた。ある時、召使の一人が強盗に遭つた事があるが、彼はその召使に二十ノーブルの金貨を贈り、以後自分の持物にはもつと注意する様に、そして強盗のことは許してやつてくれと頼んだ。また、ある日、セント・オールバンズからクリプルゲイトに向ふ途中、反逆罪で串刺しの刑に処せられた男の四肢の一つが転つてゐるのに出遭つたことがあつたが、彼は強烈な衝撃を受けて叫んだ、「片附けろ、片附けるのだ、今後は何人たりともこの身の為にこんな酷い目に遭はせてはならぬ。」そしてまた、四人の高貴な生れの人〻が彼に対する反逆の罪で今にも処刑されようとしてゐると知つた時など、刑場の彼等のところへ大至急特赦の使ひを送つたこともあつた。

彼の衣服は甚だ質素なもので、靴にしても上に反り上つて尖つたものなど決して穿かうとしなかつた。当時、さういふ靴は身分の高いことを示す標《しるし》と見做されてゐたのである。また、ある土地の人〻がそこの温泉に浸つて体を休め洗ふ習慣があるといふ話を聞き、王はそれを覗いて見た、そして人〻が身に著けたものをかなぐりすて、丸裸になつてゐるのを見て王は甚だ腹を立てて即座に立去り、このやうな裸は不快極まる罪に他ならず、フランチェスコ・ペトラルカの「野獣の如く裸になることは人間の場合、不快なことであり、さつぱりとした衣服は謙譲の心を育てる」といふ言葉を思ひ出さずにはゐられぬ、と言つて露はに嫌悪の情を示した。

（ジョン・ブラックマン）

ヘンリー六世はアンジュー家のルネの娘と結婚した。この女は激しい気性の持主で、夫のランカスター家の主張を支持し一四七〇年にテュークスベリーの戦ひに敗れるまで一度も敗北したことがなかつた。この女がゐなかつたならばヘンリーもヨーク家と和解してゐたかもしれない。十六歳でイングランドにやつて来た時には、後に示された激しい気性や勇気はこの女性のどこにも見出せなかつた。

以下御報告致したきは、イングランドの后の偉大さとその后がイングランドに連れて来られた経緯にございます。まづはさるイングランド人よりの伝聞を御披露申し上げたく、イングランド王は持参金無しにてこの后を貰ひ受け、その上嘗《かつ》て后の父を相手に占領し固守してゐた幾つかの土地まで返し遣りしとの事にございます。后がイングランドに上陸するや、王は騎士の従者に身をやつし、同行のサフォーク公にも同じ身装《みなり》をさせ、后の許に手紙を携へ行き、イングランド王自ら認《したた》めし手紙と恭しく言上せし由、承りました。后が手紙を読む間、王はその様子を十分に観察し、女といふものは手紙を読んでゐる時こそ、能くその真価がわかると仰せられしとの事、一方、后は当の相手が王であることに少しもお気づきにならず、それも、専ら手紙に心を奪はれをられし故にて、従者に身をやつし、終始跪《ひざまづ》きをりし王には一瞥《いちべつ》もお与へにならざりし由、聞き及びをります。王が立去りし後、サフォーク公には、「お后、如何思し召されます、その手紙を持参しましたあの従者を?」とお訊ねになりましたところ、后のお答は、「その従者とやらには気附かなかつた、あれの持つて来た手紙を読むことに心を奪はれてをりましたから。」公爵、答へて曰く、「お后、かの従者に身をやつしていらした方こそ、紛れもなきイングランド王にございます。」后は事の真相を知らなかつたことに甚だ心を痛められた由、と申すは、后は王を跪かせたままにしておいたからにございます。

（ヴェニス公使、ラファエロ・デ・ネグラの手紙）

シェイクスピアは王の心の動揺とその俗事に無関心な気質とを見事に捉へてゐる。

**ヘンリー王**　この土龍《もぐら》の如き小さな丘の上に腰を下すとしよう。神の嘉《よみ》し給ふ者の手に勝利を！
后のマーガレットは、いや、クリフォードまでその尻馬に乗り、この身を罵《ののし》り戦場から閉め出しを喰はせた、この身さへ身を引けば、勝利は間違ひなしとぬかしをる。いつそ死んでしまひたい、もしそれが神の御心に適ふことなら！　いづれにせよ、この世に悲しみと苦悩のほか、一体何があるといふのか？　おゝ、神よ！　いつそ賤しい羊飼に身を落せたら、それに優る幸福な生涯などこの世にありさうもない。丘の上に、それ、今の私の様にかうして腰を下し、日時計の目盛りを、一条一条《すぢすぢ》、手際よく刻みつけ、一分一分が如何にして過ぎ去つて行くのか、何分経てば一時間になり、何時間で一日が終り、何日で一年が過ぎるのか、そして何年経てば限りある人間の一生に終りが来るのか、それこそ十分納得が行つたら、次は時間の割振りに掛るといふ訳だ。羊の世話に何時間、休息には何時間、考へ事には何時間、気晴しには何時間、俺の牝羊が仔を孕《はら》むには幾日掛り、そいつが仔を生み落すまでには何週間、その毛を俺が刈り取るまでに何年、といふ具合にな。かうして、一分、一時間、一日、一月、一年と時が過ぎ行き、さうして行き著く所まで行つてしまふと、この時といふ奴、主《あるじ》の白髪頭を静かな墓穴へと引摺り込む。あゝ、そんな毎日だつたら！　どれほど楽しいことであらう！　どれほど心地よいことであらう！　無邪気な羊の群を見守る羊飼達に山樝子《さんざし》の茂みは心地よい木蔭を与へてくれるといふのに、あの煌《きらび》やかな刺繍を施した天蓋は、家来共の謀反に恐れ慄《をのの》いてゐる国王に何の憩ひも与へてくれはすまい？　おゝ、さうではないか、羊飼共には憩ひがある、国王の千倍もの憩ひの場があるのだ。つまるところ、あの連中の口にするまづい乳や革袋から飲む冷えた水つぽい酒にしても、或は爽やかな木蔭が供する日この昼寝にしても、皆、安らかに心ゆくまでそれを楽しんでゐる、国王などより余程ましではないか、国王とあらば贅沢も出来よう、金の皿に盛られた豪華な食事を摂《と》り、贅を凝らした寝台に身を横たへもしよう、が、そこには常に苦悩、疑惑、そして謀反の蔭が附纏つてゐるのだ。

（シェイクスピア「ヘンリー六世」第三部第二幕第五場）

しかしその后の闘志を以てしてもヘンリーにロンドン塔幽閉の憂き目を見させずにおくことは出来ず、彼は一四六四年から六九年までの五年間をそこで過した。次の詩はその間に書かれたものである。

王国は煩《わづら》ひに過ぎず、
　玉座も今や支柱なく、
富は待ち伏せする罠、
　滅亡の淵に向ひて直《ひた》走る。
快楽は秘めたる火遊び、
　悪徳がその火に油を注ぐ、
栄華は一時のいたづら、名声は迷夢、
　権力は穢れたる煙。
ふと巌を取除かんとし、
　濁流に足を踏入れなば、
自ら泥にまみれて足掻き苦しみ、
　ただ激流に押し流さるるのみ。

（ヘンリーの詩）

私はこの国王の考へ方について余り弁護することは出来ない。たとひ出来たにせよ、弁護したいとは思はない、彼がランカスター家の出だからである。この王とヨーク公との間の戦ひについては読者は恐らくよく御存じのことと思ふが、ヨーク公こそ正しき側にあつた。もし御存じないなら、何か他の歴史書を読んで戴きたい、といふのは、私はその事に関してはここでは余り深入りしたくないからである。つまり、本書は私の胸の憂鬱を吹飛ばし、私と相容れぬ主張や党派の人こ全てに対する私の憎しみを解つて戴くためのものであつて、情報を提供するためのものではないからである。この王はアンジューのマーガレットと結婚したが、その為にこの女の蒙《かうむ》つた悲歎と不幸は余りにも大きく、彼女を憎む私でさへ、同情を覚えずにはゐられない。この王の治世中に起つた見逃せぬ事件はジャン・ダークが現れ、イングランド人を大混乱に陥《おとしい》れた事である。人〻は彼女を焼き殺すべきではなかつた——が、つひにさうしてしまつた。ヨーク家とランカスター家の間に幾度か戦闘が繰返されたが、大抵は（当然の事だが）ヨーク方が勝利を収めた。そして最後にはランカスター方の完敗に終り、国王は殺され——后は故郷へ送り返されて——エドワード四世が王座に即いたのである。（ジェイン・オースティン）

## エドワード四世

エドワード四世は十九歳の時に一度王位に即いたものの、その後ヘンリー六世との間に王位交替劇を演じた。彼が再び統治権を握つたのは一四七一年から一四八三年までで、勿論ヘンリーの妻、マーガレットを手際よく片附けてしまつた後の事である。

彼は立派な人柄で、見るからに王侯にふさはしい品位を備へてゐた。勇敢な心と優れた人心収攬《しうらん》術を身に附けてをり、逆境にあつても狼狽《うろた》へず、順境にあつては、いささか陽気に過ぎたとはいへ、決して好い気になるやうな事はなかつた。平和な時には公正で慈悲深く、戦時においては俊敏にして獰猛、一度戦場に臨むや大胆不敵に振舞つたが、だからといつて、智慧の命ずるところを無視して突つ走るほど無鉄砲ではなかつた。彼の闘ひ振りをよく知つてゐる者は誰しも、彼が敵に鉄槌を下す時の、その雄〻しさもさることながらその退き際の鮮かさに智慧の証しを見て賞讃を惜しまない。彼の顔立ちは美しく、体つきは逞しく、強靭で、しかもしなやかであつた。晩年になると放縦な食生活のため、少〻太り気味でずんぐりして来たものの、かといつて醜いといふ程ではなかつた。若い頃は情慾の趣くに任せて気儘な生活を送つてゐたが、大いなる繁栄と幸運に恵まれた健康な肉体にとつては、特別の徳でも備はつてゐない限り、この様な慾望を慎むのは殆ど出来ない相談といふものであらう。
（サー・トマス・モア「リチャード三世伝」）

一四六四年五月、二十二歳の時、エドワードは自分より遥かに身分の低い女性と結婚した。エリザベス・ウッドヴィルを口説く彼の言葉は、ぶつきら棒ではあるが要領を得てゐる。

**エドワード王**　弟、グロスター、セント・オールバンズの戦ひでこの女人の夫、サー・リチャード・グレイ*は殺され、その領地は敵（＝マーガレット）に奪はれてしまつた。で、今、その土地を取返したいと願ひ出てゐるのだ。
**グロスター**　お聴届けになるべきでせうな、拒絶なさつては不名誉といふものでございませう。
**エドワード王**　その通りだ、が、もう少し考へてみよう。
**グロスター**　なるほど、さうしますと？（傍白）いや、女の方で聴届けてやることがあるらしい、王が女の願ひを聴届ける前にな。
**クラレンス**　（傍白）王は狩りの仕方を心得てゐる、風向きに逆らふやうなへまをするものか！
**エドワード王**　奥方、願ひの筋についてはよく考へて見よう、改めて来るがよい、それまでにこちらの肚を決めておく。
**グレイ夫人**　お願ひでございます、さうは待てませぬ。畏れながら今すぐにも御返事戴きたうございます、御意とあれば如何なる御沙汰にも否やは申しませぬ。
**グロスター**　（傍白）本当か、奥方殿？　なれば領地は全てあなたの物さ、何事も御意に従ひ否とは申さぬとなればな。
（中略）
**エドワード王**　お前達、ちよつと退つてゐてくれ、この夫人の智慧を試してみたいのだ。

（グロスターとクラレンス舞台奥に退る）

**エドワード王** さあ、答へて貰はう、奥方、そなたは子供達を愛しておいでだらうな？

**グレイ夫人** はい、吾が身同様心よりいとしく存じをります。

**エドワード王** では、子供達の為とあらばできるだけのことはしてやりたいと思うてゐような？

**グレイ夫人** 子供達の為ならば、どの様な苦労をも厭《いと》ひませぬ。

**エドワード王** それでは亡き夫の領地を取返せばよい、子供達の為にもなることだ。

**グレイ夫人** さればこそ、かうして御前に参上致したのでございます。

**エドワード王** この身が教へて進ぜよう、どうすれば領地を取返せるかを。

**グレイ夫人** お教へ下されば、この身は何事にせよ御意のままに。

**エドワード王** 何をしてくれる、領地を返して上げたら？

**グレイ夫人** どの様なことでも、この身に適ふことでございましたら。

**エドワード王** だが、頼みによりけり、断らぬとも限らぬ。

**グレイ夫人** 決してそのやうなことは、この身に余ることなら格別。

**エドワード王** 結構、当方の頼みといふのは、その身一つで十分果せることだ。

**グレイ夫人** では、喜んで御意のままに。

**グロスター** （傍白）押しの一手で攻め立ててゐるな、豪雨、大理石をも穿《うが》つ。

**クラレンス** （傍白）激しきこと炎の如し！　あれでは女の蠟など一溜りもなく融けてしまふだらう。

**グレイ夫人** なぜお命じ下さいませぬ？　私の為すべき務めを直ぐにもお教へ戴けないのでございませうか？

**エドワード王** たやすいことだ、王を愛してさへくれればいい。
**グレイ夫人**　それなら今直ぐにでも、私は王の臣下でございます。
**エドワード王**　ほう、では、亡き夫の領地は喜んで差し上げよう。
**グレイ夫人**　心から御礼申し上げます、ではこれでお暇を。

（中略）

**エドワード王**　まあ待て、この身の申してゐるのは愛の果実《みのり》のことなのだ。
**グレイ夫人**　私の申しますのも愛の果実のことでございます。
**エドワード王**　なるほど、が、どうも意味が違ふらしい。この身がこれほど激しく求めてゐるのがどの様な愛であるか、解つておいでかな？
**グレイ夫人**　それは終生変ることなき敬愛と、臣下たるものの感謝の念、そして王の御安泰を願ふ祈りでございませう、それこそ徳が求め許す愛にございます。
**エドワード王**　いゝや、さうではない、その様な愛のことを言つてゐるのではない。
**グレイ夫人**　まあ、では私の考へてをりました様なものではないと仰せられるのでございますね。

（中略）

**エドワード王**　はつきり言はう、私はそなたと寝たいのだ。
**グレイ夫人**　はつきり申し上げます、牢獄に寝た方が余程ましでございます。
**エドワード王**　何を言ふ、それでは夫の領地を遣る訳にはいかぬ。

（中略）

**グレイ夫人**　畏れながら、その様なお戯《たはむ》れは私の真面目なお願ひにふさはしうはございませぬ。お願ひでございます、この上は否か応かはつきり御返辞を伺ひ、直ぐにも退らせて戴きたう存じます。
**エドワード王**　応と答へよう、そなたがこの身の願ひに応と答へてくれるのなら、が、否と答へよう、もしそなたがこの身の求めに否と答へるなら。

グレイ夫人　それなら、否、とお答へ致します、陛下。もうこれ以上お願ひは致しませぬ。

グロスター　（傍白）後家さん、王がお気に召さぬとみえる、眉を顰《ひそ》めてゐるぞ。

クラレンス　（傍白）あれほど下手な口説き手にはクリスト教国でもさうお目に掛れるものではあるまい。

エドワード王　このエドワード王がそなたを后に迎へると言つたらどうかな？

グレイ夫人　言ふは易く、行ふは難しと申します。私は臣下に過ぎませぬ、お戯れのお相手は勤められても、お后の役は勤められませぬ。

エドワード王　私は魂の命ずるままに喋つてゐるにすぎぬ、頼む、わしの物になつてはくれぬか。

グレイ夫人　いゝえ、御心のままになる訳には参りませぬ。私は陛下のお后になれる身分ではございませぬ、さりとて陛下の慰み物になるほど身を落したくもございませぬ。

エドワード王　何を言ふ、この身の后にと言ふのだぞ。

グレイ夫人　御後悔遊ばしませう、私の息子共が王を父上などとお呼び申し上げましたら。

エドワード王　何でもないことだ、私の娘達がそなたを母上と呼ぶのと変りもない。そなたは夫を亡くし、子供達を抱へてゐる、一方、この身は確かに独り身ではあるが、子供は何人もゐる。そこでだ、沢山の息子達の父親になるのは素晴しいことではないか。もう何も言ふな、そなたは私の后になるのだ。

グロスター　（傍白）神父殿はどうやら女の懺悔を御聴許遊ばしたらしい。

クラレンス　（傍白）遊ばすに決つてゐる、後で遊ばせてもらふためにな。

エドワード王　弟達、吾こが何を話してゐたのか気になるのであらう。

グロスター　夫人はお話が余り面白くなかつた様

ですな、眉を顰《ひそ》めていらつしやる。

**エドワード王**　さぞかし驚くであらうな、これに再婚を許すと言つたら？

**クラレンス**　相手はどなたで？

**エドワード王**　決つてゐる、クラレンス、この私だ。

**グロスター**　となると大事《おほごと》だ、人の噂も七十六日は続きませうな、少くとも。

**クラレンス**　普通より一日多いといふ訳か。

**グロスター**　それだけ事は重大といふ訳だ。

**エドワード王**　精こふざけるがいい。これだけは言つておく、夫の領地に関するこれの願ひは聴届けてやることにする。

（シェイクスピア「ヘンリー六世」第三部第三幕第二場）

（＊）史実では、リチャード・グレイではなくジョン・グレイ。

以上、御覧の通り、この王はもつぱらその美貌と度胸ゆゑに有名だつたが、その不敵な精神については、彼がある女性（フランス王ルイ十一世の妹ボナ）と婚約してゐながら、平気で他の女性と結婚してしまつたその行為によつても十分証明し得るであらう。彼の妻はエリザベス・ウッドヴィルといふ未亡人で、全く気の毒な女といふほかないのだが、後に強慾非道の怪物、ヘンリー七世の為に修道院に閉ぢ込められてしまつた。エドワードの寵妃の一人にジェイン・ショアといふ女性がをり、この人物を描いた戯曲が残つてゐるが、これは悲劇であつて、それ故、読むに値しない。エドワード王は、以上の如く立派な仕事を為し遂げてこの世を去り、その跡を彼の息子が継いだ。

（ジェイン・オースティン）

## エドワード五世

エドワード五世が統治したのは二箇月に過ぎなかつた。彼は十三歳にして王位を継承した。国王にふさはしく戴冠式の挙行を熱望したが、この少年は式に臨むまで生きながらへはしなかつた。

忠実かつ親愛なる臣下へ、心を籠めて。若年の吾を補佐し、吾が王国の保護卿にして親愛なる叔父グロスター公、及び評議府諸卿の勧めに従ひ、ここに以下の事を命ず。即ち吾が戴冠式においての貴き騎士の位を受くる為、用意万端怠り無き様。式は神の御恵により今月二十二日ウェストミンスター宮において挙行すべく、よつて式より四日前に吾が居城ロンドン塔に出頭し、万事係官と打合せを行ふこと、以上決して吾が命に背かざる様、吾が命に従へば、吾もまたそれに応へむ。

（オーテス・ギルバートに宛てた王の手紙）

グロスター公リチャードがロンドン塔で二人の王子を殺害したか否かは未だに激しい議論が戦はされてはゐるが、エドワード五世が死ななかつたなら、彼が王位を物に出来なかつたことは明らかである。

しかし、ヘイスティングズが解任されてからといふもの、王に仕へてゐた家臣達は皆、王に近づくことを禁じられた。王と彼の弟はロンドン塔内の奥深くにある部屋に閉ぢ込められ、牢獄の窓越しに二人の姿が認められるのも日、一日と少くなり、遂には二人とも全く姿を見せなくなつてしまつた。アージェンタイン博士は最後まで王に仕へてゐた者だが、王は彼の忠勤を大いに喜んだ。彼の報告によると、若い王は屠《ほふ》られることを覚悟した生贄の如く、己れの死が近いことを確信し、日毎の懺悔に己が罪の赦しを得ようと努めたといふ。ここで、この若い王の天賦の才に触れずにおく訳にはいくまい。王の言行は、齢に似合はぬ豊かな一般教養と、身分にふさはしき、といふより寧ろ学者に近い知識の持主たることを示してゐた。これらに関しては全てを列挙すべきであらうが、それは甚だ骨の折れる仕事であり、到底私の為し得ることではなく、その点、何卒御諒解願ひたい。とはいへ何としても無視しえぬことが一つある、それは、文学に関する王の並ゝならぬ知識である。王は、手に入つたものは韻文であれ散文であれ、格別難解なものでさへなければ、それらの作品について洗練された論議を展開し、豊かな理解力を示し、且つまた見事に暗誦して聴かせることも出来た。王は全身に威厳が満ち溢れ、その顔は甚だ魅力的であり、見る者の眼を決して退屈させなかつた。王が人ゝの前に姿を見せなくなつてからといふもの、王の事が話題になると多くの人が涙を流して歎くのを、私自身、目の当りにしてゐたが、既にその頃から王は殺されてしまつたのだといふ疑惑があつた。しかしながら、王が殺されたのかどうか、或はどの様な死に方をしたのか、そこまでは私にも解らない。（ドミニカス・マンシナス）

この不幸な王の生涯は余りに短く、その肖像を描いた者は一人もゐない。彼は叔父の企みで殺されたが、この叔父の名がリチャード三世である。

（ジェイン・オースティン）

## リチャード三世

プランタジネット家最後の王、リチャード三世ほど、その性格に関してあれこれと取沙汰された王は、他の凡ゆるイングランド国王中例を見ない。ヨーク側の歴史家で彼の功績を讃へる者は殆ど見当らず、サー・トマス・モアは、テューダー家出身の自分の主君を喜ばせようとして、盛んにリチャードの中傷を始めたが、この気運が衰へを見せるのは十八世紀になつて、ホレイス・ウォルポールが、左程説得力は持ち得なかつたものの、勇敢にもリチャードを弁護してから後のことである。

彼は背が低く小柄で、甚だ無様な体軀をしてゐた。片方の肩が一方より上つてをり、顔は小さく、表情は冷酷そのもので、その為、人こは一見して彼の顔に悪意、詐欺、策略を嗅ぎつけたであらう。考へ事をしてゐる時、彼は下唇を下品に嚙み、また誰かが言つてゐた様に、その冷酷な肉体に宿る恐しい本性ゆゑにいつも苛立ち、動き廻り、少しも落着きが無かつた。その上、身に著けた短剣を手にして、じつとそれに見入る時、鞘の中程まで引抜いたり、元に収めたりして、全部抜き放つたりすることは決してなかつた。生来、機を察するに敏であり、一分の附入る隙もなく、また容易に真情を顔に出さず、空惚《そらとぼ》けるのが実にうまく、一方、自尊心が強くて傲慢であつたが、この性格は死ぬまで彼に附いて廻つた。その死を目前にした彼は不忠の仲間に見捨てられ裏切られるよりは、剣の一撃によつて斃されるのを望みはしたが、臆病にも始終戦闘を廻避し、その度に風前の燈《ともしび》ともいふべき己が命脈を保つたのであつた。が、その命も、敵意と病気と当然の報いとから、間もなく破滅を迎へたのである。

（エドワード・ホール「年代記」）

さうかうするうちに、リチャード王の死骸は汚辱に塗《まみ》れてレスターの町へと運ばれて来た、彼がその前日、華やかに飾り立てた軍隊と共に威風堂こと出陣したのも、この同じレスターの町だつた。遺骸は裸のままで、衣服はことごとく剝取られ、陰部を覆ふ布切れさへもないといふ有様であつた。ブランシュ・サングリエ、即ち「白き猪」と呼ばれる紋章を掲げた先触れに続いて、馬の背に括《くく》りつけられたまま運び込まれた彼は、まるで豚か仔牛の様に、頭と腕は片側に、そして脚は反対側に垂れ下り、体中に泥と血が飛び散つてゐたが、その遺骸は町の中にあるグレイ・フライヤーズ教会に運ばれ、酷たらしい見世物よろしくそこに横たへられた。しかし、彼の邪悪な行ひや恥づべき行為をよく考へてみれば、人こはこの様な状態を当然のものと見做すであらう。いづれにせよ、彼はこの教会の中に、何ら王にふさはしい葬式も取行はるることなく葬られたのだが、それは嘗て彼があどけない甥達を葬つたのと正に同じで、その際、彼は残酷にも二人の甥を殺させ、非道にも根絶やしにしたのである。

彼の死が知れ渡つても、それを歎く者は殆どをらず、数知れぬ人こが喜び、（彼の標《しるし》であつた）威張りくさつた鼻持ちならぬ「白い猪」の紋章も、それが何に附いてゐようと、見つかり次第、所構はず乱暴に引摺り下され毟《むし》り取られてしまつた。彼の一生が余りに邪悪であつた為、人こは彼に纏はる記憶はその腐つた亡骸と共に葬つてしまひたいと願つたのだ。彼は二年二箇月と一日、王位に在つた。

かうしてこの国王は、不名誉と汚辱に塗れたこの世の生涯を終へたが、その間、終始、名声や名誉などには眼もくれず、己が野心と暴虐非道の行為を追ひ求めたのだつた。もしも彼が飽くまで保護卿として甥達を生かし王位に就かせてゐたならば、明らかにこの王国は繁栄し、彼も大いなる賞讃と敬愛を受けたことであらう、が、それに反して今の彼は人こに憎まれ蔑まれてゐる。

（グラフトン「年代記」）

リチャードの人柄については、その行為同様に甚だ誤つた考へが伝へられてゐる様に思ふ。私が信ずる真実は次の様なものである。リチャードは痩せた背の低い男で、片方の肩が一方より少こ高かつた。ところがこの様な肉体的欠陥は、党派といふ拡大鏡と時の経過と伝聞による誇張のため、いつの間にか、途方もなく醜悪なものにいともたやすく脹れ上つてしまふものである。何故なら虚偽といふものは、概して真実に飽くまで敬意を表はしながら、それを土台としてその上に自らを組立てるものだからである。

端的に言へば、ヘンリー（六世）の性格が、彼を弁護する人この言葉からも解る様に、リチャードに較べ遥かに邪悪で憎悪すべきものであり、従つて我〻はヘンリーこそ、リチャードに対する中傷をでつち上げ広めるのに大いに貢献したと信じてよからう。リチャードではなく、ヘンリーその人が恐らく忠誠なるヨーク公を死に至らしめ、同様にウォリック伯を殺したに違ひない。また、エドワード五世は本当に殺されたのかどうか、吾〻には定かでないし、たとへ殺害されたにせよ、誰の命令で殺害されたのかもはつきりしない。私としては、エドワード五世の死をどう考へたらよいのか解らぬ。リチャードを全く無罪放免とすることも出来ぬし、有罪を宣告することも出来ない、何故なら、そのいづれを主張する側にも何の証拠もないのだから。従つて、法廷が、証拠不十分から彼に無罪を言渡したところで、人〻の意見は左右に揺れ動き、結局は有耶無耶になつてしまふであらう。

（ホレイス・ウォルポール「リチャード三世の生涯と統治に関する歴史上の疑問」）

この王の性格を、歴史家は普通はなはだ厳しく扱つてゐる。が、彼はヨーク家の人であるので、私はむしろ彼を尊敬すべき人物と考へたくなる。実際、彼が二人の甥と自分の妻を殺したのだと確信深げに言はれてゐるが、同時に彼が二人の甥を殺したのではないと言明されてもをり、私としては、さう信じたい。もしさうであれば、妻も殺してゐないとも言へるだらう、何故なら、もしパーキン・ウォーベック[*1]が本当にヨーク公であつたとしたら、ラムバート・シムナル[*2]がリチャードの未亡人であつてもよいではないか。無罪にせよ有罪にせよ、リチャードは平和裡に長期間君臨することはなかつた、といふのは、リッチモンド伯ヘンリー・テューダーといふ未だ嘗てない大悪党が、口喧《やかま》しく王位を要求しボズワースの戦ひで王を殺し、その跡を継いだからである。

（ジェイン・オースティン）

（＊1）（＊2）三〇八・九頁の註参照。

# テューダー朝

## ヘンリー七世

事実、リチャードはボズワースの平原に斃《たふ》れ、「空しき王冠」を手にしたのは、テューダー家の始祖ヘンリー七世であつた。彼は開戦の布告において身方の軍勢に向ひ、王位請求の宣言を行つてゐる。

もし神が正義の為に戦ふ者の上に勝利を齎《もたら》し給ふなら、確信をもつて吾が同志、吾が友に告ぐ、常に慈悲深き神は、今日こそ、かの驕《おご》り昂ぶる敵、傲慢な反逆者に対して吾等の輝しき勝利と良き未来を約束し給ふであらう。

吾が方の主張は飽くまで正しく、神の掟、現世の法、いづれに照して見てもこれほど義に適つた挙兵は他にまたとあるまい。さうであらう、これほど公正にして、善意に満ちた、いや神意に添つた闘ひがあると誰が言へよう、吾こが敵に廻すのは、己れの一族の、或はその子孫の血を流した人殺しではないか？——奴こそは己が由緒ある血統を最後の一人に至るまで抹殺し去つた男、その男の、否、吾こその祖国とその哀れな人民にとつては許し難い屠殺者、真赤に焼けた汚名の烙印、耐へ難き邪魔者ではないか？

奴は自らを王と称し、私からこの貴い王国、吾が祖国の王冠と統治権を奪ひ、全ての正義と公正に反する行動に出た。同様に、奴の仲間は諸君の領土を奪ひ、森林を伐採し、荘園を破壊した、為に諸君の妻子は糧を求めて各地をさ迷ひ続けてゐる。この様な奴ばらを苦しめ罰する為とあらば、私は確信を以て言ふ、善なる神は必ずや、彼等を大いなる戦利品として吾等の許へ遣はし給ふに違ひない、さもなくば、奴等の腐つた良心を痛ませ苦しみ歎かせ、彼等をして怯《ひる》ませ逃亡せしめ、戦に加はる勇気すら失はしめ給ふに違ひない。そればかりではない、断言してもいいが、この雌雄を決する決戦において彼等が敵方に引込まれたのは恐怖のためであつて、敬愛の念からではない、思ふに、主君に対する彼等兵士達の憎しみと、王に対して人民達の抱いてゐる恐れと、そのいづれが大であるか頗る疑はしい。それにつけてもこの世には古今を通じて人の道に悖《もと》ることなき定めといふべきものがあり、悪人が日毎善人を掃討せんと求めて止まぬが故に、神は善人をして悪人を打ち倒さしめ給ふのである。

　肝に銘じて忘れてはならぬ、勝利は軍勢の多寡で決るものではない、勇敢な心、雄こしき精神によつて贏《か》ち得らるるものなのだ。身方の数が少ければ少い程、吾こが勝利を収めた時の栄光はそれだけ輝かしいものとならう。たとへ敗れても、敵方の十人が吾が方の一人を相手にして戦ふとなれば、その結果、勝者の有に帰する領地は聊かもない、たとへ吾こが戦死したにせよ、それは善なる闘争における栄光の死であり、果てしなき苦悩や悪意に満ちた忘却が、吾この名前や聖なる行ひを蝕み、それを名声の記録から抹消するやうなことは決して起り得ないであらう。

　最後に一つ約束して置かう、この公正かつ正当なる主張に基づいた聖なる戦闘において、今日、お前達と再び出遭ふ時はこの私をたとへ大地の上に死せる腐肉として見出すことがあるとしても、閨房の絨緞《じゆうたん》の上に自由な捕虜として見出すやうなことは断じてあり得ぬであらう。今こそ闘ふのだ、負けることを知らぬ巨人の如く。敵に襲ひ掛れ、勇猛な虎の如く。凡ゆる怖れを吹飛ばすのだ、猛り立つ獅子の如く。さあ、出陣だ、正義の兵士《つはもの》が謀反人に向つて、慈悲深き人間が人殺し共に向つて、正統なる継承者が簒奪者に向つて、神の笞《むち》が暴君に向つて進撃するのだ。吾が軍旗を堂こと飜せ、強く逞しい戦士にふさはしく前進せよ、勇敢な勝者として戦闘を開始するのだ。闘ひは目前に迫り、勝利はすぐ目の前に近づいてゐる、もし、ここで恥しげもなく退却し、卑劣にも逃亡を企てたなら、吾こも、その子孫も根こそぎに跡を断たれ、とこしへに汚辱に塗《まみ》れるであらう。

今日こそ勝利の日、さなくば全てを失ふ時だ、勝利を贏ち取り、征服者となれ、さなくば、この戦に敗れ、悪党になり下るのみ、よいか、皆の者、神と聖ジョージの名にかけて、怖れることなく勇敢に軍旗を進めるのだ。　（ヘンリーの演説）

彼は尊大な精神の持主で、自己の意思と自己の流儀を尊重した、吾と吾身を恃《たの》む者の常として、実際に自ら統治しようとしたのである。もし、彼が一市民であつたなら、傲慢だと言はれたかもしれぬ、が、彼の場合、それは賢明なる君主として、他者との距離を保つことを意味したに過ぎぬ。事実、誰に対してもさうであり、彼の権力や秘密に、少しでも近づくことを許さなかつた。誰の指図も受けぬといふ訳である。后すら（王に数人の子供を齎《もたら》したにも拘らず、いや、その上王冠まで齎したのだが、王の方ではそれを認めようとせず）王をどうすることも出来なかつた。母親に対する王の敬愛の情は並こならぬものであつたが、その言葉には殆ど耳を藉さうとはしなかつた。

海外の友好国に対しては、誠実かつ公正ではあつた、が、その態度は決して開放的ではなかつた。相手が自分の真実を探らうとしてゐる時、或は自分の秘密を守らうとする時、彼は常に相手方を明るみの中に立たせ、自分を暗がりの中に置くやうに注意してゐた。といつて、決してよそよそしいといふ訳ではなく、交渉に際しては表面上飽くまで相互理解を深めようといふ姿勢を崩さなかつた。

王は貴族達を厳しく抑へつけ、むしろ聖職者や法律家を好んで登用した、彼等の方が遥かに王に従順だつたからであるが、彼等は民衆といふものには貴族ほどの関心は持たなかつた。これらのことは彼の絶対性を強める役には立つたが、安全性を強める役には立たなかつた。思ふに、それが彼の治世を厄介なものにした原因の一つであると信ぜざるを得ない。

彼はまた、自分の使つてゐる連中が如何に巧妙に立廻つてゐるかなどといふことを全く意に介しなかつた。といふのは、王は自分が絶大な勢力圏を手中に収めてゐると信じてゐたのである。随つて一旦登用した以上、その地位をどこまでも保証した。事実、不思議なことだが、彼が気心の知れぬ君主で、この上なく疑ひ深く、そしてその治世中陰謀や紛争が蔓延してゐたにも拘らず、二十四年の統治期間中、彼は評議府の重職や側近を決して左遷したり解任したりしなかつた、唯一人の例外として侍従長スタンレーがゐるだけである。王に対する一般の臣下の態度に関し、彼は次の様に考へてゐた。臣下の心をその君主に無理なく結びつけておく三つの感情——即ち愛、畏れ、尊敬——の中、彼は最後のものを高く評価してゐた。二番目のものも決して悪くない、が、一番目となると、後の二つの方が余程ましだとして軽視してゐた。

君主としての彼は、生真面目で固苦しく、凡ゆる事柄に絶え間なく想ひをめぐらし、秘かに周囲を観察してゐた。何事につけ自ら記録や覚書を残す習慣があり、それも特に個人に関するものが多かつた。例へば、誰を起用し、誰に褒美をやるか、誰について調査し、誰を警戒せねばならぬかといふこと、或は、それぞれの貴族に対する民衆の支持の強弱、勢力ある党派間の対立関係などについてである。それは（いはば）自分の思はくの日記とでも称すべきものであつた。それについては今日もなほある愉快な話が語り伝へられてゐる、といふのは、彼の飼つてゐた猿が（側近の誰かに嗾《けしか》けられたのだといはれてゐるが）その最も重要な記録をづたづたに千切つてしまつたことがあり、その様な暗い記録を快からず思つてゐた廷臣達は、この事を知つて手を拍つて喜んだといふ。

実際、王は不安と猜疑に苛《さいな》まれてゐた。あれこれと余りに多くの事を考へ、その結果、いつもそれらの考へが共立し得なくなつてしまひ、あちら立てればこちらが立たずといふことになつてしまふのである。それればかりか、時には、それらの考へを、それなりの釣合ひをもつて比較考量しないこともあつた。確かに、彼にとつて大きな禍ひとなつた（ヨーク公を騙《かた》るパーキン・ウォーベックの命を助け、生かしておくべきだつたといふ）風評も（元は）彼自身が育てたものであつた。彼としては恐らく自分が、妻の権利に頼つて王位を保つてゐるのではないといふ根拠をいやが上にも示したかつたのであらう。

彼の世俗の楽しみについては何も解つてゐない。しかし、彼がナポリの王女の調査に関してメアシーン、スタイル両者に送つた指示を見ると、王女の美しさに関しては十分に質問してゐると思へる。宴会の時などは、大抵の王侯達と同様に、楽しみはしたもののちよつと顔を出し、しばらく眺めたかと思ふと直きに退出するといふ有様だつた。

これは疑問の余地のないことだが、彼の場合、凡ゆる人間（そして殆ど凡ゆる王達）の場合と同様に、彼の運命が彼の性向を支配し、同時にまた彼の性質が彼の運命を支配した。その治世は、平穏といふよりはむしろ隆盛を誇つてゐたといふべきで、その業績は彼に対する信頼を高めたが、相次ぐ内憂がその性向を傷つけた。彼の才知は、自づと危険を潜り抜けねばならぬ機会が度重なるに従つて、頗る抜け目ないものとなり、どちらかといふと危険が身に迫り身動き出来ぬ様になつて、そこから脱出することに巧みであつて、あらかじめそれを防止し、遠ざける様には働かなかつた。これは、彼が先見の明に欠けてゐたといふことなのか、意思の強さを示すものなのか、或はまた猜疑心から生じた迷ひなのか、それとも一体何であつたのか。いづれにせよ、これだけは確信出来よう、彼の運命に永遠に附いて廻つた内憂は（それも因《もと》を尋ねれば彼自身から生じたものとしか考へられないもので）、彼の性向、習癖、遣り口といつたものに何らかの重大な欠点が無ければ起らなかつたはずであり、それらの欠点を、王は無数の煩瑣《はんさ》な対応策によつて補ふのが精一杯であつた。

　彼は見栄えのする人物で、背丈は並みより稍《やや》高く、四肢はしつかりしてゐたが痩せぎすであつた。顔立ちは立派で、どこか聖職者の如き趣きがあつた。また特によそよそしい訳でも、陰険でもなく、かといつて人の心を捕へるやうなところもないし、愛嬌のある方でもなかつた、が、気立ての良さを感じさせる顔とは言へよう。しかし、絵描きにとつては扱ひにくいものだつた、といふのは彼の顔は喋つてゐる時が一番良かつたからである。

（フランシス・ベイコン「ヘンリー七世の生涯」）

ヘンリーは、王冠を手中に収めると、由緒正しいヨーロッパ大陸の王家との縁組が自分の地位を強化すると考へた。以下はすべて、ナポリ女王との間に目論んだ縁組に関し、使節に与へた指示である。

国王陛下よりその使節に下されたる指示。老ナポリ女王及びその若き王女に謁見を許されたる場合、一同、如何に振舞ふべきか、考へおくべし。

　仰せのお二人に拝謁賜りし折、当方はお二人の御前に跪き、その御手に接吻致し、吾が母后のお手紙を呈上仕りました。最初、老女王よりお言葉を賜りましたが、それは高貴、聡明なる婦人にふさはしきお答にて、次いで若き王女の番にございますが、王女は真面目かつ高貴なる御容貌の持主にあらせられ、まことに慎み深くお話にお加はり遊ばされ、お心の趣くままにお話しなされしものの、言葉数多からず、飽くまで誠実、高ぶつた様子など全く見受けられませぬ。老女王のお話も同様の趣きにございましたが、王女よりは色〻お話し遊ばされました。

一、特に若き王女の年齢、背丈及び体つき等その特徴につき、詳しく書き記すべき事。

仰せの若き王女の年齢にございますが、二十七歳になられたばかりとのこと、但しその背丈につきましては、全く解りませず、また知る術もございません、と申しますは、当方が御前に参ります時、王女はいつも椅子に腰を下してをられるからにございます。

また、王女の体つきについての特徴にございますが、当方がお目通りを許されし時、王女は常に大いなるマントを召してをられ、これは当地の慣習によるものにして、男性には顔以外の箇処を軽こしく見せることなく、それ故、王女の体つきに関する特徴となりますと、しかとしたことは全く解りかねます。

一、王女の顔立ちについて、例へば、化粧をしをるや否や、豊頬なりや、こけ気味なりや、面長なりや、丸顔なりや、表情は陽気にして愛嬌ありや、或は険しきものなりや、憂愁を湛へるものなりや、誠実なりや、軽薄なりや、話を交はす折、羞《はぢら》ひの趣きありや否や、特に観察すべき事。

当方の知り得た限りでは、仰せの王女は化粧を施してはをられませぬ、また王女は御肖像通り甚だ美しきお顔立ち、愛嬌あり、むしろ丸顔にして豊頬、その表情は陽気にして愁ひの蔭など毛頭なく、誠実にして軽薄ならず、お話しになる時にも気負つた御様子は毛頭見受けられませぬ。気品あり、女性にふさはしく羞ひを浮べし御表情にて、言葉数少きもてなし、それも母君の女王御同席にて話を一手に引受けられし故、一層左様に感ぜられしものと存じをります。

一、王女の目、眉、歯及び唇につき、重こ注意すべき事。

仰せの王女の目は褐色にして、少こ灰色混り、眉は褐色にして細く、一筋の髪の毛を掃きし如くに見受けられました。歯は白く美しく、当方の知り得し限りでは歯並びも甚だ整つてをられます。唇は幾分丸味をおびやや厚めにて、顔全体との釣合ひがとれ、当の王女にまさに似つかはしき感じと存じます。

一、王女の鼻の形、及び額の高さ、広さにつき詳《つまび》らかに観察すべき事。

王女の鼻は中程がやや高く、鼻先少こ下方に曲りをり、母君によく似た形と拝しました。

王女の額となりますと、その高さも広さもしかと見定め難く、それと申しますは、当地の慣習に従ひ、頭巾と申すか何と申すか、要するに一種の布飾りを被りをられ、何としても確かめられませず、しかもその頭巾たるや眉の辺りまで垂れ下りをり、のみならず、更に不都合なことに、当の王女がお召しのそれは黒色の頭巾だつたからにございます。

一、王女の腕について、その大小、長短を十分に観察すべき事。

この件についてはしかと確かめ得ましたが、王女の腕は少こ丸味を帯び、さほど小さくはございませぬ。

一、王女の乳房につき、その大小を観察すべき事。

仰せの王女の胸は先づは大にして豊満、当地の慣習に則り、少こ高めに締め上げをります故、その胸元は一層豊満に見え、且つ頸は短く見受けられます。

一、王女の口元に毛が生えてゐるや否やにつき観察すべき事。

拝見した限りでは、当の王女には唇や口の辺りに毛は生えてをられず、その肌はなかなか滑らかでいらせられます。

一、その王女が断食の際、努めて話しかけ、礼に悖《もと》らぬ様、出来る限りその口元に近づき、息の香の甘美なるや否やを調ぶべき事。

仰せの王女、断食の際、当方より話し掛くる機会に恵まれませず、この点につき知ること適はず、また知る術も無く打過ぎしものの、ただ当王女と話を交はし、親しく時を過し得る折を狙ひ、時に応じて近づける限りそのお顔に近づきましたが、その結果、優れし御容貌、みけしき、お口元の清こしさより勘案致し、当王女には甘美にして香はしき息の持主に相違なしと拝察致しました。

一、王女の食事につき、その習慣、即ち大喰ひなりや、大酒飲みなりや、且つ屢こ飲食する習慣ありや、その飲物は葡萄酒なりや水なりや、或はいづれもなりや等、調べ置くべき事。

仰せの王女は食慾旺盛にして、一日に二度、たっぷり食事をお摂りになり、飲物はさほど口になさいませんが、平生は主として水を、時にはそれに肉桂を入れて煮立てさせてお飲みになり、また、時には薬味入りの葡萄酒をお飲みになることもおありですが、それは極く稀のことでございます。

一、国王陛下より命を受けし使節等は、優秀なる絵描きを探し求め、その絵描きに当の若き王女の顔、及び容姿を、能ふる限り本人に似せて描かしむるべく、その肖像が王女の顔、表情、容姿に出来る限り一致する様、それぞれ手を尽してその如何なる細部に至るも凡ゆる特徴につき徹底的に観察、調査すべき事。

この項目には何の報告も無かつた、そして国王はこの女性とは結婚しなかつた。

この国王は即位後ただちに、ヨーク家のエリザベス王女と結婚した。この縁組によつて、王は自らの王位継承権がエリザベスのそれに劣るものと考へてゐることをはつきりと証明してしまつたものの、実際には全く逆であるかのごとく装つてゐた。この結婚から、王は二人の息子と二人の娘をまうけたが、上の娘はスコットランド王の許に嫁ぎ、史上第一流の人物[*1]の祖母になるといふ幸せを享受した。この女性については、いづれもつと詳しく話す機会があると思ふ。末娘のメアリーは、最初、フランス王に、ついでサフォーク公に嫁ぎ、娘を一人まうけたが、この娘が後にジェイン・グレイの母となつた。このジェインは、再従姉《はとこ》の美しいスコットランド王妃より身分は劣るが、それにしても、優しく若く、人こが狩りに興じてゐるあひだにギリシア語を読んでゐたことで有名である。前に述べたラムバート・シムナル[*2]やパーキン・ウォーベック[*3]が出現したのが、このヘンリー七世の治世である。ウォーベックは晒し台の見世物にされ、ビューリィ寺院に保護されたが、ウォリック伯と共に斬首刑に処された。一方、シムナルは王宮の料理係として召抱へられた。国王が死に、息子のヘンリーが後を継いだが、このヘンリーの唯一の長所は、娘のエリザベス程ひどい人間ではないといふことだけである。（ジェイン・オースティン）

（＊1）メアリー女王。その子ジェイムズ六世がエリザベス一世の後にイングランド王ジェイムズ一世となり、ステュアート朝を開き、ここにイングランドとスコットランドとの合一が行はれる。

（＊2）ラムバート・シムナル（一四七七―一五三四）。オックスフォードの商人の子。十歳の頃、品の良い美少年として評判になる。エドワード四世の二王子がリチャード三世に殺されたといふのは嘘で、まだ生きてゐるといふ噂は、ヘンリー七世即位の翌年一四八六年に早くも流布されてゐたので、この少年を見たオックスフォードの神父リチャード・シモンズはこれを二王子のうちのいづれかに仕立てあげようとし、それにふさはしき特別の教育を施した。そこへ偶ゝエドワード四世の弟でありリチャード三世の兄であるクラレンス公ジョージの子、若きウォリック伯がロンドン塔で殺されたといふ噂が流れて来たので、シモンズはラムバートをその身代りに仕立てあげた方がより効果的と考へ、その様に筋書を書き変へた。ヨーク派のアイルランドの貴族達はこれを支持し、ラムバートをダブリンに喚び寄せ、一四八七年五月、エドワード六世として戴冠式を行ひ、ヘンリー七世とは不倶戴天の敵たるエドワード四世の妹、ブルゴーニュ公未亡人マルグリットはこれを支持し、自分の甥として認めた。彼等は兵を集め乱を起し、それに対してヘンリー七世も六千の兵を動員したほどの大事件になつたが、結局反乱軍の敗北に帰した。幸運にもラムバートは単なるヨーク派の傀儡に過ぎぬとして許され、後年、王の鷹匠にまで出世した。

（＊3）パーキン・ウォーベック（一四七四—九九）。フランドル出身の一市民の子。八九年頃、ヨーク派の騎士の妻に連れられ、ポルトガルに渡り、その地の騎士の邸に奉公。その後、ブルターニュの商人に傭はれ、九一年にアイルランドに渡る。偶ゝ主人の著る絹の衣服を著用してゐるところをコークの住民達に見られ、ウォリック伯エドワードかリチャード三世の庶子か、どちらかに違ひないと騒ぎ立てられ、終ひにはリチャード三世に殺されたと噂されてゐるエドワード四世の二人の息子のうち弟の方、つまりヨーク公リチャードの役を演じろと唆かされ、二三の貴族にも激励される。一度はフランス王シャルル八世に招かれて渡仏。またしてもブルゴーニュ公未亡人のマルグリットは懲りずにこれを甥として迎へた。ヘンリー七世はウォーベックの身元を十分調査した上で、ブルゴーニュ政府に抗議したが、オランダの摂政マクシミリアンはウォーベックをイングランドの正統なる王位継承者と認め、スコットランド王まで陰謀に巻きこみ、ウォーベックは既に神聖ローマ帝国皇帝となつてゐたマクシミリアンとスコットランド王の支援を得て、九六年、ノーサンバランドに侵入。その後、ヘンリー七世の直接税要求に対する反徒と合体したが、忽ち捉へられ、一切を告白の上、九九年十一月に処刑された。

## ヘンリー八世

ヘンリー八世は順風にのつてその統治を始めた。彼は凡ゆるものを掌中に収めて

ゐた――豊かな学識と知性を身につけ、その
上少からず、美しい容貌の持主であつた。

陛下は私が今までに拝謁を賜つた国王中最も美しい容貌の持主といへませう。背丈は人並み優れ、脚は美しく殊のほか見事な脹脛《ふくらはぎ》をお持ちでいらつしやいます。顔は色白で色艶も甚だよく、金褐色の髪はすつきりと短く櫛けづられ、フランス風の刈り方をしておいでです。その丸顔の美しさは正に女性のそれを思はせるものであり、咽喉は長くがつしりしていらせられます。陛下は英語、フランス語、それに少こイタリア語もお話しになり、リュートとハープシコードを見事に弾きこなされ、譜面を御覧になつただけで、即座に歌をお歌ひになり、弓ではイングランド中誰にも劣らぬ強力《がうりき》をもつて鳴り、馬上の槍試合も実に巧みにやつておのけになるといつた次第でございます。全く、このお方こそ、凡ゆる点において、申し分なき国王と言へませう。

（ヴェニス特命全権大使、ピエロ・パスクァリゴの手紙、一五一五年）

ヘンリー八世には世嗣ぎの王子がゐなかつた。そこで彼は十八年に亙る結婚生活の結果唯一人の娘しか得られなかつたアラゴンのカサリンと離婚する決意をした。裁判に臨んで后は自ら弁明に努めた。

「イングランドの后カサリン、出廷せよ。」

后は玉座から遠く隔つてゐたので、直ちに王の側へ進めず、迂廻して漸く王の側へ近附くや、廷内の衆人環視の中で王の足許に跪き、以下の如き事を怪しげな英語で訴へた。

「お願ひでございます、嘗て私達の間に交はした愛にかけて、私に公明正大なお裁きをお与へ下さり、聊かなりとも同情と憐憫とをお示し下さいますやう、私は哀れな女に過ぎませず、他国者《よそ》で、

陛下の領土で生れた者ではございませぬ。頼りになる友はもとより公平な眼を持つた相談相手もをりませぬ。私としては、ひたすら陛下にお縋《すが》りするより他ございませぬ、この王国の公正の支配者たる陛下に。

あゝ、陛下、一体私の何が陛下のお怒りに触れたのでございませう、陛下の御心に逆らひ御不興を買ふ様なことをいつこの私が致しましたでございませう？　私をお側から退けようとなさるなら（その様に私には思へますので）、私は神と全世界とに証人になつて戴きませう、私はいつも変らず陛下に忠実で慎しく従順な妻でございました、陛下の御意思と御心をお喜ばせ申し上げ、それに逆らふ様なことを口にしたり、行つたりしたことは決してございませぬ、日頃私が楽しみとし心から甘んじて参りましたことは、その軽重を問はず、全て陛下御自身の自ら悦楽としてお喜び遊したことのみにございます。私は言葉にも面にも不快を表はしたことはございませぬ、不平不満を顔に出したこともございませぬ。

陛下の御寵愛遊した方は全て私も愛しました、それもみな唯陛下のお為と思へばこそ、私の気持がどうであれ、相手の方こが私の身方であれ敵であれ、その様なことは少しも顧みることなく一途にさう努めて参りました。この二十年間、私は陛下の忠実な妻、いえ、それ以上のものでございました。この私によつて陛下は多くのお子をお持ちになりました、そのお子達が神の御心に従つてこの世を去つたにしても、それは私の過ちではございませぬ。

そして陛下が初めて私を陛下のものになさつた時、神だけは御存じの筈、私は真の乙女、それまで如何なる男もこの肌に一指も触れてはをりませぬ。その真偽の判断は陛下の御心に委ねます。法に照し正しい名目のもとに私を断罪しようとおつしやるなら、それが不貞であれ、或はその他何にせよ夫婦の契を犯した罪であれ、そのゆゑに私を追放し退けねばならぬと仰せなら、それこそ私の大いなる恥辱、大いなる不名誉、お側を去るよりほか致し方はございませぬ。しかし、もしその様な事がないのなら、ここに伏してお願ひ申し上げます、今までの通りの地位に留まらせ戴き、その大御心に正義をお納め願ひたう存じます。

　改めて御慈悲を賜ります様、この法廷の厳しい裁きの手から私をお救ひ下さいませ。それが適はぬとあれば、神に吾が身の裁きを委ねませう。」

「お后、後程、改めてお呼び出し致すことに。」

「もうどうでもよい。この法廷は私に公正だとは言へませぬ。これ以上待てますものか。」

　（カヴェンディッシュ「ウルジー枢機卿の生涯」）


――が、すべては徒労に帰し、后は死の床で、王との間に出来た娘、メアリーの為に最後の懇願を認《したた》め、なほ自分の夫と思つてゐる男に次の様な手紙を送つた。

吾が君主にして愛する夫《きみ》へ、
　何事も御心のままに。死の時が刻こと迫つて参ります、それゆゑ、陛下に対する心からの愛情に急き立てられ、一筆、手短に申し上げます、くれぐれも御健康と霊魂の御清浄に御留意遊します様、霊魂こそ陛下が他の如何なる世事にもまして、また御自分のお体に気をお遣ひになる以上に、絶えずお心に留めておおきにならねばならぬことにございませう、陛下はその霊魂ゆゑにこの私に数知れぬ苦痛をお味はせになり、陛下御自身におかせられましても数〻の御心労をお嘗めになりました。それも私と致しましては全てをお許し申し上げませう、えゝ、そればかりか、神にもお願ひし心から祈つて差上げます、神もまた陛下を許し給ふ様に。
　後は、陛下にメアリーを、私達の娘をお任せ致します、何卒良き父親になつてやつて下さいませ、これまで度ゝお願ひ申し上げましたことではございますが。それから私の侍女共の為にもお願ひがございます、あの者達の結婚に備へ、持参金をお与へ下さいませ、さほどの額ではございますまい、唯の三人しかをりませんので。他の召使達についても一年分の給料を支払つてやつて下さいますやう、過分の報酬ではございますが、あの者達が生活に困らないやうに。

　最後に誓つて申し上げます、今はただ何よりも陛下にお目もじ致したく念じてをります。

ヘンリーはアン・ブーリンを口説くのに長い間苦労した。彼は二度アン・ブーリンに手紙を書いてゐる。

　この前頂戴したあなたの手紙の内容を思ひ返しては、自分をひどく苦しめてゐる、どうにも解らないのだ、どう受け取つたらよいものか——私にとつて好ましくないことなのか（幾つかの言葉に私はさう感じた）、それとも、さうではないのか。お願ひだ、吾ゝ二人の間の愛情についてあなたの本当の心を是非とも教へて欲しい。私にはその答がどうしても必要なのだ、この一年といふもの恋の投げ矢に傷つき、あなたの愛の懐に己が居所を見出し得たのかどうかすら未だに確信を持てずにゐるのだから。

　この曖昧な形のままでは、近頃のあなたを恋人と呼べる自信がなくなつてしまつた、あなたが私に対し極くあり来たりの気持しか持つてゐないのではないかといふ不安に駆られるのだ。だが、もしあなたが誠実かつ忠実なる恋人としての役割を果してくれるなら、そして身も心も私に捧げるといふのなら、この私は、今まで同様、あなたの忠実な僕《しもべ》とならう（尤もあなたの厳しさがそれを禁じさへしなければの話だが）、約束してもいい、私はあなたに吾が家名を与へるのみならず、あなたを后に迎へ、あなたと競ひあつてゐた凡ゆる女性をこの頭と心から追ひ出し、ただあなた一人に仕へよう。

どうかこの不躾な手紙にはつきりと答へて戴きたい、私は何をどこまで信頼してよいのか知りたいのだ。もし手紙で私に答へるのが嫌なら、あなたの口から言葉で答へて戴ける場所を教へて欲しい、喜んで指定の場所に参上しよう。

もう何も言ふまい、あなたを退屈させたくないのだ。

あなたのものであることを熱望しつつ、国王H。

吾が最愛の女人に
あなたが去つて以来、私がここで如何に寂しく過してゐるか、この手紙で解つて戴けよう。全く、あなたが居なくなつてからといふもの時間が長く感ぜられて仕方がない、まる二週間以上も経つた様な気がする。しかし、それもあなたの優しさと私の燃える様な愛が惹き起したことであらう。それがなければ、ほんの暫くの別れでこれほど苦しんだりするとは思ひもよらなかつたらう。
しかし、直ぐにあなたと一緒になれると思ふと、苦痛も半減した様な気がする。そしてまた、私にとつて結構慰めの種になつてゐることは、例の問題〔即ち、ヘンリー八世の離婚の為の計画〕に関する限り、私の覚書では万事有利に進展してゐるといふことだ。今日はその問題に四時間以上も掛り切りだつた為、今書いてゐるこのあなたへの手紙も甚だ短いものになつてしまつた、実は頭が少こ痛むのだ。
願はくは、一夜を吾が愛する人の腕にこの身を休め、その麗しい胸元にすぐにも口づけしたいものだ。昔も、今も、そして永遠《とこしへ》に、自ら欲してあなたのものとなる男より。

が、彼女もまた世嗣の王子を生むことに失敗し、たつた三年の結婚生活の後、姦通の罪で告発され、有罪を宣告されてロンドン塔に幽閉された。彼女はヘンリーに助命嘆願の手紙を書いてゐる。

陛下の御不興と私の投獄ほど私に解せぬものはありませぬ、ここに何を書き、どう弁明したらよいものやら、全く測りかねてをります。事実、未だ嘗て如何なる王もかほどに己が務めに忠実で真の愛情に溢れた妻を持つたことはありますまい、さういふ女を陛下はこのアン・ブーリンのうちに見出し給うた筈でございませう――私はこの名とその身分に満足だつたのでございます、もし神と陛下さへそれを嘉し給うたなら。未だ嘗て如何なる時にも、私は栄達の極みにあり、后の地位に挙げられながら、決して身の程を忘れたことはなく、それどころか、今の私が思ひ知らされたお心変りさへ、かねがね予期してゐたことでございます。何故なら、私の得た栄耀栄華の元などといつたところで、陛下の気紛れといふ危ふいものに過ぎませず、陛下の一寸したお心変りがいともたやすく（私にはよく解つてをります）ただの移り気を誘ひ出し、陛下は他の御臣下にお心を奪はれてしまふことでございませう。

　陛下は低い身分の私をお召しになり陛下の后、伴侶となさいましたが、私には過ぎた御処遇、嘗ての私には望むべくもないことでございました。もし、あの時、私がその様な名誉に値するとお考へになつたのなら、慈悲深き陛下、私の敵の軽率な思ひつきや誤つた忠告に惑はされて、私への王にふさはしき御寵愛をお捨て下さいますな、そして陛下に不忠なる者達の汚れた心の――あの恥づべき汚れた心の――垢に私や、幼い王女、陛下の娘まで塗《まみ》れさせないで下さいませ。

　私をお取調べ下さいます様、陛下、ただ法による裁判を受けさせて戴きたう存じます、そして私の不倶戴天の敵を原告や判事になさらぬ様お願ひ申し上げます。いえ、公開の裁判をお開き下さいませ、私の真実が公の恥辱を恐れる様なことは決してございませぬ。それにしても、陛下は既にお心を決めておいでなのでせうか、私の死のみならず、恥づべき中傷が陛下のお望みの幸福な愉びを瀆すとおつしやるのでせうか、もしさうであれば、私は神に祈つて、その陛下の大罪を神が許し給ふ様、また同様に陛下の手足となつた敵共の罪をも許し給ふ様お祈り致しませう、そして神が審判の場で、陛下の私に対する王にふさはしからぬ残忍な扱ひを厳しく詮議なさらぬ様にと祈り添へませう。いづれ遠からず陛下も私も揃つてその場に召されるのは間違ひのないこと、そしてその判決においては、(現世の人〻が私のことを如何に考へようとも)必ずや私の無実は公にされ、全く明かなものとなりませう。

アンの兄弟、ロッチフォード子爵ジョージが次の詩を書いたらしい。

あゝ死よ、死よ、あの女を眠らせ
　安らかな休息に導いてやつてくれ、
その倦み疲れた無実の魂を
　煩はしきこの世から解き放つてやつてくれ。
鳴り続けるがよい、葬ひの鐘、
　響け、悲しい鐘の音、
さうしてあの女の死を告げ知らせてくれ。
　死は徐《おもむ》ろに近づいてゐる、
施すべもない、あれは死なねばならぬ。

ジェイン・シーモアが死ぬとヘンリーはクリーヴズのアンと結婚したが、これは王位継承のためといふより政略結婚といふべきであつた。しかし彼女は王の不興を買ひ、離縁されて実家へ帰された。この后の件で首が飛んだのは王の大法官トマス・クロムウェルであつた。

ヘンリー自らが書いた詩の一つに、貞節の美徳を謳つたものがあり、以上の脈絡から見ると、実に奇妙にきこえる。

柊《ひひらぎ》が青〻と繁り、

その色は褪《あ》せることなく、
私もまた、昔のまま、
　愛する女人に誠を捧げる。

青こと柊は繁り、蔦《つた》もまた青く、
木枯しが如何に吹き荒れようと、
　青こと柊は繁る。

柊が青こと繁り、
　取巻くはただ蔦のみ、
やがて花も見られず
　青き森の木の葉も枯れ朽ちる。

青こと柊は繁り、蔦もまた青く、
木枯しが如何に吹き荒れようと、
　青こと柊は繁る。

今は愛する女《ひと》に
ただ誓ふのみ、
凡ゆる女人に背を向け
　かの人にこの身を委ねん。

青こと柊は繁り、蔦もまた青く、
木枯しが如何に吹き荒れようと、
　青こと柊は繁る。

さらば、吾が愛する女《ひと》よ、
　さらば、こよなき女人よ、
汝こそ吾が心のまことの主《あるじ》、
　この誓ひを永久《とこしへ》に。

青こと柊は繁り、蔦もまた青く、
木枯しが如何に吹き荒れようと、
　青こと柊は繁る。　（ヘンリーの詩）

　もしも私の読者が私同様にこの王の治世に関して具体的に、何も知つてはゐないなどと、もしも私がさう考へたりしたら、それは読者に対する侮辱になるだらう。従つて読者が既に読んだことのある事柄についてもう一度読む面倒を省き、私としてもはつきり思ひ出せぬ事柄について書く無理を避けるため、彼の治世を特徴づける主な事件にほんのちよつと触れておくだけにしておく。この事件の中に挙げることのできるのは、ウルジー枢機卿がレスター修道院の修道院長に「ここに骨を埋《うず》める為に私はやつて来た」と話したことや、宗教改革のことや、或は王がロンドンの街をアン・ブーリンと馬を並べて練り歩いたことなどであらう。しかし公正を期する為に、また私の務めを果す為に是非とも言つておかなくてはならぬことは、この愛すべき女性は咎められた罪については全く無実で、それはこの女の美しさ、品のよさ、快活さが十分に証明してゐたし、言ふまでもなく、無実を主張するその荘重な言葉や、薄弱な訴因や、更に王の性格などに照して見ても、それは明らかである。これら三つの事柄はある程度の確証を与へてはくれるが、この女性に好意的な前の三つの言葉に較べれば、恐らく甚だ取るに足らぬものと言へよう。日附けを色こ挙げるつもりはないが、或る程度は挙げた方が良いと思はれる、さうなると、勿論、読者が何よりも知つておかねばならぬ日附けは私の選択に任せられようが、そのうち何よりも知つておいて貰ひたいのは、この女が王に宛てた手紙の日附けが五月六日になつてゐるといふことくらゐであらうか。この国王の罪と冷酷さは筆舌に尽し難いものがあり（このことはこの歴史書において十分お解りのことと思ふが）、それについて何一つ弁護してやれない、尤も、彼が修道院を廃し、時と共に崩壊するに任せたのは、イングランドの風景全般にとつて測り知れぬほど役に立つたと言へよう、それが恐らく彼をしてさうさせた主な動機だつたと思ふ、何故といつて、さもなければ、自らは少しも信仰心を有《も》たぬ男が、この王国に昔からずつと存在してゐたものを廃すのにどうしてそれ程までに苦労したのであらうか。国王陛下の五番目の妻はノーフォーク公の姪で、この女は一般には無罪と考へられてゐたのに断首刑の憂き目に遭はされたが、結婚前は隠遁生活を送つてゐたと多くの人々に考へられてゐる――しかしながら、この事に関して私は多くの疑問を持つてゐる、といふのは、彼女が他でもないあの高貴なるノーフォーク公の親戚だからで、しかも公はスコットランド女王の事件であれ程心の温かみを示し、遂にはその犠牲となつた人だからである。王の最後の妻は何とか彼よりも後まで生き延びようとして、やつとのことで成功した。彼の後を継いだのは唯一人の息子エドワードである。

（ジェイン・オースティン）

## エドワード六世

ヘンリーの五人目の妃、カサリン・ハワードは、必ずしも単純な女とはいへず、野心に燃えたその一族にとつて常に良き手先とは言へなかつた様だ。この女もまた、アン・ブーリン同様、姦通の罪を己が首《かうべ》を以て償つた。次いでカサリン・パーがヘンリーの六人目の后となり、つひに王の死後まで生き延びた。そして保護卿の弟、トーマス・シーモアと結婚しようとしたが、その為には若き新王、十歳になるエドワード六世の許可が必要だつた。王は喜んで許可を与へ、次の様な手紙を書き送つてゐる。

心からお礼を申し上げたい、あなたは当方の願ひを優しく受けいれて下さつた上に、それを親切にも実行に移して下さつたからである。それによつてあなたはこの身を喜ばせようといふお気持を示して下さつたばかりではなく、あなたの願ひとあらば如何なるものにせよ、聴届けて進ぜようといふ気持をこの身にも起させて下さつたからには、今後あなたのあらゆる御要望に添ひたいものと思つてゐる。それ故、あなたは如何なる悲しみがやつて来ようと怖れられることもなければ、いざといふ時の助力を得られぬのではないかとお疑ひになることもない、何故なら、かの男はこの身の叔父に当り、善良な性格の持主であり、あなたに苦労をお掛けすることは決してないであらうし、この身も種〻の正当なる理由に基づいて、あなたに特別の好意を示さざるを得ない。尤もあなたはこれといつた理由なしにあの男への助力をお求めになり、この身との手紙の遣り取りもあれに任されたが、当方とて同じこと、自分の叔父をあなたに委ねる者として、叔父があなたと仕合せに暮せる様、あなたに心からお願ひするばかりである。この身はあなた方二人の後楯になり、今後、如何なる禍ひが起らうと、あなたの美しい立派な試みに対しては十分援助の手を差し伸べよう。さらば、クリストの名誉と徳の弥増《いや》しに讃へられんことを。

ある現代の史家に言はせると「エドワードは潜在的にはテューダー家きつての敏腕家だつたといふことも考へられる」さうだが、彼は他の筆者からそれとは稍異つた見解を引出してゐる。

疑ふ余地の無いことだが、彼は甚だ愛すべき少年で、仔羊の様におとなしかつた、といつて、その優しさを底ぬけの臆病とまで言つてしまつてはいささか言ひ過ぎにならう。彼の追従者達の話では、彼は五箇国語を話せ、音楽と医術に興味を持つてゐたといふが、後者については何としても共感を表明する訳にはいかない。婦人連の手で運営される私立の小学校の大人しい若き紳士だつたエドワード・テューダー君は、当然、長じて支配階級の一員となつた暁には、その世界の自慢の種とはなつたであらう、しかし、吾〻の希望としては手取り早く何処かの修道士学校の生徒を子供のまま君主に選んだ方が遥かにましといふもので、君主の気風が、水で薄められた牛乳のようになつたり、王笏が模様入りのスプーンに成り下るのを拝見したくはない。

（ギルバート・A・A・ベケット「イングラ

ンド滑稽史」）

エドワード六世は頑健な体ではなく、十六歳で独身のまま死んだ、一五五三年のことである。

この王子は父王の死んだ時まだ九歳にしかならなかつたので、多くの人は一国を統治するにはまだ若すぎると考へた。先王も生前偶〻同じ考へで、母親の兄、サマセット公が、彼の少年時代、この王国の保護卿に選ばれた。この男は全体的に見て甚だ好感の持てる人物で、私はどことなく気に入つてゐる、とはいへ、その彼がエセックス伯ロバートやデラミア、或はギルピンなどの第一級の人物に匹敵するほどの男だと断言するつもりは毛頭ない。彼は斬首刑に遭つたが、もしもスコットランド女王メアリーも同じ様な死を迎へたことを知つたならば、彼も当然己が死を誇りに思つたことであらう。が、未だ起らぬ事を彼が知るといふのは、所詮不可能なことであり、彼が自分の死に方を殊の他喜んだとも思へない。彼の死後ノーサンバランド公が王と王国を保護した、公はこの両者に対する自分の務めを十分に果し、その結果、王は死に、王国は彼の息子の妻レディ・ジェイン・グレイの手に遺されたが、この女性については先にギリシア語を読む女として触れておいた。尤もギリシア語が本当に理解出来たのか、それとも、その知識はこの女の場合に特に顕著と思はれる過度の見栄から生じた程度のものなのか、その点は確かではない。原因が何であるにせよ、この女は、自分が知識に富み、一般に快楽と考へられてゐるものを軽蔑してゐるといつた態度を、生涯装ひ続けた。例へば女王に推されるのは嬉しくないといふ意思を自ら明らかにしたり、絞首台へ連れて行かれる道すがら、偶〻自分の夫の遺体が運ばれて行くのを見て、一つはラテン語で、もう一つはギリシア語で格言を書きつけたりしてゐる。

（ジェイン・オースティン）

## メアリー一世

エドワードが死ぬとノーサンバランド公は自分の息子の妻（ヘンリー七世の血筋に当る）レディ・ジェイン・グレイを王座につけた。このジェインが女王であつたのは僅か九日間にすぎず、その時、既にメアリーがノーサンバランドの鼻柱をへし折つてゐた。

メアリーにとつて王位を保つのは容易なことではなかつた。サー・トマス・ワイアットが謀反を起したが、これも一つにはメアリーとカトリック国スペインとの縁組の予告に刺戟されたものだつた。ギルドホールにおけるメアリーの演説は大きな共感を贏《か》ち得たばかりか、その妹（エリザベス）の口から出たものとしても決して恥しいものではない。メアリーは翌年スペインのフェリペと結婚した、が、結果は思はしいものではなかつた。

私が自らここへやつて来たのはあなた方が既に聞き知つてゐることを話す為なのだ、それは他でもない、多くのケントの住民達がこの身とあなた方とを裏切り、謀反を企てようと結集してゐるといふことなのだ。彼らの口実は（初めから彼等が言つてゐた様に）既に取決められたこの身の縁組のことであつたが、それについては、そしてそれに関する凡ゆる契約条項については、あなた方も既に諒承しておいでのことと思ふ。以来、この身は再度評議府の枢密顧問官数名を彼等のもとへ遣はし、その謀反の原因が何にあるかを訊いてやりもした。その結果、顧問官の諒解しえた限りでは、この身の縁組に対する謀反は、実はこの身の宗教に対する謀反を蔽ひ隠す為の単なるスペイン製の衣としか思はれぬ。それゆゑに連中は傲慢にも、且つまた逆意をあらはに、この身柄の引渡しとロンドン塔の管理及び吾が枢密顧問官の任免権を要求して来た。さて、愛する臣民達、私が何者なるか、あなた方は十分に知つておいでのはずだ。私はあなた方の女王であり、その戴冠式の際、即ち私がこの王国とその法に嫁いだ時（その婚礼の指輪を私は今なほこの指に嵌めてをり、それを未だ嘗てはづしたこともなければ、今後も決してはづしはしないであらう）、あなた方は私に対する忠誠と従順とを誓つたのだ。私はこの王国イングランドの王冠の真の正統なる継承者である、そのことについては全クリスト教国が証明してくれよう。私の父は、あなた方誰もが知る通り、国王として同様の地位を所有してゐたが、それが今や正当に私へと受け継がれてゐるのだ。あなた方は常に父を敬愛する忠実な臣民として振舞つた、それゆゑ私は信じて疑はない、あなた方は私にも同じ様に振舞つてくれるであらう、そしてあなた方はこの身を忌むべき謀反人の言ひなりに任せ、この王国を彼等の掌中に委ねはせぬであらう、殊に相手がワイアットの如き裏切者とあれば。

王たる身分に賭けて言ふ、母親が子供を愛するのは極く自然のことだと言ふ資格は私には無い、私は未だ嘗て人の子の母になつたことはないから だ、が、もし母が子を愛するが如く、統治者たる王がその臣下を自然に心から愛しうるとすれば、信じて貰ひたい、私は、あなた方の女主人として、心からあなた方を愛し慈しむであらう。そしてこの様にあなた方を愛してゐる以上、私はあなた方も心の底から忠実に私を愛してくれるものと考へずにはゐられない。それなら、吾こがこれら謀反人共を忽ちのうちに蹴散らしてしまふであらうこともまた信じて疑はない。

婚儀について言へば、分つてもらへることとは思ふが、私はこの事を忠告を求めずに企てた訳ではなく、吾が評議府の枢密顧問官諸卿の忠告に従つて事を運んだ。そして私自身について言へば、信じて戴きたい、私はそれほど自分の願望に引摺られたり、それを飽くまで貫かうとしたり、或は執著したりしてゐる訳ではない、従つて、自分自身の快楽を求めて、己が慾望の趣くがままに夫を選ばうといふのでもなければ、どうしても夫を持ちたいと望んでゐる訳でもない。私は神の為に、おゝ、神よ、吾が感謝の念を、そしてその御名の称へられんことを、その神の為に私は今まで乙女として生きて来た、いや、神の恩寵に縋つて、いつまでもこのまま生きていかれよう、そのことについては私は何の疑ひも懐いてはゐない。が、もし、私の先祖が今日までさうして来た様に、私もこの肉体の果実を後に遺し、やがてそれがあなた方の統治者として臨む様になることが、神の御心に適ふのであれば、必ずやあなた方もそれを喜んでくれるであらう、のみならず、それはあなた方にとつて大きな慰めともならう。勿論、言ふまでもないことだが、もしこの婚儀が、吾が臣下たるあなた方に害を及ぼし、或はこのイングランド王国の玉座を少しでも穢すと思へば、私は決してこの婚儀に同意することもないし、生ある限り決して結婚しないであらう。女王として誓つて言ふ、私はあなた方に約束しよう、もし貴族と平民とを問はず、この議会における凡ゆる人この眼に、私の婚儀が全王国にとつて大いなる利益と映らぬとあれば、その時は生きてある限り結婚などしようとは思はぬ。

さあ、吾が親愛なる臣民にお願ひする、勇気を奮ひ起し、忠実な臣下として、この謀反人共に対し、即ちこの身の敵であると同時にあなた方の敵でもある謀反人共に対し、断乎として立向つて戴きたい、連中を恐れることはない、見るがよい、この身は少しも恐れなど懐いてはゐない。

（メアリーの演説）

この女性は幸運にもイングランドの王位に即けられたのだが、継承権については固より、人格、容貌においても、二人の従妹、つまりスコットランド女王メアリーとジェイン・グレイに劣つてゐた事実は無視し得ない。といつてこの女の治世に国民の上に振り掛つた種〻の禍ひについて、私はこの王国に聊かの同情も懐かない、彼等はそれだけの憂き目に遭はされて然るべきであつた、何故ならこの女が弟エドワードの跡を継ぐのを許してしまつたからである――これは二重の愚行であつた、といふのは、この女が子供なしで死んだ場合、その跡を継ぐのが、あの人類の面汚し、あの人間社会の厄病神エリザベスになるといふことくらゐ予測できた筈である。多くの人〻がメアリーの治世にプロテスタントの殉教者となつて斃れたのだ。その数は恐らく十二人を下るまい。メアリーはスペイン王フェリペと結婚し、その彼は妹のエリザベスの治世に無敵艦隊を建造してその名を轟かせた。メアリーは世継が無いまま死んだ、そして恐るべき時代が到来した。凡ゆる安らぎを破壊し、メアリーから託された信頼を抜け抜けと裏切り、自分の従妹を殺害した人殺し女が王位を継いだのである。

（ジェイン・オースティン）

## エリザベス一世

メアリーは子供に恵まれずに死んだ。その跡を継いだのはアン・ブーリンの娘、エリザベスで、時に二十五歳であつた。

詩人達の時代にあつて、女王もまた自ら詩作を試みてゐる。

悲しみあれど、面にゆがみを表すことなく、
想ひ懸くれど、憎きがごとくあへてもてなし、
ただ行ふのみ、その心は秘め、口には出さず。
かたくもだせど、胸底騒ぎ、ことば飛びかふ。
在りて無きわれ、冷え凍りつき焔と燃ゆる、
今のわれよりほかなるわれに装《よそほひ》かへて。

恋する人は陽を受けたるわが影法師に似たり。
逃げ去るわれの動きにしたがひ、追へば逃げ去り、
立つも坐るもただわがまねし、われを離れず、
恋する人の身近にあつて、悩みはてなし。
胸内《むなち》よりその影ぬぐひ棄つるすべもなく、
いまは待つのみ、恋ふる想ひの枯れしをるるまで。

われ、ひたすらに願ひてやまぬは仄《ほの》かなる恋、
この身はもろきやは肌の、溶け易き雪なれば。
さなくばむしろ甲斐なき恋に慰め求め、
恋の波間に浮きつ沈みつ、悶え苦しまん。
さなくばむしろ遂げし想ひに安らけき日〻を、
さなくば恋の思ひも捨去り、あの世にこの身を。

一方、女王は散文をも見事に駆使し得たが、それは廷臣や騎兵の忠誠を一身に掌握し得る才と通じてをり、その何よりの証しはスペインの無敵艦隊を前にしてティルベリーに集結した軍隊に向つて行つた優れた演説に表明されてゐる。

吾が親愛なる同胞に告げる、或る人〻は常〻国王の身の安全を気にかけ度〻忠告してくれた、武装せる群衆と行動を共にせねばならぬ時には、飽くまで慎重を期し、万一起るかもしれぬ謀反に対して備へを固めて置くべきであると。が、はつきり言はう、私は吾が忠実にして親愛なる人民を疑つてまで生きようとは望まない。暴君なら怖気附くがよい。この身の態度は一貫して変ることなく、この身を衛《まも》つてくれる最も有力な軍隊と護衛兵を専ら吾が臣民の忠誠心と善意の中に見出して来た。それ故にこそ、私は今、かうしてあなた方の中へやつて来たのだが、それは気晴しや戯《たはむ》れの為ではなく、己が決意を新たにする為なのである、激戦のさなかにあつて死ぬるも生くるも、あなた方すべてと行を共にし、神の為に、吾が王国の為に、そして人民の為に、自らの名誉と血の為に、この身を大地に横たへ、死なうといふ己が決意を新たにする為なのだ。勿論、私の五体はかよわく頼りなき女のものである、が、私の心臓と度胸とは王のもの、いや、それもイングランド王のものなのだ、私は苦〻しい侮蔑の情を抑へ得ぬであらう、万一パルマやスペインが、或は他の如何なるヨーロッパの王族と雖も敢へて吾が王領を侵すが如き

挙に出でるならば。もしその様な事態が生じたとすれば、この私の為に不名誉な結果を招くより、寧ろ私は自らこの手に武器を取り、自らあなた方の将となり、戦場における一人一人の勲功《いさをし》の裁き手として、一つ洩さずそれに報いよう。私には十分解つてゐる、そのあなた方の軒昂たる士気、それだけでも既にあなた方は褒賞と栄誉に値するものを持つてゐる。私は誓ふ、王たる者の言葉にかけて、あなた方は必ず正当なる報酬を受けるであらう。

海外から来た人〻は必ず女王に接して深い感銘を受けたが、四十五年に亙るその治世の間、終りに近附くに従つてその傾向はますます強くなつて行つた。

次に六十五歳になる女王陛下がお出ましになりましたが、話に聞いた通り、正に王者そのものといふ印象を受けました。陛下は面長で、色白でいらつしやいますが、既に皺が幾筋か見受けられました。そのお眼は小さく、しかし黒味を帯び生き生きとしておいでで、鼻は少〻鉤鼻、唇は薄く、歯が黒ずんでおいでです（この欠点はイングランド人が砂糖を使ひすぎるところから起りやすいものと思はれます）。また片耳に二つの真珠を著けていらつしやいますが、それは実に見事な玉です。かつらをお著けになりそれも赤いかつらで、手は小さく、指は長く、背丈は高くもなく低くもなしといつたところです。御風采は堂〻としてをり、話し方は穏かで丁寧でいらつしやいます。

（表敬に訪れた貴族の後見人、ポール・ヘンツェンの手紙）

私が美しく若かつた時、この顔が私に光彩を添へてゐた時、
数知れぬ男たちがこの私に恋人になつてくれと求めた。
でも私は彼等を軽蔑し、だから彼等に答へてやつ

た、
行つておしまひ、何処かへ、行つておしまひ、他を捜すがいい、
　もうこれ以上私に言ひ寄らないで。

どれほど想ひこがれてこの頬を苦しみの涙に濡したことだらう、
どれほどこの心を表すすべもなくそつと吐息を洩したことだらう、
それでも私はますます傲《おご》り昂ぶり、だから、答へてやつたのだ、
行つておしまひ、何処かへ、行つておしまひ、他を捜すがいい、
　もうこれ以上私に言ひ寄らないで。

すると美しきヴィーナスの息子が言ふのだつた、
あの傲り昂ぶつた生意気な少年が、
から言ふのだつた、美しき女人よお前の驕慢はあまりに度が過ぎる、
もう何も言へぬ様にその孔雀の羽根をむしり取つてやらう、
行つておしまひ、何処かへ、行つておしまひ、他を捜すがいい、
　もうこれ以上私に言ひ寄らないで。

あの子にさう言はれて、私の胸の中に変化が起つた、
昼も夜も、もはや安らぎは私を訪れてくれず、
そのため、あゝ、私は後悔したのだ、自分が嘗て口にしたあの言葉を、
行つておしまひ、何処かへ、行つておしまひ、他を捜すがいい、
　もうこれ以上私に言ひ寄らないで。

（エリザベスの詩）

　これは女王、及び国王評議府の主だつた人こに会ふ前に、私が彼等に関して持つてゐた知識であるが、誰かが女王に話しかけた時など、それも殊

に何か不愉快なことゝなると、女王はその話の腰を折り、相手を黙らせてしまふことがよくあるといふ話であつた、さうして黙らせてしまふので、女王は自分に向つて言はれたことを屢〻誤解し、評議府にもその内容を誤り伝へてしまふといふ。女王は甚だ高慢な女で直ぐに人を叱りつけ、殊に誰かが吾が「フランスの」国王陛下に肩を持つて話さうものなら、ひどい目に遭はされる。

　生れつき甚だしく強慾で、何らかの出費が必要な時、評議府の連中は女王を欺いて、やつとのことで少しづつ女王をその気にさせねばならぬ程である。高く己れを持し、従僕や評議府を軽んじ、自分が彼等より遥かに賢いと信じ込んでゐる。また彼等を馬鹿にし、屢〻怒鳴りつけさへもする。彼等も彼等で、たとへばレスター伯でさへ、女王の賢さと思慮深さを高く評価してゐる。女王はまた、これも年の功によるものと考へ、実に平然と言つてのけたものだ、私は国事に向いてゐる、それも揺籠にゐた頃から、と、これは自ら私に言つたことである。女王は六十歳である。

（ド・メッスの「日記」）

　彼女は白と深紅を織りこんだ銀の布地、即ちこの国の人〻が銀の「紗《ゴーズ》」と呼ぶ妙な衣裳を身につけてゐた。この衣裳は袖口に切れ込みがあつて赤い手織絹《タフタ》の裏打ちが覗いてをり、別の小さな袖が幾つかその周囲に附いてゐて、それが床まで垂れ下つてゐた。それを女王は始終腕に巻きつけたり、ほどいたりしてゐた。衣裳の襟元をいつも広く開けておく為、人〻は女王の胸全体を、時にはもつと下まで見ることが出来た、その上女王はよくこの衣裳の前を手ではだけ、如何にも暑いといつた様子をしたりした、襟は甚だ高く、内側の裏地は全てルビーと真珠の垂れ飾りがついてゐたが、それらは数は多いが、極く小さなものばかりであつた。女王は頸の周りにもルビーと真珠の首飾りをしてゐた。頭上には同じ宝石からなる冠を被り、その下には大きな赤味がかつたかつらをつけ、それには金銀の光物がついてをり、額には幾つかの真珠が垂れ下つてゐるが、大して価値のあるものではない。両耳のところに二つの大きな捲毛が下つて、もう少しで肩まで届き襟の内側に入つてしまひさうであつたが、これもかつら同様、金銀の光物が散りばめられてゐた。彼女の胸は、頸の周りにつけてゐる（誰にも見える）襟同様に、幾らか皺が寄つてはゐるが、その下の方は、外から見える限り、この上なく白く柔かな肌と言へよう。

その顔についていへば、実際も見掛けも、甚だ年老いてゐる。細面で、人こに言はせると、昔に較べ、歯はひどく黄色くなつて、歯並びは不揃ひで、左側が右側より少い。歯が総体に何本も抜けてゐる為、早口で喋ると容易に聞き取れない。容姿は整つてをり、背は高く何をしても優美である。女王はいつも出来る限りの威厳を保つてゐる、それも上品に謙虚に。

話をしてゐる間中、女王は屢こ椅子から起ち、私の言ふ事にひどく苛立つてゐる様子であつた。燈が眼を痛めるとこぼしてゐたが、燈の前には大きな衝立があり、しかも女王はそれから六七フィートも離れてゐた。それなのに燈を消す様に命じ、それに掛ける水を持つて来させたりした。女王がぢかに私に話したことだが、自分は立つてゐるのが好きで、謁見を求めて来る大使達ともかうして話し、時には彼等を疲れさせ、その事で屢こ彼等にこぼされるといふ。私は、いづれにせよ女王自身が疲れすぎぬ様お願ひし、女王が立てば私も立ち、また女王が坐れば、私もさうすることにした。

（同前）

この女が格別不運だつたとすれば、それは周囲にひどい大臣達ばかりゐたといふことだ——なるほど性悪なのは当人自身ではあつたが、もしあの邪《よこしま》で恥知らずな連中がこの女の罪を大目に見ず、それを奨励しさへしなかつたなら、左程ひどい悪事を犯しはしなかつたらう。多くの人こが主張し信じてゐる説によれば、バーレイ卿、サー・フラシシス・ウォルシンガム、その他国政の要職にあつた人こは立派で経験もあり、有能な大臣であつたといふ。しかし、あゝ！　この様に主張する著者や読者はどう仕様もない程の盲で、真の価値、つまり、軽んぜられ、無視され、傷つけられた価値が見えなかつたに違ひない。さもなければ、彼等はその様な考へに固執する筈がない、彼等は次の事実に想ひを致さないのであらうか、といふのは、あの連中、あの驕り昂ぶつた連中が祖国に対して、また自らが属する性に対して恥づべき醜悪な罪を犯してまで女王に手を藉し、十九年の長きに亙つて一人の女（スコットランド女王メアリー）を幽閉せしめたことに、しかもその女にとつては血縁関係や功績を主張したところで何の効き目も無いとなれば、その女が、一人の女王として、更にはまた喜んで女王エリザベスに万事を委ねた者として、あの連中に助力と保護を求めるのも尤ものことだといふことに、それを、遂に、連中はエリザベスをして、その愛すべき女を時ならぬ、不当にして、恥づべき死に至らしめたのではなかつたか。（ジェイン・オースティン）

## ステュアート朝

ジェイムズ一世は口許に涎《よだれ》を垂らし寵臣を侍らせてゐた、かくして彼は悪しき王であつた。

*

チャールズ一世の即位と共に吾〻は遂に英国史の中期に至る（中世と混同すべからず——念の為）、が、この時期は終始（全く論外なれどもロマンティックなる）王党派《キャヴァリア》と（甚だ尤もらしけれど鼻もちならぬ）議会派《ラウンドヘッド》との間の絶対に忘れ難き闘争に明け暮れしたのである。

*

チャールズ二世はいつも頗る陽気で、それゆゑ、王様とは言へても国王と呼ぶにふさはしい人物ではなかつた。内乱の際、彼は父に対してあらゆる貴重な助力を惜しまず、槲《かしは》の木と見れば手当り次第、その蔭に身を隠した。かくして彼はロマンティックな人物と持囃され人気も出て、槲の木から、クロムウェルの死後、何の苦労もせず、見事王座に降ることが出来たのである。

（「一〇六六年及びその後」）

### ジェイムズ一世

イングランド王ジェイムズ一世、即ちスコットランド王ジェイムズ六世はスコットランドの女王メアリーの息子であつた。

彼は中位の背丈で、肥つて見えたが、それも肉体そのものが肥満してゐるといふより寧ろ著肥りのせゐであつた。確かに肉附きも良かつた、が、衣服を大き目にゆつたりと作らせ、胴著は剣から身を守る為に刺子縫ひにしてあり、ズボンには膝まで大きな襞《ひだ》を附け、中に芯がたつぷり詰めてあつた。生れつき臆病な質《たち》で、刺子縫ひの胴著もその為である。目は大きく、見知らぬ人間が現れると、必ずその相手をじろじろと見るので、大抵の者が恥しさの余りまごついて退室してしまふ有様だつだ。顎鬚は甚だ薄かつた、舌は口に較べて余りにも大きく、その為いつも口中一杯に物をくはへて喋つてゐる様であり、酒の飲み方も実に醜く、まるで酒を食べてゐるかの如く見え、事実、酒は口の両脇から杯の中へ零《こぼ》れてしまふのであつた。彼の肌はタフタの薄絹の様に滑らかだつたが、さう感ぜられるのは、彼が決して手を洗はず、唯、指先を濡れた小裂れの端で軽く拭くだけだつたからである。また脚が非常に弱く、幼い頃（これは専らの噂だが）何か悪戯をしたせゐか、或は生れ出る以前に悪戯をしてゐたせゐか、いづれにせよ、七歳にしてなほ立つことすら出来ず、この弱点の為、いつも他人の肩に凭《もた》れ懸つてをらねばならず、歩けば必ず円を描いてしまひ、歩いてゐる間中、手の指でズボンの前袋を弄《まさぐ》つてゐた。武芸や食事に関しては甚だ控へ目であり、酒の方も決して節度なしとは言へなかつた。

凡ゆる物事に対して常に変らぬ態度を持しはしたが、寵臣だけは例外でそれには好んで気紛れな態度を示した。

彼は常に卑しい身分の者を高い地位に就けたがつたが、それはやがていつかその連中を追払ふ時が来た場合、彼等に与《くみ》して事を起す仲間がゐないからである。そればかりか、彼等は卑しい身分から誰にも劣らぬ高い地位に用ゐられた為にひどく憎まれてゐるので、それが時こ追払はれるのは誰にとつても一寸した慰みに思はれるものだからである。

この王の治世の間、同時に大蔵卿が二人、国務卿が三人、国璽尚書が二人、海軍卿が二人、首席裁判官が三人ゐた時もあつたが、その職責を果してゐるのは一人であり、従つてこの王はかなり強力な任免権を持ち得た訳である。このことから彼の才知がどういふものであつたかおよそ見当がつくであらう、重大事に直面した場合、彼の才知は全く為す術を知らなかつたのである。

しかし、彼は誰一人として（一旦重用した以上）その高位から突落したりする様なことはしなかつた、尤もそれまでの様な王との隔ての無い親しい関係を奪はれることはあつたが、それも彼等が自ら何か失策をしたり、王の気紛れに異を立てたりせぬ限り別に心配は無かつた。

食事、服装、旅、これらいづれにおいても王の好みは一定してゐて、服装に関しては特に変化を嫌ひ、自ら好んで同じものを著用し、著てゐる服がすり切れてぼろぼろになるまで決して新しいものに替へようとはしなかつた。流行など以ての外であつた、それゆゑ、或る者が王の所にスペイン式の帽子を献上に及んだところ、王はそれを投げ捨て、スペインもその流行も気に喰はぬと罵倒した程である。また或る時、薔薇の花飾りの附いた靴を献上され、王は皮肉にかう反問した、お前達はこの身を足に羽毛の生えた鳩ぽつぽ扱ひしようといふのか、六ペンスのリボン一ヤードあれば事足りるものを、と。

生来、彼は正直な、余り行動的ではない人間を愛したが、相手が誰にせよ彼が心から愛する様になるのは、相手に供廻りの従者を与へて自分に従はざるを得なくさせてからであつた、さうすれば他人の愛情をも束縛し得ると考へたのである。これは彼の性質の貧しさを証しするものと言へよう、彼は徳を備へた高貴な人間でさへなければ何者であれ、確乎たる愛情や結附きを持ち得ると信じたのである、といふのは、金で動く人間なら多くの報酬を与へればどうにでもなるが、高貴な人間は一旦彼等の公の名誉を傷つけてしまふと、何を以てしても従はせることは出来ないといふわけだ。

彼は甚だ機知に富み、当時の何人にも増して臨機応変の才知に長けた冗談を口にしたが、その時自分は決してにこりともせず、糞真面目な顔をしてゐた。彼は甚だ気前の良い男であつたが、それは未だ自分の掌中に無いものに関しての話で、自分の物になつてゐない百ポンドを使つた方が、既に手許にある二十シリング貨を手離すより遥かにましだといふ訳である。また金遣ひが荒く、臣下の懐まで大いに利用し、議会において彼等を向うに廻して何度か衝突を巻起しはしたものの、いつも何とか丸く収めてしまふのだつた。考へて見れば、彼の浪費癖はさほど非難すべきものとは言へなかつた、寧ろ寵臣を重用する事の方が最大の欠点だつたのである。

彼は屢〻自ら説教を行ひ、その為に信仰の厚い人物に見えた、が、火曜定例の説教は（もしそれが書かれた同じ時代に生きてをり、それを書いた理由を十分に理解してゐた彼の同国人の言葉を信ずる気にさへなれば）、まことに不気味な信仰[*1]に捧げられたものであつた。

彼はつまらぬことに巧妙で才長けてゐた、例へば立派な人物を罠に陥れるとか、寵臣を取替へるとかいつた類のことで、或る頭の良い人がよくかう言つたものだつた、私は王がクリスト教国で最も頭の良い馬鹿だと信じてゐる、と。

（サー・アンソニー・ウェルダン）

（*1）ジェイムズ一世は魔術に興味を持ち、自ら「悪魔研究」（一五九七年）を著してゐる。

仮装舞踏会と本式の舞踏会とはエリザベス女王の宮廷の大きな特色であつた。これらの舞踏会はこの新しい王の治世にも引継がれはしたが、一方、ジェイムズは漸く勢力を増しつつあつた清教徒一派の強大な圧力に絶えず悩まされ続けた。

盛大な宴会が催され、晩餐が済むと、国王と妃の御前で余興に「ソロモンの聖殿とシバの女王の来訪」が行はれた、或は行はれる筈だつた（と言つた方が良いかもしれぬ）。

シバの女王の役を演じた婦人は、国王と妃に捧げるべくこの上なく高価な贈物を持つて進み出た、が、迂闊《うくわつ》にも階段を踏みはづして、数〻の小箱をデンマーク王の膝の上に落し、自分は彼の足許に倒れてしまつた、尤も私は彼の顔の上にであつたと思つてゐる。宴会は大混乱を来し、上を下への大騒ぎとなつた、が、幸ひ手近にあつた布やナプキンで皆きれいに片附けられた。するとデンマーク王は起き上るや敢へてシバの女王と踊らうとした、が、思はず膝を突いてしまひ彼女の前に傅《かしづ》く恰好となり、奥の間に運ばれ立派な寝台に横たへられた、寝台は王の衣服に附いてゐた女王の贈物、例へばワイン、クリーム、ジェリー、色〻の飲物や食物、薬味、その他数〻の申し分のない料理で少からず汚れてしまつた。一方、余興や見世物は続いてゐた、が、出演する者は、殆ど皆、気を失ひ卒倒した、といふのも、彼らの脳味噌や心臓はワイン漬けだつたのだ。やがて、御前に豪華な衣裳を纏つた希望、信仰、慈悲が姿を現した。希望は何とか喋らうと頑張つたのだが、ワインのおかげで舌がもつれ、早〻に拝謁を切り上げてしまひ、この自分の失態を王がお許し下さらんことを、只〻希望するばかりであつた。次なる信仰も御前に進み出て自らなす術を知らなかつた、といふのも、私の見たところ彼女も希望と同様、御前に姿を現すまで信仰の名にふさはしき善行とは無縁の酒盛りに加はつてゐたことは疑ふべくもなく、遂には千鳥足で御前を退る始末であつた。慈悲は王の足許に進み出ると、自分の姉妹の犯した数〻の罪の償ひをしたかの様に見えた。どうにか会釈をし贈物を捧げたまではよかつたのだが、かう言つたのである、自分は一旦家へ戻る、既に天が王に贈つたことのない贈物などあり得ないだらうから、と。かうして彼女が希望と信仰の許に戻つてみると、二人とも気分が悪くなつて階下の広間で吐いてゐるところであつた。

（サー・ジョン・ハリントン「雑記」）

ジェイムズ一世は英国民の悪習を詳細に分析、論駁してゐる。

同胞諸君、人間の肉体は、如何に健康であらうとも、必ず何らかの病に犯されてゐるものではないか、それなら如何なる国家、如何なる政治共同体においても同じこと、己が民衆の過ちと腐敗といふ病を免れることは出来ぬ。これを矯《ただ》すべく、ふさはしき薬を用ゐて国家から病を取除き、これを清めることこそ、国王たる者の務めなのだ。

さて、思ふに喫煙といふ忌むべき習慣ほど、卑しく有害なる腐敗は、王国広しといへどもまたとあるまい、この憂ふべき有様を見て、この身はかの悪習に断乎たる態度で臨むつもりだ。

諸君は罪深く恥を知らぬ慾望に疾《やま》しさを覚えはせぬのか？　何の病にも苦しめられず五体満足であるにも拘らず、なほ諸君は煙草なしでは宿屋の食事を楽しむことも、売春宿で情慾に耽ることも出来ぬといふのか、煙草なしにはかくの如き楽しみに対する慾望も湧起らぬとでもいふのか？　それではまるで荒野に鶉《うづら》を追ひ求めるイスラエルの子等と変るところないではないか？

優柔と逸楽とこそは、まづペルシア帝国の、次にローマ帝国の破滅と衰亡の元となつた。しかるになほ諸君はこの醜悪にして新奇なる習慣を恥とは思はぬのか、慎しまうとはしないのか、かほどに卑しく民衆のうちに根を下し、かほどに無分別に受入れられ、しかもなほその正しき用途についてはかほどに無智のまま誤つた用ゐ方をして平気だとでもいふのか？

よいか、この習慣ゆゑに諸君が財産をどれ程浪費してゐることか、この国の郷士に証人になつて貰はう、彼等は一年間に或は三百ポンド、或は四百ポンドもの金をあの結構な悪臭に費してゐるのだ、それだけの金があれば遥かにましな遣ひ途もあらうといふものではないか。

さらにこの醜悪極まる習慣によつて惹起される無意味な行為を考へるがいい、およそ無駄で不潔なことではないか、食卓といふ、尊重さるべき場、清潔を保ち礼を弁ふべき場において、男が恥知らずにもパイプを振廻し互ひにぷかぷかと煙をふかす、そしてひどい煙と臭気を部屋中に漂はせ、料理の載つた皿に煙を吐きかけ空気を汚す、しかも屢こその同じ食卓で煙草が嫌ひな人こも共に食事をしてゐるといふのに。言ふまでもなく煙は食卓よりは遥かに台所にふさはしい、のみならず煙草の煙が屢こ人間の内臓をも台所の如くにしてしまひ、油の様な煤で汚すといふ事実は、無闇に喫煙する者の数多くの死骸を開いた結果、既に良く知られてゐることなのだ。食事時ばかりではない、その他あらゆる時、あらゆる場合にこの無作法な悪癖が罷り通つてゐる。愚劣で空しいことではないか、今や人こは友人を温かく迎へる術も知らず、あたふたと煙草を手にしなくてはならぬとは？いや、変人の家でなら、それも素晴しき友情を示すものとしてふさはしくもあらう。仲間と共にパイプを手にしようとせぬ者は、（自らの選択によつて、掃きだめの臭ひの方がましと思ふこともあるにも拘らず）つむじ曲りと思はれ、良き仲間とは見做して貰へぬ、これでは寒い東の国で、強い酒をちびちびやらぬと仲間づき合ひが悪いと思はれるのと同じではないか。さう、女主人が召使を礼儀正しく遇するには、その白く美しい手で煙草のパイプを与へるに如かずといふわけだ。が、これは実に空しく愚劣なことであるのみならず、神の美しき賜物に対する大いなる侮辱でもあるのだ、人間の吐く甘美なる息は神からの美しき賜物であり、故意に悪臭芬こたるあの煙で穢してはならぬ。

そればかりではない、何といふ罪悪か、人の道に悖《もと》る行ひではないか、世の夫が、その美しく、健かで、楚こたる顔立ちの妻をして耐へ難き苦しみを味はせ、なほ何一つ心に恥ぢないとは。為に世の妻はその甘美なる息を自ら煙草の煙で穢すか、或は絶え間なき悪臭の責苦に耐へて生きるか、そのいづれかを選ばねばならぬのだ。

しかるになほ諸君はこの醜悪にして新奇なる習慣を恥とは思はぬのか、慎しまうとはしないのか、かほどに卑しく民衆のうちに根を下し、かほどに無分別に受けいれられ、しかもなほその正しき用途についてはかほどに無智のまま誤つた用ゐ方をして平気だとでもいふのか？　斯の如き喫煙といふ諸君の悪習は、神に対する罪であり、諸君自らの肉体と財産を損ひ、諸君に愚劣で空しい汚点を記すものなのだ。この習慣ゆゑに、礼節を弁へた他国の人ゝは例外なく諸君の悪習に呆然とするであらう、偶ゝ諸君に行き遇つた見知らぬ人ゝも皆、諸君を蔑み嘲笑ふであらう。このやうな習慣は見た目にも厭はしく、鼻に不快感を与へ、脳には有害、肺には危険、その耐へ難き悪臭たるや、底無しの深淵から湧き上る悍《おぞ》ましき地獄の煙にも紛ふばかりではないか。

（ジェイムズの煙草に対する猛反撃）

この王には幾つかの欠点があつたが、大体において私は彼に好意を持たざるを得ない。

私自身、ローマン・カトリック教贔屓なので、誰にせよその信者の振舞を非難せざるを得ぬのは甚だ残念である。しかし歴史家の場合は真実であるといふ事で、万事、言ひ抜け出来るらしいので、敢へてかう言つてもよからう、この王の治世においてイングランドのローマン・カトリックがプロテスタントに対して取つた振舞は決して紳士的ではなかつたと。

（ジェイン・オースティン）

## チャールズ一世

王政復古と共にチャールズ二世の大法官となつたエドワード・ハイドは、その後王に追放されたが、彼はオランダ滞在中に、一片の怨恨もなく、イングランド史の古典の一つともいふべき、「内乱史」を書きあげた。その中で彼はチャールズ一世を次の様に評してゐる。

王の人柄に簡単に触れておくことは無駄ではあるまい、せめて後世の人ゝにこの国が当時蒙つた計り知れぬ損失を伝へておきたいのである、といふのは、内乱によつて処刑された王は当時の国民の習俗や信仰に対して、最も厳格な法でさへ与へ得ぬほどの偉大な影響力を持ち得たかもしれぬ模範的な人物だつたからである。が、国王としての彼の美点に言及する前に、先づ一人の人間としての彼の個人的資質について語つておかう。彼こそは、もし正直な人間といふものが存在するとすれば、中でもこの称《ほ》め言葉に最もふさはしい人であつた——公正を心から愛していたので、如何なる誘惑も、彼に正しいと信じ込ませるほど巧みな姿になつて現れぬ限り、彼を邪悪な行動に駆り立てることは出来なかつたであらう。彼には生れながらの優しさと憐れみの心があり、その為、酷薄な事がどうしても出来なかつた。彼は時間通り規則正しく礼拝を行ひ、遊山や狩りに出掛けるにしても、——決して朝早くからではないが——必ず礼拝堂での祈禱を済ませてから後と決つてをり、その為、狩猟日となると、宮廷礼拝堂所属の牧師達は特別早朝から待機してゐなくてはならなかつた。彼は、いつ、如何なる時に作られたものであらうと、詩を読むのを大いに楽しんだが、神を冒瀆したものや不潔なものを敢へて彼に献上しようといふ気には誰もならなかつた。その種の才人が王の愛顧を得ることは絶対になかつたのである。王が正に夫婦愛の鑑ともいふべき人物であつた為、人こはそこまで王を見倣ひはしなかつたにしても、さすがに自分の気儘な生活を自慢話の種にするやうなことは誰もしなかつた。

国王としての美点には汚点が混ざり、その為、折角の美点も存分にその光を発揮することも出来ず、結果として当然手にし得べき果実を十分に実らせることも出来なかつた。彼は生れつき気前の良い性《たち》といふ訳ではなかつた、が、それにしては夥《おびただ》しく人こに物を与へた、にも拘らず、そんな時にも、彼の態度に余りにも躊《ため》ひがちな様子が見えるので、貰ふ方にして見ればそれほど有難味を感じなくなつてしまふのである。彼はあくまで威儀正しく自らを持したので、宮廷はまことに整然としてをり、誰一人として自分が顔を出す謂はれのない場所に姿を現さうとする者はゐなかつた。

誰かに謁見を許す場合、前以てその人物を十分に観察した、そして新参者や余り自信たつぷりな人物を寵愛することをしなかつた。国王評議府においても訴へには我慢強く耳を藉し、さういふことには日頃から自らを慣らせたのだ。そして常に正しい判断を下し、調停者の役割も手際よく果した。その結果、もし裁判所任せにしておいたら、頑固な気質のぶつかり合ひのため手間取りがちな訴へ事を、彼は説得によつてよく処理してのけたものである。彼は実に恐れを知らぬ人物ではあつたが、特に意慾的性格の持主といふ訳ではなかつた。優れた理解力を持つてはゐたが、そのことに十分な自信を抱いてゐたといふ訳でもなかつた——その為、始終、自分の考へを変更し、それが屢〻改悪になつてしまひ、更に彼ほど正しい判断を下せぬ者の忠告に従つてしまふことがよくあつた。それ故、幾つかの事件が立て続けに起つたりすると、優柔不断な人物になつてしまふ。もし彼がもつと粗野で国王にふさはしい性格を有してゐたなら、遥かに多くの尊敬を贏《か》ち得てゐたことであらう、また、悪に対して何らの荒療治を施さなかつたのも、彼の性格の慈悲深さと心の優しさの故であり、かうして彼はどんな流血沙汰に巻き込まれても、出来るだけ穏かな道を選ばうとし、厳しい助言には、それが如何に筋の通つたものであらうと、つひに耳を藉さうとしなかつた。彼が終生スコットランド人に度外れの愛情を懐き続けたのも、その土地に生れ、そこの人〻に育てられたからであつた。

それこれ合せ考へてみると、三つの民族が挙《こぞ》つてクリストの教へに背くやうな真似をしなかつたなら、何も一人の偉大な王をあの様な醜悪な最期に追ひやつたりせずに済んだことであらう、その点さへ納得できれば、次の事実は火を見るよりも明らかであらう、といふのは彼が天日の下であれほど酷《むご》く殺された正にその瞬間においてすら、彼は自分に先立つ諸王達と同じ様に、多くの臣下に敬愛され、三つの民族の大部分の人〻に尊敬され慕はれてゐたのである。

内乱はチャールズの手による五人の議員の逮捕が導火線となり、一六四二年に勃発した。チャールズは一六四七年に平民院によつて捕はれ、一年間に亙つて交渉を続けたが、やがてスコットランド人を唆《そそのか》し、自分に代つてイングランドに侵入させようと企てた。この行為はクロムウェルとその追従者の多くを極度に怒らせ、つひに彼等は王を裁判にかけることを決意した。裁判は一六四九年の一月に行はれた。

王は帽子を被つたまま法廷に入り、廷吏は職杖を以て先導した。ハッカー大佐、及び三十余名の士官、紳士が王の護衛として附いて来た。

**クック法務次官**　裁判長閣下、イングランドの平民院、及びその国民に代つて、私はここに出頭せるチャールズ・ステュアートを、恐るべき反逆罪及びそれに次ぐ数この大罪を犯したる者として告発します。ついてはイングランド平民院の名において、先づ訴状を被告に読み聴かせて下さるやうお願ひします。

**王**　待て。

**裁判長**　いや、当法廷は罪状の朗読を求める、何かおつしやることがあるなら後にされたい、弁明は許されてをります。

訴状朗読

イングランド平民院は、ここに議会を召集し、当法廷に高等裁判所としての権威を認め、チャールズ・ステュアートを、暴君、謀反人、殺戮者、及び国家《コモンウエルス》に対する公敵として裁き、且つ判決を下すやう命じた。よつて、吾等はここに彼を告発する、即ち、彼は現議会及び国民に対し反逆の意図と悪意を以て兵を起し、その結果この国の何千といふ民衆を死に至らしめ、国土の大部分を荒廃に導き、中には全くの廃墟と化せしめたものもある。

**裁判長**　さて、被告は今、御自分に対する訴状の朗読をお聴きになつたはずである……当法廷は、イングランド平民院に代り、それに対する被告の答弁をお聴かせ願ひたい。

**王**　その前に教へて貰ひたい、如何なる権力によつてこの身はここへ召喚されたのか。是非教へて貰ひたい、如何なる権威によつて、つまり法的権威によつて——といふのは、この世には不法なる権威が横行してゐるからだ、街道筋の追剝ぎや強盗共の如き——ともあれ教へて貰ひたい、如何なる権威によつてこの身は引摺り出され、あちこち引廻されたのか（それも何処かさへ知らされもせぬ）、それが如何なる合法的な権威によるものか、教へて貰へれば、敢へて弁明しもしよう。次の一事を忘れてはならぬ、この身は汝等の王なのだ、歴とした合法的なる王なのだ、汝等が如何なる罪を自らの頭上に招くか、またさうすることによつて如何なる神の裁きをこの国の上に招かうといふのか——それをとくと考へてみるがよい——よいな、とくと考へてみることだ、今のそれよりも遥かに大きな罪を犯すに至る前に……それまではこの身も己が責務を裏切ることは出来ぬ、この身は神に対し、また歴史を持つた合法的なる血筋に対し、責務を負はされてゐるのだ——この身はそれを裏切り、新たなる不法な権威に対して答弁する訳には行かぬ、それ故に先づ疑念を晴らして貰ひたいのだ、さすれば、一同の前にこの身の答弁を聴かせもしよう。

**裁判長**　もし被告が最初に召喚された際、当法廷が暗黙のうちにお教へ申し上げたことをお察し戴けさへすれば、仰せの権威が如何なるものか、よくお解りの筈。その権威が被告に要求してゐるのです、イングランドの国民の名において、他でもない、被告を王に選んだ国民の名において答弁を要求してゐるのです。

**王**　いや、それなら断る。

**裁判長**　被告が当法廷の権威を認めぬとしても、審理は続けねばなりませぬ。

**王**　イングランドは未だ嘗て選挙制による王制を採用したことはない、ほぼ千年近く世襲の王国を維持してきた。だからこそ、教へて貰ひたいのだ、如何なる権威によつてこの身はここへ召喚されたのか。この身は全国民の自由の保護者を以て自ら任じてゐる、この身に偽りの判決を下さうとしてここに集つた誰よりもな。

**裁判長**　被告がその責務を如何に全うされたかはよく分つてをります、が、唯今のお答は、そのお口ぶりから察するに、当法廷そのものの正当性を問題にしておいでらしい、が、それは現在のお立場にふさはしいものとは思はれません。そのことは今までにも再三御忠告申し上げた筈でございます。

**王**　この身がここに参つたのは、法廷に万事を委ねよう積りからではない、この身が平民院の特権の代表者である、その特権が正当に認められたものである以上、ここにゐる誰よりもその資格を主張し得よう。ここには議会を構成すべき貴族院所属の諸公が一人もゐない……これが王を王の議会に招《よ》ぶといふことなのか？　これが公の信義の名において誓約を破棄するといふことなのか？　とにかく合法的な権威が何であるか、先づそれを見せて貰ひたい、神の言葉、聖書によつて認められ、吾が王国の法令によつて認められた合法的な権威を、それを見せられれば、この身も答弁しよう。

**裁判長**　だが、既に被告は異議を申し立てそれに対する回答は既に与へられてをります。にも拘らず、なほ弁明なさらぬとあれば、当法廷としても今後の審理の進め方を考へ直さねばなりません。それまでの間、被告をここへお連れして来た方こは、お戻りにも責任を持つていただきたい……

一六四九年、一月二十二日、月曜

**裁判長**　さて、被告も覚えておいでの筈だが、前回、当法廷において訴状の朗読が行はれました、そこには恐るべき反逆罪のみならずこのイングランドの国土に対する数々の大罪も含まれてをりました。引続きその訴状に対し弁明をお願ひしたことも覚えておいでの筈です。が、その時、被告は当法廷の正当性に関して疑義をお示しになり、更に、如何なる権威によつて当法廷へ連行されたのか解せぬと仰せになり……

**王**　前回、この場において、この身は確かに異議を唱へた、また地上の如何に強力な法の力を以てしても王を裁くことは出来ぬと主張した。それは何もこの身の場合だけではない、イングランドの国民すべてが同じ自由を保有してゐる、諸君が何をどう主張しようとも、この身の方が遥かに彼等の自由を代表してゐるのだ。さうであらう、もし法なき権力が法を作り、この王国の基本法を容易に変へ得るといふことになれば、イングランドの臣民にして、己が生命と財産を確《しか》と己が所有と呼び得る者など、一人もゐなくなるであらう。さう思へばこそ、この身は前回この場において、如何なる法と権威とによつて諸君がこの身を審問しようとしてゐるのか、その理をつまびらかにしたかつたのだ……

翻つてこの身が支へとなす理とは何か、それは国民の生命、自由、財産の保全について、先づ第一にこの身が神に対して、次いで吾が国民に対して負うてゐる良心と義務に他ならない——余は答弁などしようとは夢にも思はぬ、この法廷の合法性が納得出来るまでは、絶対に……

**裁判長**　お言葉を遮る様でまことに心苦しうはございますが、敢へて申し上げねばなりません、被告の言動は裁判所の審理にふさはしいものとは申し上げかねます、被告はあくまで当法廷の権威に関して論議を続け、反論を加へようとしておいでになる、それも犯罪者として既に告発されてゐるにも拘らずに。

**王**　この身には分らぬ、如何にして王が犯罪者たり得るのか。それはさておき、法律といふものは余の知り得る限り、凡ゆる人間は——犯罪者であらうと何であらうと——よいか、何人が如何なる審理に対して異議を申し立てようと、それは合法的に許されてゐるのだ、そのことを忘れないで貰ひたい、故に、この身もそれを要求する、しかも、それだけの理があればこそこの身の異議申立てに耳を藉《か》すやう要求する、もしそれを拒否すると言ふなら、諸君は人間の理性を拒否することになるのだ。

**裁判長**　法廷の司法権にまで異議を唱へることは許されません。どうしてもさうしようとおつしやるなら、敢へて申し上げますが、あの連中が力を以て御異議を御《しりぞ》けませう。彼等はイングランド平民院の権威によつてここに列席してゐるのでございます、今日まで王位を継承していらつしやつたすべての王も、そして被告もまた彼等に対し責任を果して戴かねばなりません。

**王**　断る、先例を見せてくれ。

**裁判長**　法廷が被告に向つて語りかけてゐる間は、口を挟んではなりません。

**王**　いや、裁判長、一言、イングランドの平民院は未だ嘗て裁判所になつたことはない。是非、教へて貰ひたい、さうなつてしまつた経緯を。

**裁判長**　これ以上この問題を繰返し論ずることは許されません。

法廷の書記が以下の如く読み上げる

イングランド王、チャールズ・ステュアート、ここに汝をイングランド国民に代つて、反逆罪及びその他の罪により告発する。法廷の厳命に従ひ、被告はこれに対して直ちに答弁を行はねばならない。

**王**　いつでも答弁しよう、如何なる権威によつて諸君がこの審理を行つてゐるのか分り次第すぐにも。

**裁判長**　他に何もおつしやることがないなら、では諸君——囚人を当法廷に連れて来た方こにお願ひする——お戻りにも責任を持つていただきたい。

**王**　頼みがある、聴いてくれ、この身が弁明せぬのも、それ相応の理があつてのこと、それを説明するだけの猶予を与へてはくれぬか。

**裁判長**　いや、それは囚人の頼むべきことではございません。

**王**　囚人？　何を言ふ、この身はただの囚人ではない。

**裁判長**　当法廷はその審理の権限に関し熟慮し、その結果既にその審理を有効なものと認めました、従つてあくまで弁明を拒否なさるお積りなら、それを被告側の法的義務不履行として記録することに致します。

**王**　法廷はこの身の主張する理に、つひに耳を藉さうとはしなかつた。

**裁判長**　いや、それがどのやうな理であれ、最高の司法権を否定するものには耳を藉すことはできません。

**王**　理に耳を藉さうとせぬ司法権といふものがあるなら、一つそれを見せて貰はう。

**裁判長**　それは終始ここで御覧になつてきた筈でございます——このイングランドの平民院において。そして次回、ここへお運びいただいた折には、なほ一層よく法廷の意思がお分りいただけることと存じます——その上、恐らくは、その最終的な判決をも。

**王**　先例を示して貰ひたい、今までにいつ、何処の平民院がこの様に裁判所の役割を果したことがあつたらうか。

**裁判長**　廷吏、囚人を外へ。

**王**　では、裁判長、覚えておくがよい、王は臣民の自由の為に己れに理のあることを主張することさへ許されぬといふ事実を。

**裁判長**　その様な言葉を使ふ自由もお許しする訳には参りません。国民の法と自由にとつて被告がどれほど良き友であつたのか、それについてはイングランドと世界とが判決を下しませう。

**王**　裁判長、もう一言、臣民の自由と法にこそこの身は責めを負つてゐる、この身は武器で吾が身を守りもした、が、未だ嘗て国民に向つて武器を取つたことは一度もない、それは法を守らんが為だつたのだ。

**裁判長**　法廷の命令は守らねばなりません。今後、告発に対して何の答弁も許されますまい。

**王**　なるほど、さういふ事か。

判決

　イングランド平民院はここに議会を召集し、当法廷に高等裁判所としての権威を認め、チャールズ・ステュアートを、暴君、謀反人、殺戮者、国家《コモンウエルス》に対する公敵として裁き、且つ判決を下すやう命じた、これに基づき、チャールズ・ステュアートは既に三度当高等裁判所法廷に召喚された。

　被告はイングランド国王として際限なく専横なる権力を自らの掌中に収め握らむとの邪悪なる目論見から、議会及び国民に対し反逆の意図と悪意を以て兵を起し、その結果この国の何千といふ自由民を死に致らしめ、多くの家族に離散の苦しみを与へ、国土の大部分を荒廃に導き、中には全くの廃墟と化せしめたものもある。かくして被告は過去においてのみならず、現在に至るもなほ、右に挙げたるごとくこの国に対して、非道にして残虐極まりなき血塗《ちまみ》れの戦、反逆、殺戮、強奪、焼打ち、掠奪、荒廃、災厄を齎《もたら》せる元兇であり張本人であることに変りはない。

従つて、以上の事実に関して慎重かつ十分なる審議を重ねたる結果、当法廷はその判断と良心に基づき、確信を以て、被告がその邪悪なる目論見と右に告発されたる罪状について、すべて有罪と認める。
　ここに当法廷は宣告する、被告、前記チャールズ・ステュアートは、暴君、謀反人、殺戮者、及びこの国の善良なる民衆に対する公敵として、斬首の刑に処さるべし。

チャールズ一世は一六四九年一月三十日、午後二時、自分の宮殿、ホワイト・ホールの外で処刑された。

この愛すべき国王は、彼の美しい祖母と同じ不幸な運命を辿る為に生れて来たらしい。イングランド史上、この時期程、一挙に多くの憎むべき人物が出現した時期は他になかつた、また愛すべき人間がこれ程少かつた時期も決して他にはなかつた。この国王の治世中に起つた出来事は余りにも厖大《ぼうだい》で、私の伝へ得るところではないし、実のところ、どんな事件の詳述にせよ（私自身の手による詳述でない限り）私にとつては少しも面白くないのである。私がイングランド史を書かうと思つた主な理由は、スコットランド女王（メアリー）の無罪を証明することにあつたのだが、その点うまくやつてのけたと少〻自惚れてはゐるものの、もう一つの理由はエリザベスを中傷することにあつたのに、こちらの方はうまくいかなかつたのではないかと少〻気になつてゐる。

（ジェイン・オースティン）

## チャールズ二世

十一年に亙つて王位は空白だつた、が、クロムウェルの死後、この国が君主を求めてゐることは明らかであつた。一六六〇年五月二十九日、フランスに亡命してゐたチャールズ二世が王位に復した。

彼は勝誇つた様にやつて来た、後には二万もの騎兵と歩兵が剣を振り挿《かざ》し言ひしれぬ喜びの声を挙げて附き随つてゐた。道筋には花が撒かれ、鐘の音が鳴り亙り、街並には壁掛《タペストリ》が飾られ、噴水は葡萄酒を噴き上げるといふ有様であつた。ロンドンの市長、各ギルドの頭、そして凡ゆるギルドの徒弟達が、各〻金鎖や制服に身を固め、旗を挙げて出迎へた、領主や貴族達も歓迎の列に加はつた。誰も彼も皆金銀の飾りを施したビロードの服を著込んでゐた。窓といふ窓、バルコニーといふバルコニーには多数の貴婦人や喇叭手、楽隊が陣取り、無数の人〻が街道筋に群り、遥かロチェスターまで街道を埋め尽す程で、一行はシティを通り過ぎるのに七時間も掛つた。私はストランド街にゐてこの光景を目の当りにし、神に感謝の祈りを捧げた。これら全てが一滴の血も流さずに、しかも嘗て王に反逆した当の軍隊そのものの手で行はれたのだ。

（イヴリン「日記」）

チャールズ二世は議会に対し、ブラガンザのキャサリンとの来るべき結婚を表明し、一六六二年にその女性と結婚した。

諸侯並びに平民院の紳士諸君、余は、何ゆゑ諸君を今日ここに召集したか、その理由を説明して時間を無駄に費すつもりはない、余はここに諸君と同席できたことをことのほか嬉しく思つてゐる。

これから諸君に話すことは、恐らく諸君も十分納得してくれることと思ふ。余は今までも多くの友人から度〻忠告された、后を迎へる潮時だと。が、数多くの申込みが有りはしたが、いざ選ぶとなると多くの難問が立ちはだかつてゐた。とはいへ、もし后を迎へず、このまま不都合の生ぜぬ選択が出来る機会を待つてゐたら、諸君はいづれ老いてなほ独り身でゐる余の姿を見ることにならう、それは諸君の望むところでもあるまい。で、この場で諸君に言つておくことがある、余は后を迎へる意を決した、のみならず誰を娶るかをも決めた、相手はポルトガルの王女である。
　更に、大いなる満足と愉びをもつて諸君に報告しよう、枢密院における長時間に亙る討議の末、大臣達は誰一人異議を挟む者もなく（とはいへ、黙つて席についてゐるものも殆ど無きに等しく）、皆、心から喜んでこの婚姻を勧めてくれた。これは余にとつてことのほか素晴しきことども思へ、更には神御自身も嘉したまふ証拠とすら思はれた。随つて、出来得る限り早急に余は諸君の前に后を連れて来るつもりでゐる、后は、必ずや、諸君と余に恵みを齎すであらう。

（平民院に対するチャールズの演説）

しかし、この結婚も貞節を齎すことはなく、チャールズがクラレンドン卿に己が愛人、レディ・カースルメインを后の寝室附きの侍女に任ずるやう指示したのは、婚礼の直ぐ後のことであつた。

ポーツマス発、五月二十一日、午前八時。
　当地に著いたのは昨日の午後二時頃であつたが、それから直ぐ服を著換へて、后の部屋に行つてみた。后は床に臥してゐた、少こ咳が出て、熱も少しあつた為だが、侍医共の話では、海上では用を足すにも不便であるがゆゑに加減を悪くしたのだといふことだつた。だが、今では全て経過も順調で、今日目覚めれば気分も良くなつてゐることと思ふ。
　吾国にとつても幸ひなことに面目を潰さずに済んだ、といふのは昨夜は床入りを免れたからである、旅の途中、二時間しか眠れず、従つて余は甚だ眠く、事が寝呆け眼で行はれたらどうなることやらと心配してゐたのだ。今、卿に伝へうることは床に臥した后についてのみだが、手短に言へば、后の顔は美しいと言へるほどのものではないが、その眼は実に素晴しく、その顔には人をぞつとさせる様なものは何一つない。それどころか、后の容貌は全体として、余が嘗て見た如何なる女人にも勝つて好感を持てるものであり、もし余に人の顔を観る眼があれば、いや、余にはそれがあると思つてゐるが、これ程の女人はざらにはゐないはずだ。その会話も、余の感じ得た限りでは、実に上手い、なぜなら、后は機知に富み、甚だ快い声の持主なのである。卿には恐らく想像がつかぬであらう、二人が既にどれ程馴染みになつてしまつたか。一言で言へば、余は大いに幸せと思つてゐる、そして二人の気性が合ふことも間違ひなしだ。

（クラレンドンに宛てたチャールズの手紙）

ハンプトン・コート発、木曜、夕刻。

卿がこの間当地へ来た時、うつかり言ふのを忘れたが、ブロダリックに余のレディ・カースルメインの事に関して、これ以上干渉せぬやう忠告して貰ひたい、そして余を中傷する様な噂の元にならぬやう注意しろと言つてやつてくれ、もし今後奴がその様なことをしてゐる事実が露見した時には、余は必ず奴に後悔させてやるつもりだ、奴の生涯の最後の瞬間まで。

ところで既に要点に触れてしまつた様だが、この事では卿に少し忠告しておく必要があらう、さもないと、卿まで勘違ひして、この問題を一層紛糾させ、余の決意を翻させようなどと愚かなことを考へかねないからだ、余の決意を翻させるなど と、そんなことは世界中の何をもつてしても出来ぬことだ。余は現世にせよ来世にせよ、如何なる不幸のどん底に叩き落されようとも、その方がまだましだと思ふくらゐだ、もしも余の決意が少しでも実現されぬといふものなら。つまり余は余の女レディ・カースルメインを后の寝室附きの侍女にしようと心に決めた。たとへ誰にせよ、この決意を邪魔しようとする者がゐたら（それがこの身一人に対するものであれば別だが）、その者の生涯の最後の瞬間まで、余はその者の敵とならう。

卿は、余が卿の真の友であつたことを知つてゐよう。今後も余の為を思ふなら、出来る限りこの問題を余に扱ひ易いものにして貰ひたい、卿が如何なる意見を持つてゐようとも、問題ではない、何となれば余はこの問題を最後までやり抜くつもりでゐる、たとへ何が起らうとも変りはせぬ、もう一度、全能の神の前に厳かなる誓を立てよう。

　従つて、もし卿が今後も余の友情を失ひたくないとあらば、この問題に口出ししてはならぬ、尤も、偽りの醜聞をもみ消し、余の名誉を傷附けることなきやう取計つてくれる場合は別だ。よいか、何者にもせよこの件に関し余のレディ・カースルメインの敵となる者があれば、王の言葉にかけて、断じて余がその者の敵となるであらう、余の命の続く限り。　　（同前）

日ねもす蔭なす深き森をさまよふ、
されど恋する人の姿を見ず生き心地なし。
一足ごとに思ひ知らさる、わがいとしの人《フィリス》、去りぬるを、
胸ふたがれて、共にありし日を思ひ、ひたすらに歎く。
あゝ、されば、いかなる地獄の責苦とて
　うましき恋に及ぶまじ。
されど今、かの木蔭、かの亭《あづまや》のうちに立つわれ、
独り想ふ、かつて味ひし幸、かの人のいかばかり優しき、
目《ま》のあたり見ゆ、緑の芝に今も残れるかの人の姿形、
いつしか恋の悦びふたたび胸内《むなち》に返り来る。
あゝ、されば、いかなる喜びも
　恋の甘さに及ぶまじ。
ただ独り、己が心に向ひてかの人の美しきを口《くち》遊《ずさ》む、
されど今、その人は他の男の胸に抱きしめられ、
わが悩みをあざ笑ふらむ、真心少き人なれば、
かつてわれに語らひし優しき言葉を男の耳に注

ぎつつ。
あゝ、されば、いかなる地獄の責苦とて
うましき恋に及ぶまじ。

されど今、思ひを馳すはかの人のまごころ、
その無垢なる情け、企みを知らぬ優しきまこと、
ゆめかの人を責むる勿れ、願はくは、かの人の
今もなほ
報いられざる恋のはかなきに悩みをらむを。
あゝ、されば、いかなる喜びも
恋の甘さに及ぶまじ。（チャールズの詩）

彼の顔からその心を読み取れる人こは、その顔に眼を釘附けにした、そして、この顔を見てゐる方が、彼の言ふことに耳を傾けるより重要な事だと考へた。つまり、その顔は多くの人と同じ様に、ある程度、心の秘密を洩してしまふからである、とはいへ、何でも彼でもさらけ出してしまふ顔と言ふことは出来ない、しかし注意深い観察者には、時に多くの事を語つてゐるのである。

彼が色を好むのは、恐らく健康と頑健な体軀の齎した結果であり、そこには清らかなものなど少しも混つてゐないといふことにかけては決して他にひけを取らない。人間といふものは本来この清らかなものからこそ、その情熱を生み出すものなのだが、どうやら彼の場合、他の男に負けず劣らず、情熱を生み出す元は彼の下半身にあるらしい。その結果、彼は身持の悪い女達を好んだ。連中が彼の言ふなりに身を任せたのは、大体において彼が国外にゐた時のことで、いづれ時が来ればなどといふ暗黙の了解があつたわけである。

彼が王位に復してからは、周囲の者が女達を堂こと彼に推薦した、が、これは宮廷においては些細なことではなく、腹に一物ある連中なら当然考へついて然るべきことであつた。つまり、抜目のない女、或は抜目のない人間に入れ智慧された女といふものは、その友人達にとつては甚だ利用価値のある存在で、彼女が王を相手の務めに励ん

でゐる正にその時は勿論、その他の時でも、色こ口出ししたり巧みに取入つたり出来るといふわけである。王は誰を抱くかといつた決定は大抵他人《ひと》任《まか》せにしてゐたが、これは枢密院議員の選任とて同じことであつた。彼は選ぶ能力を有した人物であるにも拘らず、他の人〻同様、自ら選択することは滅多に無かつた。

　彼は少くとも若い時には、当然のことながら、愛人に対して激しい情熱よりはむしろ旺盛な情慾を持つてゐた。彼が他人の恋人を横取りする様は、騎士物語《ロマンス》などから学んだものではない、実際、その様な遍歴の騎士などよりむしろ哲人にふさはしいと言ふべきである。愛人達の脆さに対する彼の寛容こそ、彼が真の恋する人間ではないことを示してゐる。

　彼の才知は主にその察しの良さにあつた。その為彼は人の過失を直ぐに見附け、それに対し簡潔な格言めいた言葉を浴せるのだが、それは必ずしも適切なとは言へぬが、多くの場合実に巧みな表現ではあつた。

　国外での生活から、彼は人と親しく話を交はす習慣を身に附けた、それは彼の持つて生れた資質と相俟《あひま》つて、彼をお喋り好きの人間にしたが、恐らく節度を弁へた者から見れば容認し難い程の口の軽さといへよう。

　彼の才知は、復位後よりもむしろ復位以前の彼の境遇にふさはしいものであつた。王冠を戴く者の才知は自づから、紳士の才知とは異つたものであつて然るべきであらう。刑法《クラウン・ロウ》といふものがある様に、王の才知《クラウン・ウイツト》といふものもまたあるのだ。それを控へ目に用ゐるのは、良いことだが滅多には出来ぬことでもある。物事は無闇に安売せぬところに威厳も生れ、仰〻しさなど無ければ一層箔がつくといふものである。才知も無闇やたらと立て続けに振り廻せば、その元となる泉も枯れてしまひ低俗になる、そして、気安く用ゐられれば用ゐられる程才知といふものは、それだけ安つぽくなるものなのだ。

彼は他人の弱点を見つけるのが上手く、その為かへつて自分自身の弱点を余り直さうとはしなかつたが、これは多くの人間によくあることだ。

彼は齢と共に、仕事、娯楽そして健康の為の肉体訓練といつた時間の割振りにかなり几帳面になつて行つた、この事に関しては出来得る限りの注意を払つてはゐた、しかし、それも、自分が何としても楽しまうと心に決めた気儘な生活の妨げにならぬ限りにおいてであつた。常に時計を持ち歩き、彼がそれを取出して見ると、察しの良い人間は、彼に話さなくてはならぬことを急いで話したものである。

彼のことを慾張りと言ふのも気前がよいと言ふのも適切ではない。彼が何かを手に入れようとしたからといつて、それは蓄財の為でもないし、一方、彼の散財もただ無頓著に金をばら撒いてゐるに過ぎず、金の配分について予《あらかじ》め慎重に熟慮したといふ訳ではないのだ。相手が誰にせよ急場しのぎの金を貸してくれとしつこくせがまれれば、貧乏な人間に金を恵んでやるのと同じ気分で、面倒なことは御免だとばかりに、気軽に金をやつてしまふ。

人間の心といふものは、厄介事を抱へ込むのが一旦嫌になると、凡ゆる情熱を無くし、一種の無関心の如き沈んだ状態になる。無気力になり衰弱し、苦労してまで何かを手に入れることはないといつた、処世訓の根幹ともいふべきものに身を委ねる訳である。かうして彼は人に損をさせようといふ情熱は勿論のこと、人に恩を施さうといふ情熱も殆ど持ち合せてゐなかつた。彼が人こに金をやるのは、むしろその連中が自分にとつて不安な存在にならぬやうにといふ訳であつて、その連中自身が安んじられる様にといふ訳ではない、が、だからといつてそこには何ら悪意といふものも見られなかつた。

実際、国王といふ天職は、燦然たる輝きと共に、大きな重荷を背負つてゐるものであつて、嫉みよりは歎きを要求するものであらう。それなら、彼の上に王にふさはしき安らかなる眠りが訪《おとな》はんことを。もしも彼の犯した悪の同族たる人こ全てが彼の為に歎くならば、彼ほど、立派な供廻りの者を随へて己が墓場に向ふ王はまたとあるまい。

（ハリファックス侯ジョージ・サヴィル）

# エピローグ

かくして彼等は日がな一日、夜が近附くまで戦ひ続けた、その頃には算《かぞ》へ切れぬほど多くの将兵の骸《しかばね》が丘陵一帯に累こと横たはつてゐた。王は己れの周囲を見廻し、初めて気附いた、部下の軍勢と勇敢な騎士の中、生き残つたのは唯二人の騎士だけであつた、一人は執事のサー・ルーカン、もう一人はその弟のサー・ベディヴィア、共に傷附き血塗れになつてゐた。「主イエスよ、吾に憐れみを垂れ給へ、」王は言つた、「吾が尊き騎士達はどうしたのか？　あゝ、今日の様な悲惨な日を迎へねばならぬとは、いよいよこの身の最期を迎へる時が来たらしい。」

「では、」アーサーはサー・ベディヴィアに向つて言つた、「吾が名剣、エクスカリバーを取り、それを携へ向うへ、あの水際《みぎは》へ行くのだ、そこに辿り著いたら、よいか、この剣を水中に投げこめ、それから再びここに戻つて来て、そこでお前が目にしたことをありのまま話してくれ。」「アーサー、」ベディヴィアは応へた、「御命令通りに致しませう、そして直ぐにも御報告に戻つて参ります。」

サー・ベディヴィアは出掛けた、道すがらその貴き名剣が欛頭《つかがしら》も欛も一面高価な宝石に鏤《ちりば》められてゐるのを見て、一人心に思つた、「この立派な剣を水中に投げこんだところで、何も良いことなど起りはすまい、名剣を損ひ失ふのみではないか。」そこでサー・ベディヴィアはエクスカリバーをとある木の根本に隠した。それから出来る限り急ぎ王の許に戻り、から伝へた、水際に赴き剣を水中に投げ入れた、と。「そこでお前は何を見た？」さう王が尋ねた、「アーサー、」と彼は答へた、「何も、ただ波立つ水面《みのも》と風だけにございます。」「お前は嘘をついてゐる、」と王は言つた、

「もう一度速かにそこへ赴き、吾が命の如く行へ、お前はこの身にとつては掛替へのない大事な男だ、惜しいなどと思はず、あれを水中に投げこむがよい。」

そこでサー・ベディヴィアは再び出掛けて行き剣を手にした、が、彼は考へた、貴き名剣を水中に投ずるのは罪でもあり恥づべきことでもあると。再び彼は剣を隠し、王の許に戻り王に告げて言つた、水際に行き王の命ずるままに行つた、と。「そこでお前は何を見た？」さう王が尋ねた、「アーサー、」と彼は答へた、「何も、ただ水が騒ぎ、やがて鎮り返つただけにございます。」「あゝ！裏切者、嘘をつくな、」アーサー王は言つた、「今お前は二度もこの身を裏切つたのだぞ、誰がこの様なことを考へたらうか、お前ほど掛替へのない大事な男は他にないと思ひ、騎士の一人に叙してやつた、それが、あの剣の値打に目が眩《くら》みこの身を裏切るとは？　が、もう一度速かにそこへ赴け、そのお前の躊《ため》ひ《ら》がこの身の命を大いなる危険に晒してゐるのだ。五体が冷えて来た、何としてもお前がこの身の命じた通りにせぬとあれば、今度お前の姿を目にした時には、この手でお前を殺してやる、あの剣の値打に目が眩み、この身を死に導かうとしてゐるのだからな。」

サー・ベディヴィアは再び出掛けて行き、剣を隠した処に到り、速かにそれを取上げ、水際に辿りつくと、剣の欛に革を巻きつけ、出来る限り遠く水中にそれを投げ入れたのである、するとその剣に向つて水中から一本の腕が突き出て、剣を捉へたかと思ふと三度《たび》それを打ち振り、腕は剣もろとも水中に没してしまつた。そこでサー・ベディヴィアは三度王の許に戻り、己が目にしたことを告げた。「あゝ！」王が言つた、「そこに連れて行つてくれ、危険が迫つてゐる、遅れてはならぬ。」

そこでサー・ベディヴィアは王を背に負つて例の水際までやつて来た、二人がその水際に著くと、堤の間近に小さな屋形舟が浮び、中には多くの美しい貴婦人達がをり、その中に一人の女王がゐた、婦人達は皆黒い頭巾を被り、アーサー王の姿を見て涙にむせび泣き叫んだ。

「では、この身をあの舟に乗せてくれ、」王が言つた、ベディヴィアは言はれるがままに静かに王を乗せた。王を抱きかかへたのは悲歎に暮れた三人の女王であつた、三人は王の体を舟底に横たへた、その一人の膝にアーサー王は頭を載せた、するとその女王が言つた、「愛しき兄弟よ、何故そなたは私をこれ程お待たせになつたのか？　あゝ、この頭の傷、その為お体がこんなに冷たくなつて。」からして彼等は舟を漕ぎ岸から離れ、サー・ベディヴィアはその女人達の乗つた船が遠ざかつて行くのを見守つてゐた。やがてサー・ベディヴィアは叫んだ、「あゝ、吾が王アーサー、私はどうしたらよいのか、さうしてあなたが去つて行き、敵の中にただ一人取残された私は？」「安心するがよい、」と王は言つた、「為し得る限りの努力をするのだ、この身には頼りにされるものが最早何もない。この身はアヴィリォンの谷（桃源郷）へ行く、このひどい傷を癒《いや》しに。もし二度とこの身の噂を耳にすることがなかつたなら、この身の霊の為に祈つてくれ。」女王や貴婦人達はただ泣き叫ぶばかりで、その声は聴くに耐へぬ憐れみを誘つた。サー・ベディヴィアは舟の姿が見えなくなると、声を上げて歎き悲しみ、やがて森の中へ入つて行き、その夜一晩さ迷ひ続けた。

ここまでで、私はその後のアーサーに関して書かれた信ずるに足る書物を知らない、また、その死が確かなものかどうか耳にしたこともなく、ただ彼が連れ去られたといふことを聞いただけである。

しかし、イングランド各地で人こは今なほかう言ふのである、アーサー王は死んではゐない、ただ吾等が主イエスの御心《み》によりこの世の何処かに生きてゐるのだと。また人こは言ふ、王は再び姿を現し、聖なる十字架をお受けになると。私はさうなるとは言はない、むしろかう言ひたい、王はこの現世《うつしよ》にをられ、他の生命に姿を変へたのだと。

しかし多くの人〻は言ふ、彼の墓にかう記してあると、**Hic jacet Arthurus rex, quondam rex que futurus.**――アーサー王ここに眠る、嘗て王たり、いつの日かまた王たらむ。

（サー・トマス・マロリー「アーサー王の死」）

# あとがき

## 本書の成り立ちについて

ジョン・バートン編の「空しき王冠」"The Hollow Crown, devised by John Barton"が刊行されたのは一九七一年（昭和四十六年）である。バートンはロイヤル・シェイクスピア劇団所属の演出家であるが、文学、歴史について学殖、識見あり、私が初めてそれを知つたのは一九六三年（昭和三十八年）、彼がシェイクスピアの処女作「ヘンリー六世」三部作と「リチャード三世」とを併せ再構成し「薔薇戦争」三部作としたものを、ストラトフォード・アポン・エイヴォンの記念劇場で観て以来の事である。その時の演出ははつたり屋で有名なピーター・ホールであり、数箇処、如何にも彼らしい俗受けを狙つた処理が見られたが、全体としては正当派バートンの監視の目が行き届いてをり、薔薇戦争を貫く強い線のうねりに劇的な感動を与へられた。

日本で上演された「十二夜」はバートンの演出であり、改めてそのけれん味の無い、時流を超えた端正な演出に感心した。が、彼の真面目《しんめんもく》に接したのは一九七四年（昭和四十九年）の春、同じくストラトフォードの記念劇場で上演された「リチャード二世」を観た時の事である。本文にも触れてある様に、この作品はリチャード二世とヘンリー四世との政権交替劇であり、正に「空しき王冠」といふ主題に恰好なものと言へよう。バートンの演出はその主題を見事に生かしてゐた。それも当然であらう、「空しき王冠」のプロローグとして彼はシェイクスピアからリチャード二世の独白を引用してゐる。この年、私はバートンに会はうとして会ひそこなつたが、その後、息子の逸が会つてをり、署名入りの“The Hollow Crown”を贈られた。

私はこれは面白いと思つた。編者バートンの文章は王冠印の前書き部分だけで、すべて古今の文献からの引用によつて構成されてをり、編者の解釈の類ひは一切無く、副題として“The Follies, Foibles and Faces of the Kings and Queens of England”（イングランド王、女王の愚行、弱点、及びその顔）とFを三つ重ねて頭韻を踏んでをり、戯書めいた体裁を取つてはゐるが、それは一つには「空しき王冠」といふ生真面目な本題に対する毒消しの作用を果さしめようといふ如何にもイギリス人らしい照れもあらう。が、必ずしもその為ばかりではない。英雄や権力者の隠れた愚かさを嗤《わら》ふ偶像破壊の精神もまたイギリス人特有のものではあるが、その場合でさへ、殊にこの書には、権力者の傲れる面皮を剝いで怨みを晴らさうとする憎悪心は毛ほども見られない、といふのは、立派な冠を戴いた王もまた吾こと同じ人間であり、その愚行、弱点、素顔もまた吾このそれと同じであると知る事によつて、却《かへ》つてその子供ぽい虚栄心や慾望に親しみを覚える様に書かれてゐるからである。のみならず、その副題とは全く相反する真面目な名君頌も多く出て来るが、それも剽軽《へうきん》に読めば、その権威も業績も笑ひを誘ひかねないものである、やはり清教徒的生真面目を嫌ふイギリスの国民性によるものであらう。

もともと、この「空しき王冠」は単に黙読する為にのみ作られたのではなく、舞台で役者が多少の演技を伴つて読み聴かせる為に作られたものである。結果は大成功であつた、劇場では笑ひの小波が絶えなかつたといふ。二三年前、日本でもロイヤル・シェイクスピア劇団によつて「上演」された事があるが、当然失敗した。イギリスの歴史を殆ど知らない他国人にこの作品の面白さが通じる訳が無い。

それを承知の上で、私はこれを日本に紹介したいと思つた。私は父権を楯に逸に飜訳を命じ、その代り、日本の読者がこれを理解し得る様に、私が英国史の解説を附けると言ひ、旧知の「歴史と人物」編輯長横山恵一氏に連載を頼んだところ、意外に快く引受けてくれ、昭和五十年一月号から一年間、途中一回休載したが、初めの予定通りエリザベス一世まで続け、念願を果した。「歴史と人物」は毎号殆ど日本の歴史に関するもので埋められてをり、場違ひの英国史には横山氏も内心迷惑であつたに違ひ無い、お詫びとお礼を申上げる。また衝に当つた平林孝氏は、歴史には全くの素人の私が解説文を書くといふので、色こ専門家に問合せ文献蒐集などに尽力してくれた、これもまたさぞかし迷惑であつたらう、同じくお詫びとお礼を申述べる。

お詫びとお礼を申述べねばならないのは右御両人だけではない。昭和五十年末に連載が完結し、出版部から単行本として出して貰ふ話が纏つてから今日まで五年も経過してゐる。これは中央公論社出版部の怠慢によるものではなく、専ら私の怠慢によるものである、許されるなら止むを得ざる都合によるものと言はせて戴きたい。いづれにせよ、山崎正夫、及び井上明久の両氏にお詫びとお礼を申述べる。

## 英国史が書きたかつた理由について

右に述べた様に、その直接の動機はバートンである。しかし、遠因は戦前に溯《さかのぼ》る。大学を出て間も無く、私はD・H・ロレンスの「アポカリプス論」を訳した。戦争中は本にならなかつたが、戦後に「現代人は愛しうるか」といふ題名で刊行された。それを読んだ人は記憶してゐようが、アポカリプス(黙示録)が日本人に馴染みが無いので随分沢山の註が附してある。しかし、その註の多さはアポカリプスのせゐばかりではない。ロレンスの「アポカリプス論」の内部的必然性によるものか、それともこの書に対する私自身の関心の持ち方によるものか、俄《には》かに断定は出来ないが、英国史の主題をなす或る特徴が当初から執拗に私の関心を惹き、頭にこびりついて離れなかつた、それはヘンリー八世時代からエリザベス朝に掛けて明白な形で現れるに至つたローマ法王中心の宗権とイングランド王中心の国権との相剋であり、当時の私なりに自分にも読者にもそれを解らせようと努め、それに関聯する註が多くなつたのである。

私は本文の中で「英国史の基調音」といふ言葉を用ゐたが、それは宗教的には英国国教といふ鵺《ぬえ》的なものを生み、道徳的には愛国心と利己心との妥協によつて、個人の自由を確保し、政治的には中央集権的指導力（統治する技術）と民主主義（統治されるか或は統治させる技術）とを融合させ、心情的には国家主義と国際主義とを両立させる事によつて、ヨーロッパのどの国よりも先に近代国家として出発した事を意味する。随つて「私の英国史」は「英国の為の英国史」ではなく、「現代日本の為の英国史」といふ意味でもある。正直に言つて、私は過去の英国の歴史に対して飽くまで忠実であらうと努めながらも、現代の日本にとつてこれほど恰好な反省の鑑はあるまいと思ふ箇処が随所にあり、さう書き添へたい誘惑に駆られる事が屢こであつた。福沢諭吉に倣《なら》つて新「西洋事情」英国篇の積りだと言つたら、その厚顔無恥を嗤はれるであらうか。

「歴史と人物」連載を依頼した時は「空しき王冠」が主であり、私の役割はそれを理解し得る為の解説であつたが、三四回目あたりから数十年来の根強い関心が頭を擡《もた》げ始め、独断でもいいから、自分に納得できる英国史の「秘密」を探つてみたいといふ誘惑に取りつかれてしまつたのである。今、単行本としてこれを世に送るに当り、再び父権を発動して、既に単なる解説ではなくなつた解説部分を「私の英国史」と名附け、これを本文とし、書名もそれに随ひ、元来本文であつたバートンの飜訳部分を副題として後半に廻した。私の為ばかりではない、読者の為にもその方がいいと思つたからでもある。だが、幾ら父子とはいへ、一度公的に発表したものであり、少こうしろめたい、「三枝の礼」に倣つて逸に詫びる。

右に明らかな通り、私の目的は英国通史ではない、連載を始める前からエリザベス朝までで意は達せると思つてゐたのだが、終つてから、やはり革命なき君主国にとつて一点の染みとも言ふべきチャールズ一世の処刑について、私の考へを述べておきたいと思ひ、また「空しき王冠」のこの部分の扱ひも、なかなか劇的で面白いので、ステュアート朝を補足した。

最後に本書が英国の政治や歴史に興味を持つ人こばかりでなく、英国文学に興味を持つ人こに読まれる事を念じて止まない。

昭和五十五年四月五日

福田恆存

# 文庫化に際して

福田　逸

本書文庫化の話が中央公論新社からあつたのは昨年の秋だつた。最初に『歴史と人物』に連載されたのが昭和五十年（一九七五）、最後の章が加筆された単行本刊行が五年後であつた。連載時から実に四十年、単行本からでも三十五年といふ長い歳月を閲《けみ》してゐる。尤も、昭和六十三年（一九八八）には、「空しき王冠」部分を削除して文藝春秋社から刊行された福田恆存全集第七巻に収録、平成二十三年（二〇一一）には私の編集で麗澤大学出版会の福田恆存評論集第二十巻に、これは「空しき王冠」も併せ収録してゐる。が、本家本元の中央公論新社から三十五年ぶりに一冊の本として出版されるのは、思ひもよらぬ僥倖といふほかない。父の単行本「あとがき」からも分かるやうに、見やうによつては「私の英国史」と「空しき王冠」とは、別物と呼ぶこともできる。別々に読んでもそれぞれが無関係に成立し得る。それ故、文藝春秋の全集には「空しき王冠」を収録しなかつたのであらうし、また一つには恆存全集に逸訳が本文以上の分量で載ることに違和感があるからでもあつたらう。が、麗澤版を編集する時、私はその違和感を「無視」して再び両者を合体させた。従つて文春版には恆存による「あとがき」はないが麗澤版では「あとがき」まで収録した。

私は何も麗澤版刊行の機会に託けて自分の翻訳を強引に載せたわけではない。「空しき王冠」への愛着は確かにあつた。ただ、それよりも、別物としても成り立ち得る両者が、一冊に纏められてゐることの良さを捨てがたいと思つたからに過ぎず、それは恐らく父も同じ思ひであらうと勝手に推測してゐる。

父の「あとがき」の最後の文を読み返して頂きたい。「英国文学に興味を持つ人々に読まれる事を念じて止まない」といふ一文が出て来るが、これは、ジョン・バートンから恆存宛ての署名本を贈られ、常々敬愛してゐた演出家の編纂になる英国王たちの横顔のごつた煮の如き寄せ集めとも呼べる「空しき王冠」が、「立派な冠を戴いた王もまた吾々と同じ人間であり、その愚行、弱点、素顔もまた吾々のそれと同じである」ことを、そしてさらに、その生々しい人物像の向こうに英国の（或いは人間の）歴史を浮かび上がらせてゐると父が感じたからであらう。また、「空しき王冠」'the hollow crown' といふシェイクスピアの『リチャード二世』に現れる科白に文学的人間論的主題を看て取つたからでもあるだらう。

この「空しき」王冠といふ、或いは人間の「愚行、弱点」といふ音色はシェイクスピア史劇からの数々の引用部のみならず、エピローグの「アーサー王の死」に至るまで随所に顔を出す、そしてそれらの総体としての「空しき王冠」を一読して吾々が感ずるのは、人間が人間であることへの哀切なまでの愛着とでもいつた感覚ではないか。数々のシェイクスピア作品を翻訳し、チェーホフを愛した恆存に、これは捨てがたいもののはずである。さういふ恆存が、「英国史」部分を書き進めるうちに「自分の英国史」を日本のために書いてみたくなつて、これまた文学としての、また人間論としての側面も併せ持つた歴史（歴代国王史）を描いてみたくなつたとしても、むべなるかなと私は思つてゐる。

さういふ次第で、今回の文庫化に当たつて、「空しき王冠」の意義と面白さを中央公論新社の藤平歩氏に説いて、半ば強引に分厚い文庫本化をお願ひした次第である。氏および関係者各位に御礼申し上げる。

そして、読者諸兄には、通読するもよし、王朝ごと、あるいは各王ごとに合はせ読み進めるのもよし、色々な読み方を楽しんで頂きたい。

ついでに三点ほど書いておく。「私の英国史」の最後を飾るチャールズ一世の「自戒十二訓」は昭和五十三年（一九七八）にフジテレビと現代演劇協会が協力してシェイクスピア関連の取材旅行を行つた折に、ウォリック城の一室で父と私が偶々見つけたものである。また、『リチャード二世』観劇後だつたと思ふが、ジョン・バートンにストラットフォードのホテルのラウンジで会つたのは私がまだ二十六歳の時である。四十年余り前のこと、舞台の素晴らしさへの賛辞の他は何を話したか殆ど覚えてゐない、ただ、柔和な氏が、ただでさへ幼く見える日本人の若造を相手に三十分ほど付き合つてくれた時の終始絶やさぬセーター姿の穏やかな笑顔だけは今でも鮮やかに思ひ出す。

最後に、父の「あとがき」にある「三枝の礼」の顰《ひそ》みに倣つて、三十五年遅れながら、「三行」すらまともに尽さぬことをこの場を藉りて父に詫びておく。さういへば二年後には父の二十三回忌が巡つてくる。孝養を尽さなかつた息子としては、この三十五年ぶりの文庫化に感謝する所以である。

平成二十七年一月五日

（ふくだ　はやる／演出家・翻訳家・明治大学教授）

# 解説

浜崎洋介

本書『私の英国史』は、ロイヤル・シェイクスピア劇団の演出家ジョン・バートンがシェイクスピア史劇の上演のために編纂した英国王史の資料集『空しき王冠』に借りて、福田恆存が書いた英国史である。バートンの『空しき王冠』については福田恆存自身の「あとがき」に譲るとして、まず、『私の英国史』の印象を一言で断わっておけば、いかにもシェイクスピア翻訳者＝福田恆存らしい公正さに貫かれた歴史書だと言うことができる。が、もちろん、公正であるということと客観的であるということとは違う。

客観的であろうとする時、人は必ず対象の外に立って、その全体を眺めなければならない。しかし、「歴史」に純粋な外などはありえない。そこで、ふつう歴史家は、過去を克服してきた現在の優位性——たとえば「前近代」に対する「近代」の優位性——や、あるいは、未来的な理念——たとえば実現すべき「自由」と「平等」——といった視点を歴史の外に仮設することになる。だが、その瞬間、「歴史」は、目的を先取って整合化された都合のいい物語となってしまい、過去に対する公正さを失ってしまう。

それにひきかえ、『私の英国史』が、そのような外の視点を先取ることはない。福田恆存が見つめるのは、人間の利己心と、その利己心を牽制するために見出された理想とが、しかし、同じ自己拡大欲の地平で絡み合い、現実化していくなかで見えてくる「歴史」の事実性である。時にそれは、イングランド中心の国権とローマ法王中心の宗権との葛藤として、あるいは封建貴族（地方分権）と国王（中央集権）との葛藤として描き出されていく。そこにあるのは、シェイクスピア劇を駆動する原理とも同じものであり、未だに私たちがシェイクスピア史劇を楽しむことができるのも、この理想と現実の駆け引きの手応えを、私たち自身の内に実感しているからだと言うこともできよう。

たとえばそこに、学校などで教わる直線的な物語とは違う、「歴史」の手触りが甦る。『私の英国史』には、自らの意図を十全に実現し得た人間などは誰一人として登場せず、描かれているのは、人々の自己拡大欲の伸長とその挫折、あるいは力の均衡とその崩壊である。つまり、福田の描く英国史において、目的とその結果とが完全に一致することはありえないのであり、そのズレにおいてこそ駆動されるものとして「歴史」が見出されているということだ。私が、『私の英国史』を公正な歴史書だと言うのも、この誰の意図にも肩入れしない福田恆存の眼差しを指してのことである。

くわえて興味深いのは、まさにその目的と結果とのズレの隙間から、次第に聞こえてくるのが「英国史の基調音」であるという点だろう。その意味では、この中心不在の『私の英国史』において、それでも唯一中心が存在しているのだとすれば、それは「英国」そのものだと言えるのかもしれない。フランスの一領主（アンジュー伯＝ヘンリー二世）によって統治されていたイングランドという一地域が、様々な抵抗と妥協を経ながら、次第に自らの輪郭を明らかにし、自らの性格を自覚していくという過程は、そのまま一人の人間の人格が形成されていく過程を見るかのようでもある。

その意味で言えば、『私の英国史』が、ローマから完全に分離し、英国国教会が整えられるテューダー朝をクライマックスとして、清教徒革命までの記述で終わっているのは故なしとはしない。それは、「自分に納得できる英国史の「秘密」を探ってみたい」という福田恆存が、その「秘密」を英国ナショナリズムの形成のドラマのなかに、つまり、治者の利己心（統治する技術）と、被治者の利己心（統治させる技術）の均衡と、その崩壊の力学のなかにこそ見出していたということを意味している。

たとえば、ときに「イギリス立憲政治の基礎」だとか「イギリス自由主義の出発点」などと称揚されるマグナ・カルタ（一二一五年）についても、福田恆存がそれを理想化することは一切ない。それどころか福田は、マグナ・カルタを「何等誇るに足るもの」のない、「出たらめで矛盾に満ちた雑文集」と呼び、それは「誰をも満足させなかつた。誰もがもう一度屑籠の中に投げ戻したくなる様なものであつた」と評する。

なるほど、それが成立した背景を確認すれば、ローマ法王インノケンティウス三世と、イングランド王ジョン、そしてフランス王フィリップ二世との抗争という事実があり、詰まるところ、それは、フィリップ二世に敗北したジョン王が国内貴族から兵役免除税を徴収しようとしたことに対する封建貴族側からの抵抗によって一時的に成立したものに過ぎなかったということが明らかとなる。その後に数次の改訂はあったにせよ、それでもマグナ・カルタが、「一貫性と合意点とを全く欠いた代物であり、国王、貴族、教会、市民、それぞれの利己心のごつた煮」であったことに変わりはない。

しかし、注意したいのは、そんな「妥協の産物」であるマグナ・カルタ成立の経緯においてこそ、「フランス、ローマ、ケルトとの複雑な絡み合ひといふ英国史を貫く基調音」が自覚されていったという福田の指摘である。それは後に、マグナ・カルタの小型版であるオックスフォード条令を無視したヘンリー三世の失政、それに対するレスター伯シモン・ド・モンフォールの反乱、またその反乱を鎮圧したエドワード一世の善政、そして、そのエドワード一世治下で整備されたパーラメント（議会）へと続くジグザグの道行きを用意すると同時に、イングランド独特の中央集権と民主主義との均衡を可能にしていくのである。それはまさに、近代的な法整備が、「聖なる目的」としてではなく、人々の利己心の「単なるその結果」として実現されていったことを私たちに教えている。

しかし、それはマグナ・カルタに限った話ではない。続く百年戦争や薔薇戦争についても同じことが言える。たとえば、フランスに領地を有するイングランド王といった矛盾から起こるべくして起こった百年戦争（一三三七年—一四五三年）において、当初のイングランドの目的はフランス公領の安定的確保だったはずである。しかし、その結果は逆に、敵国フランスに対するイングランドの「国民的自覚」を促し、最終的にフランス公領を完全に失うことによって、ようやくイングランドはブリテン島を本拠とする国になり得たのだった。あるいは、ヨーク家とランカスター家の内紛である薔薇戦争（一四五五年—一四八五年）にしても、当事者たちの当初の目的は封建貴族の勢力拡大だったはずである。が、その結果は逆に、「封建貴族の、或は封建体制の弱化」を促し、他の国々に先立って、イングランドが中央集権的な「近代国家意識」を持つことを可能にしたのだった。

そして、この百年戦争による「国民的自覚」と、薔薇戦争による「近代的国家意識」に支えられて初めて、後のヘンリー八世による宗教改革（国教会設立）は成功することになるのである。ただ、これも初めは宗教改革などという大それた目的はなかった。世継ぎのない不安に駆られたヘンリー八世の離婚問題を切掛として、イングランドはローマ（宗権）からの完全な独立を手にすることになるのだが、それは賢人トマス・モアや、そのモアを処刑したヘンリー八世でさえ予測し得なかった事態だろう。もちろん、後にエドワード六世やメアリー一世による揺り戻しや、波乱はあった。が、その波乱もまた、期せずしてエリザベス一世という「政治的天才」の「平衡」感覚を育て上げることに寄与したのであり、それ自体が、英国ナショナリズムの一部を構成することになるのである。

しかし、全てが上手くいったかに見えるエリザベス一世についてさえ、福田が次のように書いていたことには注意したい。福田は言う、「才能と運とが表裏同居し、運を摑む才能があつたのか、偶々運よく事が運び、恰もそれが才能によるものの如く見えたのか、判定し難い事実が余りにも多過ぎる」と。あるいはテューダー朝の国王たちについては、こうも言う。「歴史上のヒーローやヘローインは持つて生れた器量や性格よりも、半ば以上はそれぞれの時代や環境によつて振附けられ押附けられた「役廻り」に左右される。すべては「巡り遭はせ」である」と。福田恆存において「歴史」とは、常に、この「運」と「巡り遭はせ」の恐ろしさの中に見出されていたのだった。

その点、『私の英国史』の末尾に引かれた、チャールズ一世の話は象徴的である。ふつう清教徒革命で処刑された専制君主というイメージが強いチャールズ一世だが、しかし、バートン編『空しき王冠』の資料が描く国王の肖像はそれとは違う。たとえば、福田が引くエドワード・ハイド『内乱史』は、チャールズ一世のことを証言して次のように言う。「生れながらの優しさと憐れみの心」を持った国王だったと。おそらく、その通りなのだろう。ただ、彼は、その時代の中では「粗野で国王にふさはしい性格」を持っていなかっただけなのだ。「時代や環境」が少し違っていれば、彼は偉大な王にもなり得たのかもしれない。が、「歴史」の「巡り遭はせ」は、それを許さなかったのである。

最後に、この『私の英国史』のことを、福田恆存が「現代日本の為の英国史」と呼んでいたことにも注意しておきたい。戦後日本は、「民主主義」が、その起源において、諸々の利己心の折り合いとして編み出されていた事実を忘れ、それを理想化しがちだった。が、理想化された「民主主義」は、宗教ではあっても政治ではない。とすれば、「戦後民主主義」とは、現実的には無力な空想上の勝利でしかなかったのではないか。おそらく福田が、英国史を現代日本に対する「恰好な反省の鑑」とするのも、その意味においてであろう。

繰り返せば、「中央集権や民主主義は聖なる目的ではなく、単なるその（利己心の――浜崎注）結果でしかない」のである。それは、強力な支配者を求めつつ、なお「秩序と安定」を求める人民の側の「統治される技術」、あるいは「統治させる技術」として編み出されていた。私たちが、福田恆存の『私の英国史』から学べることは、未だに多いはずである。

（はまさき　ようすけ／文藝評論家）

ジョン・バートン　1928年、ロンドンに生まれる。ケンブリッジ大学キングズ・カレッジ卒。在学中から大学の「マーロウ協会」や「アマチュア演劇クラブ」で俳優・演出家として活躍。1961年にシェイクスピア・メモリアル・シアターが「ロイヤル」を名乗る勅許を得てロイヤル・シェイクスピア・カンパニー（RSC）となり、さらに発展する時にピーター・ホールとともにその原動力となり、以来40年以上にわたって劇団の中心的存在だった。深い学識に裏付けられたシェイクスピア作品等の演出は、現代英国演劇の基準ともなっている。主な演出あるいは翻案等に、『空しき王冠』(1961)、『薔薇戦争』(1963)、『十二夜』(1969)、『グリークス』(1980)、『タンタラス』(2000) など多数。1991年からRSCの顧問演出家、現在は名誉会員。

福田　逸　昭和23年（1948）神奈川県に生まれる。上智大学大学院修士課程修了。明治大学教授、翻訳家、演出家。共著に『誘惑するイギリス』(大修館書店)、『21世紀イギリス文化を知る事典』(東京書籍) 等。訳書に『名優 演技を語る』(玉川大学出版部)、『エリザベスとエセックス』(中央公論社)、『谷間の歌』(而立書房) 他がある。また、舞台の演出も『ジュリアス・シーザー』『マクベス』『リチャード三世』等から、現代演劇ではアソル・フガードの『谷間の歌』、ノエル・カワードの『ヴァイオリンを持つ裸婦』『夕闇』などまで多数。また、商業演劇や新作歌舞伎の演出も、『黒蜥蜴』『道元の月』『お國と五平』等々、数多くを手掛けている。

今日の人権意識に照らして、不適切な語句や表現がみられますが、時代的背景と作品の価値とに鑑み、また著者他界により、そのままとしました。

（編集部）

『私の英国史——空しき王冠』一九八〇年六月　中央公論社刊

中公文庫

私《わたし》の英国史《えいこくし》

2015年2月25日　初版発行

著　者　福《ふく》田《だ》 恆《つね》存《あり》

発行者　大橋 善光

発行所　中央公論新社
〒104-8320　東京都中央区京橋2-8-7
電話　販売 03-3563-1431　編集 03-3563-2039
URL http://www.chuko.co.jp/

ＤＴＰ　平面惑星
印　刷　三晃印刷
製　本　小泉製本


Published by CHUOKORON-SHINSHA, INC.
Printed in Japan　ISBN978-4-12-206084-5 C1122

# 中公文庫既刊より

各書目の下段の数字はＩＳＢＮコードです。978－4－12が省略してあります。

ふ-7-5
**藝術とは何か**
福田恆存《つねあり》
非情な現代文明の本質を分析し、それへの抵抗として藝術の存在を意義づけ、可能性における人間の美しさを追求した傑作長篇評論。〈解説〉松原 正
205154-6

き-39-1
**女王陛下のブルーリボン** 英国勲章外交史
君塚直隆
今日英国で最高の権威を有し、明治天皇以降の日本の歴代天皇にも授与されてきたガーター勲章について、その成立から大国間外交の切り札となるまでの歴史を辿る。
205892-7

も-23-1
**英国王室史話（上）**
森 護
伝説の賢王や名高き悪王、王位をめぐる愛妾の陰謀…。ウィリアム一世征服王からエリザベス一世まで。数々のエピソードに彩られた英国九王家四十代の王室史。
203616-1

も-23-2
**英国王室史話（下）**
森 護
スコットランド女王メアリの息子ジェイムズ一世からジョージ六世までを収録。さらに詳細な系図とプリンス・オブ・ウェイルズの系譜などの巻末詳細資料付き。
203617-8

エ-5-1
**痴愚神礼讃** ラテン語原典訳
エラスムス
沓掛良彦 訳
痴愚女神の自慢話から無惨にも浮かび上がる人間の愚行と狂気。それは現代人にも無縁ではない。エラスムスの奇跡的な明晰さを新鮮なラテン語原典訳で堪能されたい。
205876-7

ミ-1-2
**ジャンヌ・ダルク**
J・ミシュレ
森井 真
田代 葆 訳
田舎娘の気高い無知はあらゆる知を沈黙させた――『フランス史』で著名な大歴史家が、オルレアンの少女の受難と死を深い共感をこめて描く不朽の名著。
201408-4

モ-1-2
**ユートピア**
トマス・モア
澤田昭夫 訳
十六世紀の大ヒューマニストが人間の幸福な生き方と平和な社会のあり方を省察し、理想を求め続ける全ての人々に訴えかける古典の原典からの完訳。
201991-1